〈제2판〉

빈곤론

노 병 일

KNOWLEDGE COMMUNITY 공동체

책을 읽는 독자분께 참고가 될까 해서, 몇 가지를 미리 일러두고자 한다.

1. 이 책에서는 빈곤과 관련된 구체적인 통계와 우리나라에서 실시하고 있는 빈곤 관련 프로그램의 현황을 자세히 제시하지 않았다. 왜냐하면 관련된 통계와 법과 제도가 자주 바뀌고 있기 때문이다.
   그러므로 독자분께서 이런 자료가 필요할 경우, 관련 부서의 홈페이지를 방문해서 빈곤과 관련된 신선한 자료의 향기를 직접 맡아보시기를 부탁드린다.

2. 이 책에서 사용한 모든 국내 자료와 국외 자료(영어 자료와 프랑스어 자료)는 본인이 원본을 직접 읽고 정리한 것이다. 본인이 직접 읽지 않고 인용한 것은 '재인용'이라고 표시하였다.
   독자분께서 이 책의 일부를 인용할 경우, 이 책을 출처로 제시해 주시기를 바란다. 특히 이 책에서 제시한 외국 학자의 주장 내용을 독자분께서 인용할 경우, 이 책에서 '재인용'하였음을 표시해 주시기를 부탁드린다.

3. 독자분께서 이 책의 본문에 더 잘 주목하게 하기 위해, 이 책에서는 사용한 자료의 페이지를 제시하지 않았다. 그리고 독자분께서 보기 편하게 하기 위해, 이 책의 본문에서 참고한 자료의 저자가 3명 이하일 경우에는 저자의 이름을 모두 표시하였다.

[2판 2쇄에 덧붙이는 말] 독자분께서 더 편하게 읽게 하기 위해, 2쇄에서는 토씨와 기타 부분에서 표현을 부드럽게 많이 수정하였다. 그러나 전체적인 내용은 1쇄와 변함이 없다.

빈곤은 사회에 존재하는 많은 문제와 직접・간접으로 관련되는 경우가 많다. 사실, 주위에 존재하는 사회문제의 뿌리 속으로 들어가면 빈곤이라는 괴물이 딱 버티고 있거나 다소곳이 앉아있는 경우가 많다. 이에 따라서 많은 사회과학자들과 정치인들은 빈곤을 심각하고 중요한 주제로 다루어 왔다.

그리고 오늘날에는 사회구성원의 역할을 제대로 하지 못하는 사람이 많아지고 있다. 이에 따라서 오늘날에는 '빈곤'이라는 용어보다 더 넓은 의미를 지니는 '사회적 배제'라는 용어도 자주 사용하고 있다. 그러나 우리나라에서 빈곤과 사회적 배제를 함께 체계적으로 다룬 책은 드문 편이다.

이에 따라서 본인은 오래전에 『빈곤론』을 처음으로 세상에 내보인 바 있다. 그러다가 이번에 제2판을 새로운 출판사에서 새롭게 선보이게 되었다.

이 책은 전체가 다섯 부(Part)로 구성되어 있다. 각각의 부에서는 빈곤과 사회적 배제의 여러 모습을 다루고 있다.

제1부의 경우, 빈곤의 일반적 측면을 다루고 있다. 구체적으로 제1부에서는 빈곤의 정의와 특성, 빈곤의 영향과 기능, 빈곤의 형태와 측정, 빈곤에 대한 관점을 살펴보고 있다.

제2부의 경우, 사회적 배제를 다루고 있다. 구체적으로 제2부에서는 사회적 배제의 정의와 등장 배경, 사회적 배제의 특성, 사회적 배제의 관점과 차원, 사회적 배제의 측정, 사회적 포함을 살펴보고 있다.

제3부의 경우, 대상에 따른 빈곤을 다루고 있다. 구체적으로 제3부에서는 아동과 빈곤, 노인과 빈곤, 여성과 빈곤, 장애인과 빈곤을 살펴보고 있다.

제4부의 경우, 주거 취약과 빈곤을 다루고 있다. 구체적으로 제4부에서는 노숙인을 살펴보고 있다.

제5부의 경우, 빈곤을 줄이거나 없애기 위한 방안을 다루고 있다. 구체적으로 제5부에서는 공공부조, 빈곤층의 근로 의욕, 워크페어(근로연계 복지)를 살펴보고 있다.

이 책에서 다루는 내용은 일부 사회복지 분야와 중복되고 있다. 예를 들어, 이 책에서 다루는 내용은 사회복지정책 분야(예컨대, 빈곤, 공공부조, 근로 의욕), 사회보장 분야(예컨대, 공공부조, 워크페어), 아동복지 분야(예컨대, 빈곤아동), 노인복지 분야(예컨대, 노인빈곤), 사회문제 분야(예컨대, 빈곤문제)와 중복되고 있다. 따라서 이 책에서는 본인이 이전에 쓴 관련 책을 많이 참고하였다. 물론 이때 일부 내용은 보완하였다.

이 책의 마지막 문장을 적고 보니, 즐거움보다는 부끄러움이 앞선다. 그리고 저작권 문제로 좋은 사진이나 그림을 많이 싣지 못한 것도 아쉬움으로 남는다. 더 채워야 할 부분은 나중에 개정판을 발간할 때 보완하겠다는 변명을 하면서, 부끄러움과 아쉬움을 살며시 감춰본다.

이 책이 세상에 얼굴을 보이기까지는 여러 분들의 도움이 있었다. 우선, 이 책을 예쁘게 만들어주신 김동훈 공동체 사장님과 관련 직원분들께 감사하다는 말씀을 드린다. 그리고 이 세상에 계시지 않은 보고픈 부모님, 본인을 항상 격려해주는 아내 전영신, 멋지게 열심히 살고 있는 아들 대겸 부부에게도 감사의 마음을 듬뿍 담은 사랑의 풍선을 보낸다.

마지막으로, 빈곤으로 고통을 받는 사람이 더 이상 없는 시대가 빨리 돌아오기를 진정으로 기원하며, 어려운 사람들을 먼저 생각하고 그들에게 베풀라고 항상 가르쳐주신 부모님(노응효 · 표복국)께 이 책을 바친다.

2022년 3월에

유섭(儒燮) 노병일

차례

PART 02 사회적 배제

PART 03 대상에 따른 빈곤

PART 04 주거 취약과 빈곤

PART 05 빈곤을 줄이거나 없애기 위한 방안

第13장 워크페어(근로연계 복지) / 257

PART

01

빈곤의 일반적 측면

제1장 빈곤의 정의와 특성과 영향 및 기능

제2장 빈곤의 형태와 측정

제3장 빈곤에 대한 관점

01 빈곤의 정의와 특성과 영향 및 기능

CONTENTS

1. 사회복지와 빈곤

인간의 역사에서 '소유'라는 것이 존재한 이후부터, 빈곤은 사회의 주위에 항상 있어 왔다. 빈곤과 관련해서는, 빈곤한 사람은 일반인보다 못살고 있다는 것만을 떠올리는 경우가 많다. 그러나 빈곤은 이보다 훨씬 더 많은 것과 관련되고 있다. 왜냐하면 빈곤은 개인, 가족, 지역사회, 국가의 여러 영역에 영향을 미치고 있기 때문이다. 예를 들어, 빈곤은 개인의 삶에 영향을 미칠 뿐만 아니라, 가족 구조나 국가의 경제에도 폭넓은 영향을 미치고 있다. 하지만 이때 빈곤은 부정적인 영향을 미치는 경우가 많다. 따라서 빈곤은 정의로운 사회를 이룩하는 데 걸림돌이 되는 경우가 많다(Lamson, 2009; Zastrow, 2010; Saunders & Davidson, 2007; Dumfries and Galloway Council, 2020).

그러므로 인간 사회를 다루는 학문인 사회과학에서 빈곤에 관심을 가지는 것은 당연하다고 볼 수 있다. 사회과학의 한 분야인 사회복지학과 사회학에서는 빈곤에 특히 더 주목하고 있다.

사실, 빈곤은 사회복지제도가 등장한 시기부터 관심거리가 되어 왔다. 또한 복지국가의 정의와 목적은 빈곤을 없애는 것과 밀접하게 관련되어 왔다. 예를 들어, 일부 학자는 복지국가가 추구하는 주요한 목적은 빈곤을 없애는 데 있다고 주장한 바 있다(노병일, 2021; Rank, 2011; Robson, 1976).

인간을 사랑하는
사회과학

빈곤:
자본주의 사회의 영원한 해결과제

노병일(사회복지학과 교수) 교수

인간이 집단을 이루며 어울려 사는 공간에는 다양한 형태의 사회문제가 존재하는데, 이런 사회문제와 직접·간접적으로 관련되어 있는 것이 바로 '빈곤'이다. 사실, 주위에서 부딪치는 사회문제의 뿌리로 깊숙이 들어가 보면 빈곤이라는 괴물이 딱 버티고 서 있는 경우가 많다.

빈곤과 사회복지

우리가 보통 '가난'이라고 부르는 빈곤은, 단순하게 빈곤층이 일반인보다 못산다는 것만을 의미하지 않는다. 왜냐하면 빈곤은 개인, 가족, 지역사회, 국가의 여러 영역에서 영향을 미치기 때문이다. 따라서 사회과학에서 빈곤에 대해 관심을 가지는 것은 당연하다. 특히 사회과학의 한 분야인 사회복지학에서는 빈곤에 대해 오랫동안 주목해왔다.

빈곤은 사회복지가 등장한 시기부터 관심거리가 되어왔다. 특히 복지국가가 추구하는 목적은 빈곤을 퇴치하는 것과 밀접하게 관련되어 왔다. 따라서 복지국가가 등장하고 '풍요한 사회'에 들어서면서 빈곤문제는 해결될 것처럼 보였다. 하지만 선진국과 우리나라에서 빈곤에 대한 위협은 줄지 않고 있다. 그러므로 빈곤은 사회복지와 관련된 영역에서 여

개념은 사람이 무엇을 가지고 있는지에 관심을 가지고, 박탈에 주목하는 빈곤 개념은 사람이 무엇을 하는지에 관심을 가진다.

빈곤의 원인과 결과

빈곤의 원인은 매우 다양하다. 따라서 사회에서 빈곤의 원인들을 중요한 순서대로 정하는 것은, 빈곤한 집단을 파악하거나 빈곤의 현황을 파악하는 것보다 훨씬 더 복잡하다. 이런 탓에 빈곤을 유발하는 요인들을 중요한 순서대로 정하는 작업을 하는 경우는 드물다.

그리고 빈곤이라는 포탄을 직접 맞거나 파편을 맞게 되면 그 결과는 무섭다. 예컨대 빈곤 상태에 놓이면 재정적 어려움뿐만 아니라 심리적 어려움도 겪기 때문에, 빈곤은 개인과 가족에게 엄청난 고통을 준다. 한 마디로 말해서, 빈곤은 인간이 사는 삶의 모든 영역에 부정적으로 영향을 미친다.

빈곤에 취약한 집단

그런데 특정한 집단은 빈곤 상태에 놓일 가능성이 상대적으로 더 크다. 우선, 아동은 빈곤에 취약하다. 사실, 전 세계적으로 아동빈곤은 널리 퍼져 있고, 이런 상황을 나타내기 위해서 '빈곤의 아동화'라는 용어를 사용하고 있다.

또한 노인도 빈곤 상태에 놓이는 경우

아동과 여성, 노인 등 특정한 집단이 빈곤상태에 놓이기 쉽다.

| 사진 1-1 | 자본주의 사회에서의 빈곤에 대한 글

사회복지제도가 등장한 시기부터 빈곤은 관심거리이었다. [출처 : 신문(일부)]

그리고 오늘날에 빈곤이 겉으로는 두드러지게 보이지 않을 수 있음에도 불구하고(Lasch, 1972), 선진국과 우리나라에서 빈곤은 엄연한 현실로 계속 존재해 왔다. 특히 1960년대와 1970년대에 많은 선진국에서는 빈곤이 '공식적으로' 다시 나타났고, 이에 따라 국가 차원에서 여러 가지 조치를 취하였다(Bryson, 1992).

그러다가 산업이 발달하고 사회에서 물품이 풍부해지면서 빈곤문제는 해결될 것처럼 보였다. 하지만 이런 예상과는 다르게, 오늘날에 선진국과 우리나라에서 빈곤은 없어지지 않고 있다.

이런 탓에, 오늘날에 빈곤은 사회복지와 관련된 영역에서 여전히 주요한 주제가 되고 있다. 특히 오늘날의 사회문제는 빈곤과 관련되는 경우가 많기 때문

에, 오늘날에 빈곤은 사회복지 영역에서 매우 중요한 관심거리가 되고 있다(노병일, 2020b; 노병일, 2018; Zastrow, 2010; Rank, 2011).

POINT

- 빈곤은 사회복지제도가 등장한 시기부터 관심거리가 되어 왔고, 복지국가의 정의와 목적은 빈곤을 없애는 것과 밀접하게 관련되어 왔다.
- 오늘날에 빈곤은 사회복지와 관련된 영역에서 여전히 주요한 주제이다.

2. 빈곤의 정의

1) 빈곤에 대한 정의의 어려움

빈곤에 대해 살펴보고자 할 때 가장 먼저 등장하는 문제는, 빈곤이 무엇을 의미하는지를 살펴보는 것이다. 사실, 빈곤이 무엇을 의미하는지를 아는 것은 중요하다. 왜냐하면 빈곤에 대한 의미가 달라지면 빈곤을 없애거나 줄이는 방법도 달라질 수 있기 때문이다.

일반인은 '빈곤'이라는 단어가 나오면 어떤 사람이 무엇을 가지고 있지 않은 상황을 떠올리는 경우가 많다. 예를 들어, 빈곤이라는 용어에 대해서 일반인은 가족구성원에게 적절한 음식과 의류와 주거 공간을 제공할 수 없는 상황을 떠올리는 경우가 많다(Rector & Johnson, 2004; Dumfries and Galloway Council, 2020).

그러나 빈곤이 한 가지 의미만을 지니고 있는 것은 아니다. 따라서 빈곤은 모호한 용어라고 볼 수 있다. 이런 예를 구체적으로 제시하면 다음과 같다(Spicker, 2007; Misturelli & Heffernan, 2010).

① 일부 학자에 따르면, 사회과학에서는 빈곤을 적어도 열두 가지의 의미로 이해하고 있다. 물론 이런 의미들은 서로 중복되고 있다. 그러나 이런 의미들은 따로 구분될 수 있다.

② 일부 학자는 그동안 빈곤에 대한 정의가 159개나 있다고 분석하고 있다. 일부 학자가 이런 정의들 속에 나타난 의미가 변하는지를 살펴본 결과,

이런 정의들은 동일한 의미를 지니지 않는 경우가 많은 것으로 나타난 바 있다.

이런 탓에, 사회복지 영역에서 빈곤이라는 주제가 매우 중요함에도 불구하고, 빈곤이 정확히 무엇인지에 대해서는 의견이 일치하고 있지 않다(노병일, 2020b). 따라서 빈곤을 어떻게 정의할 것인지에 대해서는 통일된 의견이 나오지 않고 있다.

빈곤에 대한 정의가 일치하기 어려운 이유

빈곤이 무엇인지에 대해 의견이 일치하기 어려운 이유에는 여러 가지가 있을 수 있다. 빈곤에 대한 정의가 일치하기 어려운 이유를 몇 가지 제시하면 다음과 같다(Spicker, 2021; DiNitto, 2007).

① 빈곤은 도덕적으로 받아들일 수 없는 고통과 관련되기 때문이다. 즉, 빈곤에 대한 정의는 도덕적 측면을 포함하므로 빈곤을 객관적으로 정의하기가 어렵기 때문이다.

② 빈곤에 대해 정의하는 것은 정치와 관련되는 경우가 많기 때문이다.

결국, 빈곤에 대한 정의는 학자나 기관마다 차이가 날 수밖에 없다. 그리고 이에 따라서, 빈곤의 정의와 관련된 논쟁은 계속될 가능성이 크다. 실제로 일부 학자는 빈곤이 매우 논쟁거리가 되는 용어라고 주장한 바 있다(노병일, 2020b; Veit-Wilson, 1986; McLachlan, 1986; Misturelli & Heffernan, 2010).

2) 빈곤의 정의

(1) 사전의 정의

일반 사전에서는 빈곤에 대해 정의하고 있다. 그동안 일반 사전에서 빈곤에 대해 정의한 것을 몇 가지 제시하면 다음과 같다(국립국어원 표준국어대사전, 2021; Merriam-Webster Dictionary, 2021; Dictionnaire Littré, 2021).

① 우리나라의 국가기관에서 발간한 사전의 경우, 빈곤은 가난하여 살기가 어려운 것이라고 보고 있다.

② 유명한 영어사전의 경우, 빈곤은 일반적으로 인정되거나 사회적으로 인정되는 양의 현금이나 물질을 가지고 있지 않은 사람이 놓인 상태라고 보고 있다.

③ 유명한 프랑스어사전의 경우, 빈곤(pauvreté)은 재산(bien)이 부족한 것이라고 보고 있다.

앞에서 보듯이, 빈곤에 대한 정의는 사전마다 약간 차이가 나고 있다.

(2) 학문적 정의

빈곤은 모호한 용어라는 지적이 있음에도 불구하고, 여러 기관과 학자는 빈곤에 대해 나름대로 정의해 왔다(노병일, 2020b). 그동안 빈곤에 대해 정의한 것을 몇 가지 제시하면 다음과 같다(한국사회복지협의회, 1993; Barker, 2003; Spicker, 2021; Spicker, Leguizamón & Gordon, 2007; Organisation for Economic Co-operation and Development, 2001; Institut de la Statistique du Québec, 2005; Ringen, 1988).

① 미국의 전국사회복지사협회(NASW)에서 발간한 사전의 경우, 빈곤은 금전이나 생계 수단이 적거나 부족한 상태라고 보고 있다.

② 유럽의회(Council of Europe)의 경우, 빈곤은 개인이나 가족의 자원이 너무 적어서 소속 국가에서 최저로 인정될 수 있는 생활 방식을 할 수 없는 상태에 있는 것이라고 보고 있다.

③ 세계은행(World Bank)의 경우, 빈곤은 권력과 사회적 보호가 부족한 상태에 있을 뿐만 아니라, 경제적 기회, 교육, 건강, 영양의 측면에서 인간이 받아들일 수 없는 상태에 있는 것이라고 보고 있다.

④ 캐나다 퀘벡(Québec)주 법의 경우, 빈곤은 다음과 같은 것을 하는 데 필요한 자원, 수단, 방안, 힘이 없는 사람이 놓인 상태라고 보고 있다.

㉠ 경제적 자유를 계속해서 누린다.

㉡ 사회의 한 구성원으로서 사회에서 더 적극적으로 교류한다.

⑤ 한국사회복지협의회의 경우, 빈곤은 “일반적으로 기본 수요의 부족 현상으로 생활필수품의 결핍과 그것이 가져오는 육체적·정신적 불안감을 포함하는 생활 상태”라고 보고 있다.

⑥ 타운센드(Townsend)의 경우, 빈곤은 사회에서 일반적 식품, 문화시설, 서비스, 활동 등이 없거나 적절하지 못한 것이라고 보고 있다.

⑦ 링근(Ringen)의 경우, 빈곤을 다음과 같이 두 가지로 구분하면서 정의하고 있다.

㉠ 생존에 근거해 빈곤을 정의하는 것(subsistence definition)이 있다. 이때, 빈곤은 최저 수준의 소비를 하는 데 필요한 자원을 가지고 있지 않은 상황에 있는 것을 말한다.

㉡ 박탈에[1] 근거해 빈곤을 정의하는 것(deprivation definition)이 있다. 이때, 빈곤은 소비 수준이 사회에서 적절하다고 인정하는 수준보다 훨씬 낮은 상태에 있는 것을 말한다.

(3) 정리

앞에서의 내용을 정리할 경우, 빈곤에 대한 정의를 자원(resource)의 측면에 주목하는 정의와 박탈(deprivation)의 측면에 주목하는 정의로 크게 나눌 수 있다. 자원의 측면에 주목하는 정의의 경우, 사람이 무엇을 가지고 있는지에 관심을 가지고 있다. 그리고 박탈의 측면에 주목하는 정의의 경우, 사람이 무엇을 하는지에 관심을 가지고 있다(Alcock, 1997). 그러므로 자원의 측면에 주목하는 정의에 따르면, 빈곤은 자원이 부족한 상태에 있는 것이다. 그리고 박탈의 측면에 주목하는 정의에 따르면, 빈곤은 박탈을 겪는 상태에 있는 것이다.

1) 박탈은 필요하거나 바라는 것을 제거당하거나 거부당하거나 이용할 수 없는 것을 말한다(American Psychological Association, 2021).

▌사진 1-2▐ 우리나라에서 빈곤층을 도와주는 대표적인 민간기관의 직원들이 회의하는 모습

빈곤에 대한 정의는 자원의 측면에 주목하는 정의와 박탈의 측면에 주목하는 정의로 나눌 수 있다.
[출처 : 윤종선 님 제공]

그동안 빈곤에 대해 정의한 것들은 강조하는 측면에서 차이가 나고 있다(노병일, 2020b). 예를 들어, 일반 사전과 미국의 전국사회복지사협회의 정의에서는 자원의 측면을 강조하고 있고, 세계은행의 정의에서는 박탈의 측면을 강조하고 있고, 링근의 정의에서는 자원의 측면과 박탈의 측면을 모두 강조하고 있다. 그리고 일부 정의에서는 사회적 포함('사회적 배제'의 반대)의 측면도 강조하고 있다.[2] 이런 예로 캐나다 퀘벡주 법에서 제시한 정의가 있다.

빈곤의 의미

빈곤에 대한 여러 가지 정의에서 알 수 있듯이, 빈곤이라는 용어는 다양한 의미를 포함하고 있다. 예를 들어, 빈곤은 다음과 같은 것을 가리킬 수 있다(Spicker, 2021; Spicker, 2007).

① 물질적 상황을 가리킬 수 있다. 따라서 빈곤은 물품과 서비스가 부족한 것, 생활 수준이 낮은 것과 관련되고 있다.

② 경제적 위치를 가리킬 수 있다. 따라서 빈곤은 소득 수준이 낮은 것, 불평등한 상태에 있는 것, 사회적 계급이 낮은 것과 관련되고 있다.

③ 사회적 위치를 가리킬 수 있다. 따라서 빈곤은 자격이 없는 것, 의존하는 것, 사회적 배제를 겪는 것과 관련되고 있다.

결국, 빈곤은 여러 가지를 의미하고 있다.

2) 사회적 배제에 대해서는 사회적 배제를 다루는 장(제4장과 제5장)에서 자세히 설명한다.

3) 빈곤과 관련된 용어

일부 용어는 빈곤과 관련해 자주 사용되고 있다. 이런 용어로 박탈(deprivation), 생계(생존, subsistence), 궁핍(destitution)이 있다(Spicker, Leguizamón & Gordon, 2007).

(1) 박탈[3)]

일부 학자는 빈곤과 관련이 있는 용어로 박탈을 제시하고 있다. 일반적으로 박탈은 다른 사회구성원의 상황과 비교해서 두드러지게 취약한 상태에 있는 것을 말한다. 박탈에 대해서는 상대적 관점에서 살펴보는 경우가 많기 때문에, '상대적 박탈(relative deprivation)'이라는 용어도 자주 사용하고 있다.

(2) 생계(생존)

일반적으로 생계는 기본적 생활 수준을 유지하는 것을 말한다. 따라서 생계 수준 아래에서는 기본적 욕구를 충족하기가 어렵다.

베버리지(Beveridge)의 경우, 생계 수준에는 음식, 의류, 연료, 조명, 주거, 기타 여러 가지가 포함되어야 한다고 주장한 바 있다. 따라서 생계는 빈곤의 정도를 정할 때 하나의 근거로 사용될 수 있다.

(3) 궁핍

빈곤과 관련해 궁핍이라는 용어를 사용하는 경우도 있다. 특히 궁핍은 일상적 대화나 언론에서 자주 사용하는 경우가 많다.

일반적으로 궁핍은 자원이 완전히 없거나 사실상 완전히 없는 것을 말한다. 따라서 궁핍은 극단적 빈곤 상태에 있는 것을 나타내는 경우가 많다.

3) 앞에서 이미 설명한 바와 같이, 일부 학자는 빈곤에 대해 정의하면서 박탈의 측면을 제시하고 있다.

POINT

- 빈곤이 정확히 무엇인지에 대해서는 의견이 일치하지 않는다.
- 빈곤에 대한 정의를 자원의 측면에 주목하는 정의와 박탈의 측면에 주목하는 정의로 나눌 수 있다. 자원의 측면에 주목하는 정의에서는 무엇을 가지고 있는지에 관심을 가지고, 박탈의 측면에 주목하는 정의에서는 무엇을 하는지에 관심을 가진다.
- 박탈과 생계와 궁핍은 빈곤과 관련해 자주 사용된다. 박탈은 다른 사회구성원의 상황과 비교해서 두드러지게 취약한 상태에 있는 것이고, 생계는 기본적 생활 수준을 유지하는 것이고, 궁핍은 자원이 완전히 없거나 사실상 완전히 없는 것이다.

3. 빈곤 용어의 진전

1) 경제적 관점에서의 빈곤

빈곤에 대한 정의에서 알 수 있듯이, 빈곤을 정의할 때 많이 사용하는 방식은 빈곤을 경제적 관점에서 보는 방식이다. 이렇게 해서 얻어진 정의를 '빈곤에 대한 경제적 정의(economic definition of poverty)'라고 부르고 있다. 많은 국가에서는 빈곤에 대한 경제적 정의를 사용하는 조사 결과에 근거해서 빈곤에 대한 정보를 얻고 있다(Spicker, Leguizamón & Gordon, 2007).

빈곤에 대한 경제적 정의에 따르면, 빈곤층은 생활 수준에 상관없이 소득이 특정한 수준 아래에 있는 사람이나 가구를 가리킨다. 따라서 빈곤에 대한 경제적 정의의 경우, 빈곤층은 소득이 적은 사람이라고 보고 있다. 그러므로 경제적 정의에 근거하는 빈곤은 '소득 빈곤(income poverty)'이라고 부르는 경우가 많다.

2) 사회적 배제

빈곤에 대한 경제적 정의는 문제점을 지니고 있다. 예를 들어, 빈곤에 대한 경제적 정의에서는 지역과 사회집단들 사이에 생활비에서 차이가 난다는 점을 고려하지 못하고 있다. 그 결과, 빈곤과 관련된 용어는 계속해서 변하고 있다.

이와 관련해, 최근 들어서 '사회적 배제(social exclusion)'라는 용어를 많이 사용하고 있다. 예를 들어, 일부 학자는 빈곤과 같은 취약 상태를 더 잘 측정하는 방법으로 사회적 배제를 제시하고 있다. 특히 유럽에서는 빈곤보다 사회적 배제라는 용어를 더 폭넓게 사용하는 경향이 있다(노병일, 2006; 노병일, 2020b; Vaux, 2004; Silver & Miller, 2003).

| 사진 1-3 | 빈곤과 사회적 배제에 대한 보고서(프랑스어 판)의 표지

최근 들어서 사회적 배제라는 용어도 많이 사용한다. {출처 : Institut de la Statistique du Québec(2005)}

POINT

- 빈곤을 정의할 때 많이 사용하는 방식은 빈곤을 경제적 관점에서 보는 방식이다. 빈곤에 대한 경제적 정의에 따르면, 빈곤층은 생활 수준에 상관없이 소득이 특정한 수준 아래에 있는 사람이나 가구이다.
- 최근 들어서 '사회적 배제'라는 용어를 많이 사용한다.

4. 빈곤의 특성

1) 빈곤의 일반적 특성

빈곤은 복잡하고 폭넓은 상황을 보여주고 있다. 따라서 빈곤은 여러 가지 특성을 지니고 있다.

빈곤의 일반적 특성을 몇 가지 제시하면 다음과 같다(Deleeck, Bosch & Lathouwer, 1992; Haveman, 1987).

① 상대적(relative)이다. 따라서 빈곤은 시간 및 공간과 관련해 차이가 나고 있다. 그러므로 어떤 상태가 빈곤 상태에 해당하는지는 사회적 환경, 경제적 환경, 당시의 발달 수준에 따라 달라지고 있다.

② 점진적(gradual)이다. 따라서 빈곤을 빈곤 상태에 있는 것(poor)과 빈곤 상태에 있지 않은 것(not-poor)의 두 가지 범주로만 구분할 수는 없다. 결국, 빈곤의 정도에는 여러 가지가 있고, 이에 따라 빈곤층을 여러 층으로 구분할 수 있다. 예를 들어, 빈곤층에는 경제적으로 어렵지만 그럭저럭 사는 층, 항상 어려운 층, 노숙하는 층과 같이 여러 범주의 층이 존재하고 있다.

빈곤의 점진적 특성

부쓰(Booth, Marshall(1981)에서 재인용)는 사회구성원을 여덟 가지 계급으로 구분하고 있다. 이런 구분은 빈곤의 점진적 특성을 보여주고 있다. 부쓰는 계급을 A~H계급으로 나누면서, 계급들 사이에 질적으로 차이가 있다는 점에 관심을 가지고 있다.

부쓰의 분류에 따르면, E계급, F계급, G계급, H계급은 빈곤선[4] 위에 있다. 따라서 이런 계급은 빈곤층에 해당하지 않는다. 따라서 빈곤층에 포함되는 계급은 A계급, B계급, C계급, D계급인데, 부쓰는 각 계급을 다음과 같이 구분하고 있다.

① A계급은 빈곤 상태에 있을 뿐만 아니라 '빈곤 문화' 속에서[5] 살고 있다. 따라서 A계급은 별도의 세상에서 살고 있는 층이라고 볼 수 있다.

② B계급은 매우 빈곤한 층이다.

③ C계급과 D계급은 빈곤한 층이다.

---

4) 일반적으로 빈곤선은 빈곤한지를 결정하는 기준을 말한다. 빈곤선에 대해서는 빈곤의 측정을 다루는 장(제2장)에서 자세히 설명한다.

5) 빈곤 문화에 대해서는 빈곤층의 근로 의욕을 다루는 장(제12장)에서 자세히 설명한다.

③ 다차원적(multidimensional)이다. 따라서 빈곤 상태는 모든 생활 영역에서 나타나고 있다. 예를 들어, 빈곤은 소득 영역에서뿐만 아니라 교육 영역, 의료 영역에서도 나타나고 있다. 말할 것도 없이, 여러 영역들 중에서 소득 영역이 가장 중요한 역할을 하고 있다.

④ 지속적(durable)이다. 따라서 빈곤은 시간 측면과 관련되고 있다. 이때, 빈곤은 단기적 빈곤과 장기적 · 구조적 빈곤으로 구분할 수 있다. 단기적 빈곤은 갑자기 소득을 얻지 못하는 상태에 있기 때문에 나타나고 있다. 장기적 · 구조적 빈곤은 사회적 · 경제적으로 영구히 불리한 상태에 있기 때문에 나타나고 있다.

2) 정리

빈곤의 중요한 특성으로 상대성, 점진성, 다차원성, 지속성을 꼽을 수 있다. 그러나 빈곤은 이 외의 특성도 지닐 수 있다. 빈곤이 이와 같이 다양한 특성을 지니기 때문에, 일부 학자들은 빈곤을 정의하고 빈곤을 측정하기가 쉽지 않다고 주장하고 있다(노병일, 2020b).

빈곤의 다양한 특성들 중에서, 빈곤과 관련해 거의 모든 학자와 기관이 제시하는 특성은 다차원성이다. 특히 오늘날에는 빈곤이 다차원적 특성을 지닌다는 점을 널리 인정하고 있다. 예를 들어, 덴마크의 코펜하겐(Copenhagen)에서 1995년에 열린 '사회 발달을 위한 세계정상 회의(World Summit for Social Development)'와 '새천년 발달 목표(Millennium Development Goals)'에서는 빈곤이 다차원적 특성을 지닌다는 점을 강조한 바 있다(Organisation for Economic Co-operation and Development, 2001).

POINT

- 빈곤의 중요한 특성은 상대성, 점진성, 다차원성, 지속성이다.
- 빈곤과 관련해 거의 모든 학자 · 기관이 제시하는 특성은 다차원성이다.

5. 빈곤을 유발하는 요인

빈곤을 유발하는 요인(빈곤의 원인)에는 여러 가지가 있다. 따라서 그동안 여러 기관과 학자는 빈곤을 유발하는 요인을 다양하게 제시해 왔다. 예를 들어, 다음과 같은 상황에 있는 것은 빈곤을 유발하는 요인으로 알려져 있다(Rank, 2011; Zastrow, 2010; Spicker, Leguizamón & Gordon, 2007; DiNitto, 2007; Dumfries and Galloway Council, 2020).

① 유급 일자리가 없다.
② 자기 능력에 비해 근무 조건이 좋지 않은 유급 일자리에서 일한다.
③ 유급 일자리가 드문 지역에서 살고 있다.
④ 유급 일자리에서 받는 급여가 적다.
⑤ 교육 수준이 낮다.
⑥ 사업장에서 사용할 수 있는 기술이 부족하기 때문에, 유급 일자리를 구하기 어렵다.
⑦ 퇴직하였다.
⑧ 신체적 건강이 좋지 않다.
⑨ 신체적 장애가 있다.
⑩ 의료비를 너무 많이 지출하고 있다.
⑪ 정서적 어려움을 겪고 있다.
⑫ 인지적 어려움을 겪고 있다.
⑬ 일하고자 하는 의욕이 없다.
⑭ 알코올이나 기타 약물에 중독되어 있다.
⑮ 도박에 중독되어 있다.
⑯ 가족구성원의 수가 많다.
⑰ 배우자와 이혼하였거나, 배우자와 별거 중이거나, 배우자가 사망하였다.
⑱ 여성이 가장 역할을 하고 어린 자녀가 있는 가구에서 살고 있다.
⑲ 성차별이나 인종차별을 겪고 있다.

⑳ '전과자'로[6] 낙인이 찍혀 있거나, '미친 사람'으로 낙인이 찍혀 있다.
㉑ 범죄의 피해자가 되어 후유증을 겪고 있다.
㉒ 가계 살림을 잘하지 못하거나, 금전과 자원을 제대로 관리하지 못하고 있다.

빈곤을 유발하는 요인에는 앞에서 제시한 요인 이외에도 여러 가지가 더 있을 수 있다.[7] 결국, 빈곤을 유발하는 요인은 매우 다양하다.

POINT

• 빈곤을 유발하는 요인에는 여러 가지가 있다.

6. 빈곤이 미치는 영향

빈곤 상태에 있으면, 경제적으로 어렵게 될 뿐만 아니라 심리적으로도 어렵게 된다. 따라서 빈곤은 개인과 가족에게 매우 부정적인 영향을 미치고 있다. 이 뿐만 아니라, 빈곤은 매우 다양한 영역에서 부정적인 영향을 미치고 있다(노병일, 2018).

빈곤이 부정적인 영향을 미치기 때문에 겪을 수 있는 상황을 몇 가지 제시하면 다음과 같다(Zastrow, 2010; Dumfries and Galloway Council, 2020).

① 식품과 관련해 불리하다. 이런 예로 배가 고픈 것, 영양이 부족한 것이 있다.
② 주거와 관련해 불리하다. 이런 예로 수돗물을 이용하지 못하는 것, 좋지 않은 주택에서 사는 것이 있다.
③ 의류와 관련해 불리하다. 이런 예로 입을 옷이 부족한 것이 있다.
④ 건강과 관련해 불리하다. 이런 예로 질병에 더 걸리는 것, 공기 오염이나 수질 오염이나 위생적이지 못한 상태를 더 겪는 것, 알코올을 더 사용하는 것이 있다.

6) 전과자는 "전에 죄를 지어서 형벌을 받은 일이 있는 사람"을 말한다(국립국어원 표준국어대사전, 2021).
7) 빈곤을 유발하는 요인이 사회구조나 제도 등에 있다고 보는 것에 대해서는 빈곤의 관점을 다루는 장(제3장)에서 설명한다.

⑤ 수명과 관련해 불리하다. 이런 예로 예상 수명이 더 짧은 것, 아동이 더 일찍 사망하는 것이 있다.

⑥ 정서와 관련해 불리하다. 이런 예로 정서적으로 불안한 것, 자신이 다른 사람보다 뒤떨어진다고 느끼는 것, 자신이 사회에 부적절한 존재라고 느끼는 것이 있다.[8)]

⑦ 사회서비스 및 의료서비스와 관련해 불리하다. 이런 예로 의료서비스를 덜 이용하는 것, 의료서비스를 이용할 때 전문가로부터 질이 더 낮은 서비스를 받는 것이 있다.

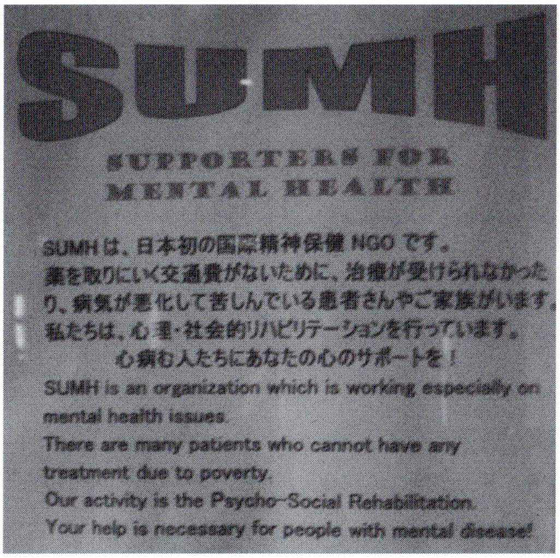

❙ 사진 1-4 ❙ 빈곤 때문에 정신건강과 관련된 치료를 받지 못하는 사람들을 도와 줄 것을 호소하는 안내문

빈곤 상태에 있으면 의료서비스를 이용하기 어려울 수 있다. [출처 : 캄보디아에서 저자 촬영ⓒ]

⑧ 교육과 관련해 불리하다. 이런 예로 지역에 있는 학교가 질이 더 낮고 자원이 더 적은 것이 있다.[9)]

---

8) 이렇게 되는 이유는 현재와 같은 물질 중심의 사회에서는 가진 것으로 사람을 판단하는 경우가 많기 때문이다.

9) 그 결과, 빈곤층은 학교에서 잘하지 못하거나 학교를 중퇴할 가능성이 커지게 된다.

⑨ 결혼 생활과 관련해 불리하다. 이런 예로 부부 사이의 관계가 더 좋지 않은 것이 있다.

⑩ 경력과 관련해 불리하다. 이런 예로 사회적 · 경제적 · 교육적으로 자신을 발전시킬 기회가 더 적은 것이 있다.

⑪ 문화 및 여가와 관련해 불리하다. 이런 예로 멋진 삶을 즐길 기회가 더 적은 것이 있다.[10)]

⑫ 형사제도와[11)] 관련해 불리하다. 이런 예로 범죄의 피해자가 더 되는 것, 더 체포되고 교도소에 더 갇히는 것, 빈곤하지 않은 층과 빈곤층이 똑같은 범죄를 저지른 경우에 빈곤층에게는 더 무거운 형을 판결하는 것, 집행유예나 가석방을[12)] 더 적게 받는 것이 있다.

그리고 빈곤은 지역사회와 사회와 국가에도 부정적인 영향을 미치고 있다. 왜냐하면 지역사회와 사회와 국가는 빈곤 탓에 생기는 사회문제에 대한 비용을 부담하여야 하기 때문이다(노병일, 2018). 특히, 사회에 빈곤 상태에서 사는 사람이 많으면, 소득에 따른 불평등이 커지게 된다. 이런 상황은 사회계층들 사이에 갈등을 유발함으로써, 사회를 안정되게 유지하는 데 부정적으로 작용할 가능성이 크다. 그 결과, 심각한 사회문제가 나타날 수 있다.

한편 빈곤은 한 세대에서 다음 세대로까지 이어질 가능성이 크다. 따라서 빈곤 때문에 겪는 어려움과 고통은 다음 세대로까지 이어질 가능성이 크다(Shelton, 2016). 이런 탓에, 빈곤은 한 세대에서만 부정적인 영향을 미치는 것이 아니라, 다음 세대에서도 부정적인 영향을 미칠 가능성이 크다.

결국, 빈곤은 개인 · 가족 · 사회 · 국가에 부정적인 영향을 미치고 있고, 또한 다음 세대에도 부정적인 영향을 미치고 있다.

10) 이때 멋진 삶의 예로 여행하는 것, 밖에서 식사하는 것, 영화나 연극을 보는 것, 음악회나 운동경기에 가는 것이 있다.

11) 형사제도는 "형법의 적용을 받는 사건"과 관련된 제도를 말한다(국립국어원 표준국어대사전, 2021).

12) 집행유예는 범죄자에게 일정한 기간 동안 형을 실시하지 않는 것을 말하고, 가석방은 "형기가 끝나지 않은 죄수를 일정한 조건하에 미리 풀어 주는" 것을 말한다(국립국어원 표준국어대사전, 2021).

동네빈곤이 미치는 영향

개인이나 가족의 빈곤뿐만 아니라 동네(지역사회)의 빈곤도 개인에게 부정적인 영향을 미치고 있다. 그동안 외국에서 실시한 여러 연구에서는, 동네가 빈곤한 것은 정신건강에 부정적인 영향을 미치는 것으로 나타나고 있다. 그리고 동네가 빈곤한 것은 아동의 정신건강이나 행동에도 부정적인 영향을 미치는 것으로 나타나고 있다(Kim, Lee, Jung, Jaime & Cubbin, 2019).

실제로 우리나라에서 곽현근과 노병일(노병일 · 곽현근, 2005; 노병일 · 곽현근, 2003)이 동네빈곤이 정신건강에 미치는 영향을 처음으로 살펴본 결과, 동네빈곤은 개인의 정신건강에 부정적인 영향을 미치는 것으로 나타난 바 있다.

| 사진 1-5 | 스웨덴의 잘사는 동네

동네(지역사회)빈곤도 개인에게 부정적인 영향을 미친다. [출처 : 스웨덴에서 저자 촬영ⓒ]

POINT

- 빈곤은 개인 · 가족 · 사회 · 국가에 부정적인 영향을 미친다.
- 동네(지역사회)의 빈곤도 개인에게 부정적인 영향을 미친다.

7. 빈곤의 기능

일반적으로 빈곤은 좋은 역할을 하지 않고 있다.[13] 무엇보다도 빈곤은 빈곤층에게 부정적인 영향을 미치는 경우가 많다. 그리고 빈곤은 빈곤하지 않은 층에게도 부정적으로 작용할 수 있다.

하지만 일부 층이나 집단에게는 빈곤이 긍정적으로 작용할 수도 있다. 사회학자인 갠스(Gans)는 미국에서 빈곤은 빈곤하지 않은 층에게 여러 가지 영역에서 긍정적으로 작용한다고 주장한 바 있다(DiNitto, 2007). 예를 들어, 빈곤층은 다음과 같은 상황에 있을 수 있는데, 이런 상황은 빈곤이 빈곤하지 않은 사람이나 집단에게 긍정적으로 작용할 수 있다(Zastrow, 2010).

① 빈곤층은 다른 사람이 하기를 꺼리는 좋지 않은 일을 하고 있다.

② 빈곤층이 하는 활동은 부유층에게 도움이 되고 있다. 이런 예로 빈곤층이 보수를 적게 받고서 부유층의 집안일을 하는 것이 있다.

③ 빈곤층은 일자리나 일거리가 생기게 하는 데 이바지하고 있다. 이런 예로 빈곤층에게 서비스를 제공하는 사회복지사에게 일거리가 생기는 것이 있다.

④ 빈곤층은 부유층이나 중산층이 취약층을 도움으로써 자비를 베풀 수 있는 기회를 제공하고 있다.

⑤ 빈곤층은 문화 활동에 이바지하고 있다. 이런 예로 빈곤층이 문화와 관련된 기념관을 건설하거나 예술작품을 만들 때 적은 임금을 받으며 일하는 것이 있다.

⑥ 빈곤층은 부유층도 많이 이용하는 문화를 만들어내고 있다. 이런 예로 빈곤층이 재즈 음악을 만든 것이 있다.

⑦ 빈곤층은 일부 정치집단에게 자신을 지지하거나 반대하는 상징적인 세력으로 활용되고 있다.

13) 이런 점은 빈곤이 개인과 가족에게 매우 부정적인 영향을 미친다는 점에서 잘 알 수 있다.

그리고 빈곤은 심리적 기능을 할 수도 있다. 예를 들어, 일부 사람들에게는 빈곤층을 무시하는 것이 심리적으로 편안함을 가져올 수도 있다. 왜냐하면 빈곤층을 무시함으로써 자신이 더 나은 상태에 있다고 느낄 수 있기 때문이다(Zastrow, 2010).

앞에서와 같이 빈곤이 여러 가지 기능을 하기 때문에, 사회는 빈곤을 완전히 없애거나 줄이기 위해 적극적으로 노력하지 않을 수도 있다. 사실, 정책을 결정하는 사람이나 집단들 중에는 빈곤을 없애는 데 적극적이지 않은 사람이나 집단도 있다. 이런 사람이나 집단이 빈곤을 없애는 데 적극적이지 않은 이유들 가운데 하나는, 빈곤이 사회에서 일부 긍정적인 기능을 하기 때문이다. 따라서 일부 학자의 경우, 지배계급은 자신의 생활을 더 즐겁게 만들기 위해 빈곤을 유지한다고 보고 있다(DiNitto, 2007; Zastrow, 2010).[14]

POINT

- 빈곤은 빈곤하지 않은 층에게도 부정적으로 작용할 수 있다.
- 빈곤은 빈곤하지 않은 층에게 여러 기능을 한다.

14) 빈곤의 이런 기능은 빈곤을 유발하는 요인(빈곤의 원인)에 대한 관점과 관련되고 있다. 이에 대해서는 빈곤의 관점을 다루는 장(제3장)에서 설명한다.

02 빈곤의 형태와 측정

CONTENTS

1. 빈곤의 형태

빈곤에는 여러 가지 형태가 있다. 이때, 빈곤의 형태는 다양한 기준에 근거해 구분할 수 있다. 빈곤의 형태를 구분하는 예로 비교하는 소득에 근거해 구분하는 것, 기간과 원인에 근거해 구분하는 것, 시대의 변화에 근거해 구분하는 것이 있다.

1) 비교하는 소득에 근거한 구분

비교하는 소득에 근거해 빈곤의 형태를 구분할 수 있다. 이때, 빈곤의 형태는 '절대적 빈곤(absolute poverty)'과 '상대적 빈곤(relative poverty)'으로 구분할 수 있다(노병일, 2021b). 빈곤의 형태를 절대적 빈곤과 상대적 빈곤으로 구분하는 방식은 빈곤에 대한 주요한 관점의 하나로 제시되는 경우가 많다.[1)]

1) 이에 대해서는 빈곤에 대한 관점을 다루는 장(제3장)에서 자세히 설명한다.

(1) 절대적 빈곤

절대적 빈곤은 생계를 유지할 만한 수준의 소득을 가질 수 없는 상태를 말한다. 따라서 절대적 빈곤에서는 생존의 측면에 주목하고 있다. 그러므로 절대적 빈곤은 인간이 생물학적으로 생존하기 위해 필요한 측면과 크게 관련되는 경우가 많다(Barker, 2003; Spicker, 2021; Spicker, Leguizamón & Gordon, 2007).

절대적 빈곤과 관련된 예를 몇 가지 제시하면 다음과 같다(Spicker, 2021; Spicker, Leguizamón & Gordon, 2007).

① 라운트리(Rowntree)가 실시한 연구의 경우, 최저 수준의 욕구에 근거해 빈곤선을 파악하고 있다. 구체적으로 라운트리는 생존에 필요한 기본적 물품을 근거로 해서 절대적인 현금 기준을 정하고 있다.

② 코펜하겐 선언(Copenhagen Declaration)의 경우, 절대적 빈곤은 인간의 기본적 욕구가 크게 충족되지 않은 상태라고 보고 있다.

| 사진 2-1 | 호수 위에 지어진 집

절대적 빈곤은 생계를 유지할 만한 수준의 소득을 가질 수 없는 상태이다.
[출처 : 캄보디아에서 저자 촬영ⓒ]

(2) 상대적 빈곤

상대적 빈곤은 자산과 소득이 너무 적은 탓에, 일반 사회에서 누리는 생활 수준을 유지할 수 없는 상태를 말한다. 구체적으로 상대적 빈곤은 개인의 생활 수준이 일반 사회의 생활 수준보다는 낮으나 생계 수준보다는 높은 상태를 일컫는다. 따라서 상대적 빈곤에서는 빈곤층을 사회의 다른 층과 비교하는 측면에 주목하고 있다(Barker, 2003; Spicker, 2021).

(3) 정리

일반적으로 절대적 빈곤은 자산과 소득이 최저 생계 수준보다 낮은 것을 말하고, 상대적 빈곤은 자산과 소득이 일반 사회의 생활 수준보다 낮은 것을 말한다. 따라서 절대적 빈곤은 완전히 없앨 수 있으나, 상대적 빈곤은 어느 사회에서나 존재할 가능성이 크다.

2) 기간과 원인에 근거한 구분

빈곤이 지속되는 기간이나 빈곤의 원인에 근거해 빈곤의 형태를 구분할 수 있다. 우선, 빈곤이 지속되는 기간에 따라 빈곤의 형태는 과도적(일시적) 빈곤(pauvreté de transition)과 지속적(만성적) 빈곤(pauvreté persistante ou chronique)으로 구분할 수 있다(Institut de la Statistique du Québec, 2005). 과도적 빈곤은 어느 순간에만 빈곤 상태에 있는 것을 말한다. 예를 들어, 일부 빈곤층은 일시적으로만 빈곤 상태에 있다. 그리고 지속적 빈곤은 계속해서 빈곤 상태에 있는 것을 말한다. 예를 들어, 일부 빈곤층은 계속해서 빈곤 상태에 있거나 다음 세대까지 빈곤이 계속되고 있다.

그리고 빈곤의 기간과 원인을 함께 고려하면서 빈곤의 형태를 구분할 수도 있다. 예를 들어, 빈곤의 기간과 원인에 근거해 빈곤의 형태는 다음과 같이 구분할 수 있다(Barker, 2003).

① 과도적(transitional) 빈곤이 있다. 이것은 개인의 생활이나 개인의 환경에서 나타난 특정한 사건 때문에, 일시적으로 빈곤 상태에 있는 것을 말한다.

② 주변적(marginal) 빈곤이 있다. 이것은 직장이 안정되어 있지 않거나 기술이 적절하지 않거나 교육 수준이 낮기 때문에, 빈곤 상태에 있는 것을 말한다.

③ 잔여적(residual) 빈곤이 있다. 이것은 오랜 기간 빈곤 상태에 머무르고, 또한 빈곤이 세대 사이에 이어지는 것을 말한다.

3) 시대의 변화에 근거한 구분

시대의 변화에 근거해 빈곤의 형태를 구분할 수 있다. 예를 들어, 시대의 변화에 근거해 빈곤의 형태는 다음과 같이 구분할 수 있다(Spicker, Leguizamón & Gordon, 2007; Robson, 1976).

① 구빈곤(old poverty)이 있다. 구빈곤은 생활이 어려운 상태에 있는 것을 말한다.

② 신빈곤(new poverty)이 있다. 신빈곤은 최근에 등장한 형태이다. 신빈곤이라는 용어는 경제적 상황과 사회적 상황의 변화 때문에 빈곤 상태에 있을 가능성이 사회의 집단에 따라 차이가 난다는 점을 나타내기 위해 사용되고 있다.

신빈곤은 선진국에서 많이 나타나고 있다. 일반적으로 신빈곤은 다음과 같은 특징을 지니고 있다(Spicker, Leguizamón & Gordon, 2007; Eardley, Bradshaw, Ditch, Gough & Whiteford, 1996).

① 신빈곤은 사회에 물질이 풍부한 상황에서 나타나고 있다.

② 신빈곤층에 속하는 사람들은 동일한 특징을 가지고 있지 않다. 예를 들어, 신빈곤층은 직업의 측면에서 다양하다.

신빈곤층은 산업의 구조가 변화하므로 나타나는 조치 때문에 직접적인 어려움을 겪는 층인 경우가 많다. 예를 들어, 신빈곤층은 산업의 중심이 제조업에서 지식 산업과 서비스 산업으로 바뀜에 따라서 새롭게 취약한 상태에 있는 층인 경우가 많다. 신빈곤층의 예로 유급 일자리에서 일해도 빈곤에서 벗어나기 어려운 층(이른바, 근로빈곤층)이 있다(김영란, 2005; Spicker, Leguizamón & Gordon, 2007; Hasenfeld, 1996; Dumfries and Galloway Council, 2020).

POINT

- 빈곤의 형태를 구분하는 예로 비교하는 소득에 근거해 구분하는 것, 기간과 원인에 근거해 구분하는 것, 시대의 변화에 근거해 구분하는 것이 있다.
- 절대적 빈곤은 생계를 유지할 만한 수준의 소득을 가질 수 없는 상태이고, 상대적 빈곤은 자산·소득이 너무 적은 탓에 일반 사회에서 누리는 생활 수준을 유지할 수 없는 상태이다.
- 신빈곤층은 산업 구조가 변화하므로 나타나는 조치 때문에 직접적인 어려움을 겪는 층인 경우가 많다. 신빈곤층의 예로 근로빈곤층이 있다.

2. 빈곤의 측정

1) 빈곤 측정의 필요성과 관련 용어

빈곤과 관련된 정책을 설계하고 실시하기 위해서는 빈곤을 측정하는 작업이 필요하다. 무엇보다도 빈곤층의 실태를 파악하기 위해서 빈곤을 측정할 필요가 있다(노병일, 2020b).

❙사진 2-2❙ 여러 취약층을 그린 그림

빈곤정책을 설계·실시하고 빈곤층의 실태를 파악하기 위해서 빈곤을 측정할 필요가 있다.
[출처 : 전영신(화가) 님 제공ⓒ]

그리고 빈곤과 관련된 정책이나 프로그램에서는, 정책이나 프로그램에서 추구하는 목표를 얼마나 이루고 있는지를 살펴보기 위해서 빈곤을 측정하는 작업이 필요하다(Organisation for Economic Co-operation and Development, 2001).

그러나 앞에서 이미 설명한 바와 같이, 빈곤에 대해서는 의견이 일치하는 정의가 없는 편이다. 따라서 빈곤을 측정하는 방법에 대해서도 의견이 일치하기 어렵다. 그리고 빈곤에 대한 정의가 통일되어 있는 경우에조차도, 빈곤을 측정하는 것은 복잡하고 어려울 가능성이 크다. 이런 탓에, 그동안 빈곤을 측정하는 방법을 여러 가지 제시해 왔다(Spicker, 2021; Rank, 2011).

빈곤을 측정하기 위해 가장 많이 사용하는 방법은 소득에 근거하는 방법이다. 이와 관련해 자주 사용하는 방법은 '빈곤선(poverty line 또는 poverty threshold)'을 사용하는 방법이다. 따라서 빈곤의 측정과 관련해 우선적으로 등장하는 용어는 빈곤선이다(노병일, 2020b).

2) 빈곤선의 정의와 의의 및 역사

(1) 빈곤선의 정의

여러 기관과 학자는 빈곤선에 대해 정의해 왔다. 그동안 빈곤선에 대해 정의한 것을 몇 가지 제시하면 다음과 같다(U.S. Census Bureau, 2009; Barker, 2003; Deleeck, Bosch & Lathouwer, 1992).

① 미국의 인구조사국에 따르면, 빈곤선은 가족의 빈곤 상태나 개인의 빈곤 상태를 결정하기 위해 사용하는 현금의 양을 말한다.

② 미국의 전국사회복지사협회에서 발간한 사전에 따르면, 빈곤선은 인간이 최저 생계 수준이나 최저 생활 수준에서 살고자 할 때 정부나 사회가 필요하다고 생각하는 현금의 양을 말한다.

③ 디릭(Deleeck) 등에 따르면, 빈곤선은 어떤 가구가 빈곤 상태에 있는지를 결정하기 위해 사용하는 기준을 말한다.

정리하건대, 빈곤선은 빈곤 상태에 있는지를 판단하기 위한 현금의 양으로서, 구체적으로는 최저 생계비를 일컫는다고 볼 수 있다(노병일, 2020b). 우리나라의 「국민기초생활보장법」의 경우, 최저 생계비는 "국민이 건강하고 문화적인 생활을 유지하기 위하여 필요한 최소한의 비용"이라고 정의하고 있다(국가법령정보센터, 2021).

(2) 빈곤선의 의의

빈곤선은 빈곤 상태를 알기 위한 잣대가 되고 있다. 따라서 빈곤선은 빈곤을 '측정'하기 위한 필수적인 도구가 되고 있다. 또한 빈곤선은 빈곤층에 대한 정확한 실태를 파악하는 것에서 더 나아가서, 빈곤층을 도와주거나 빈곤을 없애기 위한 정책이나 프로그램을 계획하기 위해서도 꼭 필요하다. 따라서 빈곤선은 빈곤층을 대상으로 하는 사회복지정책에서 중요하다(노병일, 2020b).

그리고 빈곤선은 그 사회에서 허용하는 최저 생활 수준이나 최저 생계 수준을 나타내고 있다. 이런 측면에서, 베버리지(Beveridge)는 라운트리(Rowntree)의 '빈곤선'을 '최저 생계선'으로 바꾸어 사용한 바 있다(Marshall, 1981).

(3) 빈곤선 등장의 역사

대부분의 국가는 나름의 빈곤선을 가지고 있다. 빈곤선을 정하기 위해, 사회적으로 받아들여지는 최저 소득을 결정할 때는 사회적 상황, 경제적 상황, 기후와 관련된 상황을 반영하고 있다(Organisation for Economic Co-operation and Development, 2001). 그러나 빈곤선이 등장한 상황은 국가마다 차이가 나고 있다.

(가) 미국

미국의 경우, 케네디(Kennedy) 대통령이 정권을 잡고 있던 1961년에, 인종을 차별하는 문제를 해결하고 빈곤이 지속되는 문제를 해결할 필요가 있었다. 당시에 비참한 상태에서 사는 미국인이 수백만 명이나 된다는 주장에 대해, 많은 미국인이 공감하고 있던 터이었다. 이런 분위기 속에서, 다음과 같은 목적을 위해 공식적 빈곤선이 필요하게 되었다(Gilbert & Kahl, 1987).

① 빈곤문제가 얼마나 심각한지를 측정한다.
② 빈곤문제를 해결하기 위한 정책이 얼마나 효과가 있는지를 파악한다.

그리고 빈곤선을 사용하면 다음과 같은 장점이 있다고 판단해서, 미국에서는 공식적 빈곤선에 관심을 더 가지게 되었다(Gilbert & Kahl, 1987).
① 인구 통계를 통해 빈곤층의 수를 정확히 파악할 수 있다.
② 빈곤을 유발하는 구체적 요인이 무엇인지를 파악할 수 있다.
③ 빈곤층의 수와 빈곤의 원인에 대한 자료에 근거해, 빈곤층을 도와줄 수 있는 프로그램을 개발할 수 있다.

그 후, 존슨(Johnson) 정부가 '빈곤과의 전쟁(War on Poverty)'을 실시하는 과정에서 빈곤선이 등장하였다. 이 당시에 빈곤선을 개발한 사람은 사회보장청(Social Security Administration)에서 근무하던 경제학자인 오션스키(Orshansky)였다. 미국에서 1950년대에 실시한 연구에서는, 평범한 저소득 가족은 자기 소득의 약 3분의 1을 식품을 구입하는 데 사용한 것으로 나타났다. 이에 따라 오션스키는 식품비의 약 3배를 빈곤선으로 정하였다. 이때 오션스키는 가족 규모도 고려하였다. 그러다가 1969년에 모든 정부기관은 오션스키가 정한 빈곤선을 공식적으로 사용하기 시작하였다(Wright, 2010; Willis, 2000; Mogull, 2007; McLoyd, 2000; Corcoran, 2000; Bleiweis, Boesch & Gaines, 2020).

미국의 경우, 1960년대 이후에는 빈곤선을 결정하는 방법에 큰 변화가 없었다. 다만, 해당 연도의 빈곤선은 이전 연도의 빈곤선에다 소비자 물가가 변한 것을 조정해서 정하고 있다(Barker, 2003; Spicker, Leguizamón & Gordon, 2007).

새로운 빈곤선

미국에서 공식적 빈곤선을 정할 때처럼, 최소로 필요한 식품의 가격을 고려해서 빈곤선을 정할 수 있다. 그러나 다음과 같이 해서 빈곤선을 정할 수도 있다(Wright, 2010).

① 현재 기본적으로 필요한 물품과 서비스를 고려한다.

② 기본적으로 필요한 주택의 비용이나 기본적으로 필요한 의료서비스의 비용을 고려한다.

미국 대통령으로는 처음으로, 오바마(Obama) 대통령은 앞에서와 같은 방식으로 빈곤선을 정하는 것에 관심을 가진 바 있다. 이런 방식을 적용할 경우, 빈곤선이 이전보다 더 높아질 가능성이 있고, 빈곤율이 이전보다 더 높아질 가능성이 있다.

(나) 우리나라

우리나라에서 빈곤선과 관련이 있는 것은 최저 생계비이다. 1999년 이전에는 공식적으로 인정된 최저 생계비가 없었다. 그러다가 1999년에 「국민기초생활보장법」을 만듦에 따라서, 최저생계비를 결정하는 것이 필요하게 되었다. 「국민기초생활보장법」에 따르면, 최저 생계비를 결정하기 위한 조사를 정기적으로 실시하도록 되어 있다(국가법령정보센터, 2021).

3) 빈곤선을 결정하는 방법

앞에서 설명한 것처럼, 빈곤은 모호한 내용을 담고 있다. 따라서 빈곤선은 여러 가지 방법으로 결정될 수밖에 없다. 실제로 그동안의 연구에서는 빈곤층의 수를 파악하기 위해 여러 가지 방법을 사용해 왔다.

빈곤선을 결정하는 주요한 방법으로 임의 기준 방법, 예산 기준 방법, 상대적 방법, 합의적 방법, 법적 방법, 박탈 기준 방법이 있다.[2)]

(1) 임의 기준 방법

임의 기준 방법의 경우, 임의로 기준을 정해서 빈곤을 측정하고 있다. 이때 가장 많이 사용하는 방법은, 소득에 근거해서 빈곤한 상태에 있는지를 판단하는

2) 빈곤선을 결정하는 방법을 구분하는 방식은 학자마다 다소 차이가 나고 있다. 그리고 각 방법의 이름도 학자에 따라 차이가 나고 있다.

것이다(Spicker, 2021). 예를 들어, 한 달에 100만 원이라는 기준을 임의로 정할 경우, 이만큼의 소득을 얻지 못하는 사람은 빈곤 상태에 있다고 볼 수 있다.

(2) 예산 기준 방법[3)]

예산 기준(budget standard) 방법의 경우, 필요한 최저 물품에 대한 비용에 근거해 빈곤을 측정하고 있다. 여기서 예산 기준은 특정한 생활 수준을 나타낼 수 있는 물품과 서비스를 모아 놓은 것이다.

구체적으로, 예산 기준 방법에서는 전문가가 필요하다고 보는 물품과 서비스를 선정한 후 이런 물품과 서비스의 전체 비용을 빈곤선으로 정하고 있다. 따라서 예산 기준 방법은 절대적 빈곤과 크게 관련되고 있다.

예산 기준 방법은 간단하다는 장점이 있다. 그러나 예산 기준 방법은 민주적이지 못한 측면이 많다는 단점이 있다. 왜냐하면 예산 기준 방법에서는 필요하다고 생각되는 물품과 서비스의 내용을 전문가가 임의로 정하는 측면이 있기 때문이다. 따라서 예산 기준 방법에서는 빈곤층의 의견이 제대로 반영되지 않을 수 있다(Spicker, Leguizamón & Gordon, 2007; Deleeck, Bosch & Lathouwer, 1992).

예산 기준 방법은 생활 수준을 조사하고 빈곤선을 결정하는 가장 오래된 방법에 속하고 있다. 예산 기준 방법을 처음에 연구한 사람은 영국의 라운트리(Rowntree)와 미국의 일부 학자들이다(Spicker, Leguizamón & Gordon, 2007).

예산 기준 방법을 사용한 사례 : 미국의 빈곤선

예산 기준 방법은 미국에서 빈곤선을 정할 때 사용되고 있다.[4)] 미국의 경우, 예산 기준 방법에 근거해 빈곤선을 정할 때 식품 부분만을 따지고 있다. 구체적으로 미국에서는 필요한 식품의 가격을 파악한 후 여기에 근거해 필요한 소득을 따져보는 방식으로 빈곤선을 정하고 있다. 따라서 미국의 빈곤선은 엥겔계수(Engel coefficient)를[5)] 적용하는 방식을 통해 계산되고 있다. 그러므로 미국의 빈곤선에서는 '완전한' 예산 기준 방법을 사용하는 것이 아니라, 식품만을 고려하는 '부분적' 예산 기준 방법을 사용하고 있다(Spicker, 2021; Spicker, Leguizamón & Gordon, 2007; Deleeck, Bosch & Lathouwer, 1992).[6)]

---

3) 예산 기준 방법은 예산 방법이라고도 부르고 있다.

4) 여기에 대해서는 앞에서 이미 설명한 바 있다.

5) 엥겔계수는 가족의 소득 중에서 식품에 지출되는 소득이 차지하는 비율을 말한다(Aguirregabiria, 2006).

(3) 상대적 방법

상대적(relative) 방법의 경우, 빈곤선을 경제적 수치의 일정 비율로 정하고 있다. 이때는 빈곤선을 개인당 소득, 평균 가구 소득, 중위(median) 가구 소득 등의[7] 일정 비율로 정하고 있다. 이런 예로 빈곤선을 중위 가구 소득의 50%로 정하는 것이 있다.

상대적 방법에서는 빈곤 상태에 있는지를 상대적 빈곤의 관점에서 파악하고 있다. 따라서 상대적 방법을 사용할 경우, 경제와 사회가 발달한 정도에서 차이가 나는 국가들 사이의 빈곤선을 비교할 수 있다. 그러므로 상대적 방법은 국제적인 비교 연구에서 사용되는 경우가 많다(원석조, 2006; Spicker, 2021; Deleeck, Bosch & Lathouwer, 1992).

상대적 방법의 단점은 기준선을 임의로 정한다는 데 있다.

(4) 합의적 방법[8]

합의적(consensual) 방법의 경우, 최저 소득 수준에 대해서 일반인에게 설문조사를 해서 얻은 응답에 근거해 빈곤선을 정하고 있다. 일반적으로 합의적 방법에 의한 빈곤선은 '괜찮게' 살 수 있는 최저 소득 수준에 대해 일반인이 생각하는 것을 보여주고 있다.

합의적 방법의 가장 큰 장점은 전문가가 아니라 일반인이 빈곤선을 정한다는 데 있다(Deleeck, Bosch & Lathouwer, 1992; Spicker, Leguizamón & Gordon, 2007).[9]

합의적 방법은 레이든(Leiden) 대학의 연구자들이 개발하였다. 그리고 일부 학자들도 합의적 방법을 개발해 왔다.

6) 따라서 어떤 학자는 예산 기준 방법을 더 나누기도 한다. 예를 들어 미국에서와 같이, 생활비에서 식품비로 지출되는 비율을 나타내는 엥겔계수를 구한 다음에, 이 계수에 근거해 구한 전체 생계비를 빈곤선으로 보는 방법은 오션스키 방법(Orshansky scale, 또는 반물량 방법)이라고 부르고 있다. 이에 비해서, 앞에서 제시한 예산 기준 방법은 전물량 방법이라고 부르고 있다(원석조, 2006).

7) 중위 소득(median income)은 소득을 크기 순으로 늘어놓았을 때 가장 중앙에 위치한 소득을 말한다.

8) 일부 학자는 합의적 방법을 주관적 방법이라고 부르고 있다. 그러나 일부 학자는 주관적 방법을 합의적 방법과 분리시켜 별도의 방법으로 설명하고 있다.

9) 이런 의미에서 합의적 방법은 '민주적' 예산 기준 방법이라고 볼 수도 있다(Walker, 1987).

(5) 법적 방법[10)]

법적(legal) 방법의 경우, 사회보장제도나 조세제도에서 정하는 최저 소득 수준을 빈곤선으로 정하고 있다. 법적 방법은 공공부조제도에서 최저 소득 수준을 결정할 때 사용하는 경우가 많다.

법에서 정하는 최저 소득에서는 정부 예산을 고려하거나 유급 일자리 시장(노동시장)에 미치는 영향을 고려하는 경우가 많다. 따라서 법적 방법은 정치적으로 지지받을 가능성이 크다.

(6) 박탈 기준 방법[11)]

(가) 박탈 기준 방법의 내용과 장점 및 단점

앞에서 제시한 여러 가지 방법들이 자원의 측면에 주목하는 방법이라면, 박탈 기준(deprivation standard or index) 방법은 박탈의 측면에 주목하는 방법이다. 박탈 기준 방법의 경우, 어떤 물품을 가지고 있지 않은 것, 어떤 활동에 참여하지 못하는 것, 어떤 서비스를 이용하지 못하는 것에 근거해 빈곤 상태에 있는지를 결정하고 있다(Ringen, 1988; Deleeck, Bosch & Lathouwer, 1992).

구체적으로 박탈 기준 방법에서는 다음과 같은 세 단계를 거치고 있다(Spicker, Leguizamón & Gordon, 2007).

① 첫째 단계에서는 사회적으로 필요하다고 생각하는 품목의 목록을 파악한다. 그런 다음에, 응답자에게 모든 성인이 가지고 있어야 한다고 생각하는 품목을 선정하게 한다.

② 둘째 단계에서는 첫째 단계에서 구한 각 품목에 대해 응답자가 가지고 있는지를 질문한다. 응답자가 가지고 있지 않을 경우, 응답자가 이런 품목을 원하지만 구입할 능력이 되지 못하기 때문에 가지고 있지 않은 것인지를 질문한다.

③ 셋째 단계에서는 가지기를 원하나 구입할 능력이 없기 때문에 가지고 있지 않은 품목이 몇 개 이상인 가구는 빈곤 상태에 있다고 판정한다.

10) 법적 방법은 정치적 방법이라고도 부르고 있다.

11) 박탈 기준 방법은 박탈 지수 방법이라고도 부르고 있다.

박탈 기준 방법의 장점은 빈곤의 다차원적 측면을 반영한다는 데 있다. 그러나 박탈 기준 방법은 다음과 같은 단점이 있다(Deleeck, Bosch & Lathouwer, 1992).

① '몇 %'의 인구가 필요하다고 보는 것을 필수품으로 정할 것인가와 관련해 임의적인 측면이 있다.

② 필수품의 품목을 정하는 데 있어 임의적인 측면이 있다.

③ 결과를 분석하는 과정이 복잡하다.

④ 국가들 사이에 비교하는 것이 어렵다.

(나) 역사

박탈 기준 방법이 등장하는 데 이바지한 사람은 타운센드(Townsend)이다. 타운센드는 박탈 기준 방법을 처음으로 제시하였다. 그 후, 맥과 란슬리(Mack & Lansley)는 박탈 기준 방법을 더 가다듬었다(Deleeck, Bosch & Lathouwer, 1992).[12)]

❙사진 2-3❙ '무소유(소유하지 않음)'를 몸소 실천한 법정 스님이 손수 만든 의자

박탈 관점에 따르면, 법정 스님은 가진 것은 없지만 빈곤 상태에 있지 않다고 볼 수 있다. [출처 : 저자 촬영ⓒ]

12) 맥과 란슬리가 빈곤 상태에 있는 사람을 실제로 파악하는 과정은 노병일(1999)이나 이 책(『빈곤론』)의 제1판(노병일, 2013)에 자세히 정리되어 있다.

POINT

- 빈곤을 측정하기 위해 가장 많이 사용하는 방법은 소득에 근거하는 방법이다. 이와 관련해 자주 사용하는 방법은 빈곤선을 사용하는 방법이다.
- 빈곤선은 그 사회에서 허용하는 최저 생활 수준이나 최저 생계 수준을 나타낸다.
- 미국에서는 식품비의 약 3배를 빈곤선으로 정하였다.
- 우리나라에서 빈곤선과 관련이 있는 것은 최저 생계비이다.
- 빈곤선을 결정하는 주요한 방법으로 임의 기준 방법, 예산 기준 방법, 상대적 방법, 합의적 방법, 법적 방법, 박탈 기준 방법이 있다. 임의 기준 방법에서는 임의로 기준을 정해서 빈곤을 측정하고, 예산 기준 방법에서는 필요한 최저 물품에 대한 비용에 근거해 빈곤을 측정하고, 상대적 방법에서는 빈곤선을 경제적 수치의 일정 비율로 정하고, 합의적 방법에서는 최저 소득 수준에 대해 일반인에게 설문조사를 해서 얻은 응답에 근거해 빈곤선을 정하고, 법적 방법에서는 사회보장제도나 조세제도에서 정하는 최저 소득 수준을 빈곤선으로 정한다. 박탈 기준 방법에서는 어떤 물품을 가지고 있지 않은 것, 어떤 활동에 참여하지 못하는 것, 어떤 서비스를 이용하지 못하는 것에 근거해 빈곤 상태에 있는지를 결정한다.

3. 빈곤 정도의 측정

때에 따라서는 빈곤한 정도를 측정하는 것이 필요할 수 있다. 빈곤이 전체적으로 어느 정도인지를 나타내는 방법에는 여러 가지가 있다(Deleeck, Bosch & Lathouwer, 1992).

빈곤의 정도를 측정하는 주요한 방법으로 빈민수 지수 방법, 빈곤 갭 방법, 빈곤의 사회적 분포가 있다.[13)]

1) 빈민수 지수 방법

빈민수 지수 방법은 '빈민수 지수(head-count index, H로 표시함)'를 사용해 빈곤의 정도를 측정하는 방법이다. 빈민수 지수는 빈곤선 아래에서 사는 개인이나 가구나 가족의 비율을 말한다. 예를 들어, 빈곤층으로 파악된 사람의 수가 a이고

13) 아래에서는 빈민수 지수 방법과 빈곤 갭 방법만을 설명한다. 빈곤의 사회적 분포에 대해서는 이 책(『빈곤론』)의 제1판(노병일, 2013)을 참고하면 된다.

지역사회의 전체 인구수가 b일 경우, 빈민수 지수(H)는 [a/b]가 된다(Spicker, Leguizamón & Gordon, 2007).

빈민수 지수는 0~1의 값을 가지고 있다. 빈민수 지수가 0인 것은 어느 사람도 빈곤하지 않은 경우를 의미하고, 빈민수 지수가 1인 것은 모든 사람이 빈곤 상태에 있는 경우를 의미하고 있다.

빈민수 지수라는 간단한 측정치를 통해서, 빈곤이 나타나는 정도와 빈곤의 분포에 대해 알 수 있다. 따라서 빈민수 지수는 빈곤의 정도를 측정하기 위해 가장 많이 사용하는 방법에 속하고 있다.

그러나 빈민수 지수를 가지고는 빈곤이 어느 정도 심각한지를 알 수 없다. 즉, 빈민수 지수를 통해서는 빈곤층이 빈곤선에서 어느 정도 아래에 있는지를 알 수 없다(Spicker, Leguizamón & Gordon, 2007).

2) 빈곤 갭 방법

빈곤 갭(빈곤 격차, poverty gap) 방법은 빈곤선과 관련시켜 빈곤의 정도를 측정하는 방법이다. 빈곤 갭 방법에는 다음과 같은 것이 있다(노병일, 1999; Deleeck, Bosch & Lathouwer, 1992; Kingson & Schulz, 1997).

① 평균 빈곤 갭(average poverty gap)이 있다. 평균 빈곤 갭은 빈곤층의 소득과 빈곤선 사이의 거리를 말한다.

② 전체 빈곤 갭(aggregate poverty gap)이 있다. 전체 빈곤 갭은 모든 빈곤 가구의 소득을 빈곤선까지 올리고자 할 때 필요한 이론적인 전체 비용을 말한다. 따라서 이 비용을 빈곤선 아래에 있는 사람에게 제공할 경우, 이 사람들은 더 이상 빈곤층이 아니게 된다.

평균 빈곤 갭이 빈곤 가구에 초점을 둔다면, 전체 빈곤 갭은 전체 빈곤층에 초점을 두고 있다. 이것을 그림으로 표시하면 **I**그림 2-1**I**과 같다. **I**그림 2-1**I**에서 평균 빈곤 갭이 △Pi라면, 전체 빈곤 갭은 평균 빈곤 갭을 모두 합친 Σ(△Pi)가 된다(노병일, 1999).

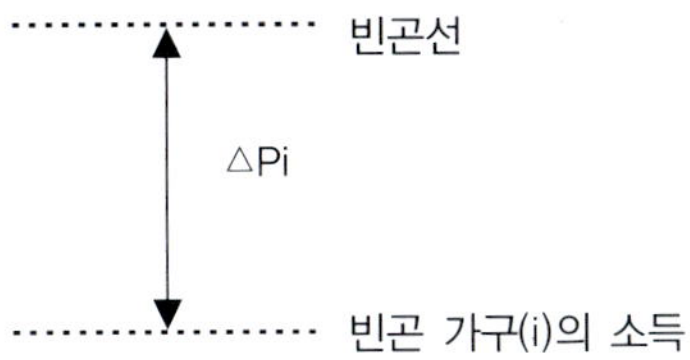

| 그림 2-1 | 빈곤 갭

[출처 : 노병일(1999 : 273)]

POINT

- 빈곤의 정도를 측정하는 주요한 방법으로 빈민수 지수 방법, 빈곤 갭 방법, 빈곤의 사회적 분포가 있다.
- 빈민수 지수 방법은 '빈민수 지수'를 사용해 빈곤의 정도를 측정하는 방법이다. 빈민수 지수는 빈곤선 아래에서 사는 개인이나 가구나 가족의 비율이다.
- 빈곤 갭 방법은 빈곤선과 관련시켜 빈곤의 정도를 측정하는 방법이다.

03 빈곤에 대한 관점

CONTENTS

1. 빈곤에 대한 관점의 분류

오늘날에는 빈곤에 대해 여러 가지 측면에서 살펴보고 있다. 따라서 오늘날에는 빈곤에 대해 다양한 관점이 존재하고 있다.

빈곤에 대한 관점은 여러 가지 기준에 근거해 분류할 수 있다. 예를 들어, 빈곤에 대한 관점은 다음과 같이 분류할 수 있다.

① 빈곤의 형태를 기준으로 해서 분류할 수 있다.
② 빈곤의 원인을 기준으로 해서 분류할 수 있다.
③ 빈곤의 시간 차원을 기준으로 해서 분류할 수 있다.

빈곤에 대한 관점은 앞에서 제시하지 않은 기준을 사용해서 분류할 수도 있다. 그러나 빈곤에 대한 관점은 빈곤의 형태나 빈곤의 원인에 근거해 분류하는 경우가 많다. 빈곤의 원인을 기준으로 해서 분류하는 관점은 빈곤을 매우 폭넓게 보는 관점에 속하고 있다.

POINT

- 빈곤에 대한 관점은 빈곤의 형태나 빈곤의 원인에 근거해 분류하는 경우가 많다.
- 빈곤의 원인을 기준으로 분류하는 관점은 빈곤을 매우 폭넓게 보는 관점이다.

2. 빈곤의 형태에 근거한 관점

빈곤의 형태를 기준으로 해서 빈곤에 대한 관점을 분류할 수 있다. 이런 예로, 빈곤에 대한 관점을 절대적 빈곤 관점과 상대적 빈곤 관점으로 구분하는 것이 있다.[1)]

1) 절대적 빈곤 관점

절대적 빈곤 관점에서는 개인이나 가족의 복리를 위해서는 어떤 정해진 양의 물품과 서비스가 필요하다고 주장하고 있다. 따라서 절대적 빈곤 관점에서는 반드시 필요하다고 생각하는 물품과 서비스를 근거로 삼고 있다.

절대적 빈곤 관점에 따르면, 빈곤 상태에 있다는 것은 사람이 현재의 소득을 가지고는 생활에 필요한 물품과 서비스를 구할 수 없다는 것을 의미하고 있다. 그러므로 절대적 빈곤 관점에서는 정해진 최저 양의 물품과 서비스를 가지지 않은 사람은 빈곤층에 해당한다고 보고 있다(Institut de la Statistique du Québec, 2005; Zastrow, 2010).

2) 상대적 빈곤 관점

상대적 빈곤 관점에서는 빈곤은 상대적 특성을 지닌다는 점에 주목하고 있다. 따라서 상대적 빈곤 관점에서는 빈곤은 사회적으로 정의된다고 보고 있다.

1) 당연히, 이 부분은 빈곤의 형태를 다루는 장(제2장)과 관련되고 있다.

그러므로 상대적 빈곤 관점에서는 사회에 존재하는 기준을 사용해서 빈곤을 정의하고 있다.

구체적으로 상대적 빈곤 관점에서는 비교가 되는 인구층의 생활 수준을 고려하고 있다. 따라서 상대적 빈곤 관점에서는, 개인의 소득이 전체 인구층의 평균 소득이나 기준이 되는 기타 소득보다 매우 적을 때 빈곤 상태에 있다고 보고 있다(Spicker, Leguizamón & Gordon, 2007; Institut de la Statistique du Québec, 2005; Zastrow, 2010).

POINT

- 빈곤의 형태를 기준으로 해서 절대적 빈곤 관점과 상대적 빈곤 관점으로 구분할 수 있다.
- 절대적 빈곤 관점에서는 개인이나 가족의 복리를 위해서는 어떤 정해진 양의 물품과 서비스가 필요하다고 주장한다.
- 상대적 빈곤 관점에서는 빈곤은 상대적 특성을 지닌다는 점에 주목한다.

3. 빈곤의 원인에 근거한 관점

1) 빈곤의 원인에 근거한 관점의 중요성

빈곤의 원인을 기준으로 해서 빈곤에 대한 관점을 분류할 수 있다. 사실, 빈곤과 관련해 자주 주목하는 분야는 빈곤의 원인을 살펴보는 분야이다(Rank, 2011).[2] 왜냐하면 빈곤의 원인을 제대로 파악하면 빈곤을 줄이거나 없애기가 더 쉬울 수 있기 때문이다.

그리고 빈곤의 원인을 무엇으로 보느냐에 따라서, 사회에서 빈곤층을 바라보는 눈길이 달라지고 빈곤층을 위한 정책의 방향이 달라진다. 그러므로 빈곤의 원인에 근거한 관점은 중요하다(노병일, 2021a).

2) 빈곤을 유발하는 구체적 요인에 대해서는 빈곤을 유발하는 요인을 다루는 장(제1장)에서 이미 설명한 바 있다.

2) 빈곤의 원인에 근거한 관점의 분류

그동안 여러 학자들은 빈곤을 유발하는 요인(즉, 빈곤의 원인)에 근거해서 여러 가지 관점을 제시해 왔다. 빈곤의 원인에 근거해 관점을 분류한 예로, 스픽커(Spicker)가 빈곤에 대한 관점을 구분한 것, 랭크(Rank)가 빈곤에 대한 관점을 구분한 것, 디니토(DiNitto)가 빈곤에 대한 관점을 구분한 것이 있다.

(1) 스픽커의 분류

스픽커(Spicker, 2021; Spicker, Leguizamón & Gordon, 2007)는 홀먼(Holman)이 분류한 것을 토대로 해서 빈곤의 원인에 근거한 관점을 제시하고 있다. 구체적으로 스픽커는 빈곤의 원인에 근거한 관점을 병리적(pathological)[3] 관점과 구조적(structural) 관점으로 구분하고 있다. 스픽커의 분류는 빈곤의 원인에 대한 관점을 매우 단순하게 구분한 것이라고 볼 수 있다.

(가) 병리적 관점

병리적 관점의 경우, 빈곤층의 특성이나 행동 때문에 빈곤이 나타난다고 보고 있다. 병리적 관점을 따르는 주요한 견해를 몇 가지 제시하면 다음과 같다(Spicker, 2021).

① 개인주의 견해가 있다. 개인주의 견해는 개인에 주목하는 견해를 말한다. 개인주의 견해에서는 빈곤층은 잘못된 선택을 하고 자신만의 생활 방식을 선택한다고 가정하고 있다.

② 가족 견해가 있다. 가족 견해는 가족에 주목하는 견해를 말한다. 가족 견해에서는 빈곤이 가족 내에 들어 있다고 보고 있다. 즉, 부적절한 행동은 한 세대에서 다음 세대로 전달된다고 보고 있다.

③ 하위문화 견해가 있다. 하위문화 견해는 하위문화에 주목하는 견해를 말한다. 구체적으로 하위문화 견해에서는 '빈곤문화'의 측면에서 빈곤의 원인을 설명하고 있다. 하위문화 견해의 경우, 하위문화 때문에 빈곤층은

3) '병리적'은 질병과 관련되어 있거나 질병 때문에 나타나는 것을 말한다(Merriam-Webster Dictionary, 2021).

다음과 같은 상황에 있게 된다고 주장하고 있다.

㉠ 자신은 일반 사회에 살고 있는 사람과 다르다는 것을 배운다.

㉡ 빈곤에 적응하는 것을 배운다.

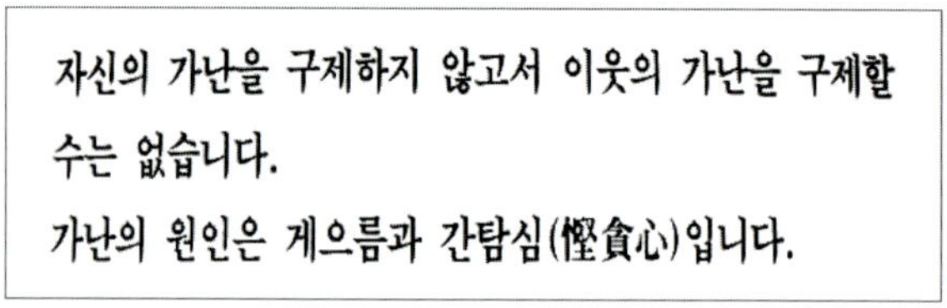

┃사진 3-1┃ 어느 절의 안내문

개인적 관점에서는 빈곤층의 특성이나 행동 때문에 빈곤이 나타난다고 본다.
[출처 : 저자 촬영ⓒ]

(나) 구조적 관점

구조적 관점의 경우, 빈곤이 나타나는 사회와 연관시켜 빈곤을 설명하고 있다. 구조적 관점을 따르는 주요한 견해를 몇 가지 제시하면 다음과 같다(Spicker, 2021).

① 계급 중심 견해가 있다. 계급에 주목하는 견해의 경우, 좋은 유급 일자리에 고용되어서 안정된 소득을 얻지 못하게 되면 생활 기회가 제약되고, 그 결과로 빈곤이 나타난다고 보고 있다.

② 기관 중심 견해가 있다. 기관에 주목하는 견해의 경우, 공적 서비스를 제대로 제공하지 못하므로 빈곤이 나타난다고 보고 있다.

③ 불평등 중심 견해가 있다. 불평등에 주목하는 견해의 경우, 사회에 불평등이 존재하므로 빈곤이 나타난다고 보고 있다. 구체적으로, 사회에 존재하는 불평등 때문에 기회를 갖지 못하고 취약 상태에 영원히 있게 되므로 빈곤이 나타난다고 보고 있다.

빈곤과 불평등

빈곤과 불평등 사이의 관계와 대해서는 다음과 같은 견해가 있다(Spicker, Leguizamón & Gordon, 2007).

① 빈곤은 불평등의 한 형태라고 보는 견해가 있다.

② 빈곤은 불평등 때문에 생긴다고 보는 견해가 있다.

(2) 랭크의 분류

랭크(Rank, 2011)는 빈곤의 원인에 근거한 관점을 개인적 요인(individual factor)을 강조하는 관점(개인적 관점), 구조적 요인(structural factor)을 강조하는 관점(구조적 관점), 구조적 취약(structural vulnerability)을 강조하는 관점(구조적 취약 관점)으로 구분하고 있다.

(가) 개인적 관점

개인적 관점은 빈곤의 원인을 개인적 요인에서 찾는 관점을 말한다. 개인적 관점에서 주장하는 것을 몇 가지 제시하면 다음과 같다.

① 빈곤층은 적절한 태도나 동기나 의욕이 부족한 편이다.

② 복지 프로그램이 관대하므로 다음과 같은 상황이 연속적으로 나타나고 있다.

㉠ 복지 프로그램이 관대하기 때문에, 일하기와 결혼하기를 꺼리고 있다.

㉡ 일과 결혼을 꺼리기 때문에, 생산적이지 않은 행동을 하게 된다. 생산적이지 않은 행동의 예로 10대가 결혼하지 않은 상태에서 임신하는 것이 있다.

㉢ 생산적이지 않은 행동을 하기 때문에, 정부에 의존하게 된다.

㉣ 정부에 의존하기 때문에, 빈곤 상태에서 벗어나려고 하지 않고 있다.

(나) 구조적 관점

구조적 관점은 빈곤의 원인을 구조적 요인에서 찾는 관점을 말한다. 구조적 관점에서 빈곤을 유발하는 요인으로 꼽는 것을 몇 가지 제시하면 다음과 같다.

① 경제와 관련된 요인이 있다. 구조적 관점에서는, 이와 관련해 가장 중요한 요인은 모든 사회구성원에게 적절한 경제적 기회와 일자리를 제공하지 못하는 것이라고 보는 경우가 많다.

② 사회복지와 관련된 요인이 있다. 구조적 관점에서는, 복지국가가 개인과 가족을 경제적 어려움에서 벗어나도록 제대로 도와주지 못하므로 빈곤이 나타난다고 보고 있다.

③ 인종차별 및 성차별과 관련된 요인이 있다. 구조적 관점에서는, 인종차별과 성차별은 소수민족 인종과 여성의 생활 기회에 여러 가지 방식으로 영향을 미친다고 보고 있다. 따라서 소수민족 인종과 여성의 빈곤율은 다른 집단의 빈곤율보다 더 높다고 보고 있다.

(다) 구조적 취약 관점

구조적 취약 관점은 개인적 요인이 중요하다는 점을 인정하면서, 취약한 상태를 유발하는 구조적 요인도 중요하다고 보는 관점을 말한다. 구조적 취약 관점에서는, 인적 자본(human capital)과 관련된 요인과[4] 유급 일자리 시장(노동시장)과 관련된 요인은 빈곤을 겪을 가능성이 더 큰 것과 관련된다고 보고 있다. 그러나 인적 자본 및 유급 일자리 시장과 관련된 요인에 앞서, 사회에 존재하는 구조적 요인 때문에 경제적으로 취약한 사람이 나타나는 측면이 있다고 보고 있다. 따라서 구조적 취약 관점의 경우, 사회구성원의 일정 비율은 구조적 문제 때문에 경제적으로 어려운 상태에 있을 것이라고 보고 있다.

---

4) 일반적으로 인적 자본은 개인의 지식, 기술, 교육, 판단 등이 지니는 경제적 가치를 말한다(The Oxford Review Encyclopaedia of Terms, 2021).

❙사진 3-2❙ 관광지의 노숙인

구조적 취약 관점에서는 사회구성원의 일정 비율은 구조적 문제 때문에 경제적으로 어려운 상태에 있을 것이라고 본다.
[출처 : 이탈리아에서 저자 촬영ⓒ]

(3) 디니토의 분류

디니토(DiNitto, 2007)는 빈곤의 원인에 근거한 관점을 여러 가지 제시하고 있다. 구체적으로 디니토는 빈곤의 원인에 근거한 관점을 인적 자본 부족(lack of human capital) 관점, 빈곤문화(culture of poverty) 관점, 착취(exploitation) 관점, 구조(structure) 관점으로 구분하고 있다.[5]

(가) 인적 자본 부족 관점

(a) 내용

인적 자본 부족 관점은 인적 자본 이론(human capital theory)에 토대를 두고 있다. 인적 자본 이론은 경제학자들이 빈곤을 설명하기 위해 가장 많이 제시하는 이론에 속하고 있다.

---

5) 디니토가 제시하는 여러 관점들은 빈곤과 관련해 매우 중요한 관점에 속하고 있다. 따라서 본 저자(노병일)는 여기에서 디니토의 문헌 이외에 다른 학자들의 문헌도 많이 참고해 정리하였다.

인적 자본 부족 관점의 경우, 빈곤층은 인적 자본을 가지고 있지 않기 때문에 빈곤 상태에 있다고 보고 있다. 따라서 빈곤층은 경제적 생산성이 낮기 때문에 빈곤 상태에 있다고 보고 있다(DiNitto, 2007).

(b) 평가

인적 자본 부족 관점은 현실에 맞는 측면이 있다. 인적 자본 부족 관점이 현실에 맞음을 보여주는 예로, 고등학교를 졸업하지 못한 층의 빈곤율이 대학교를 졸업한 층의 빈곤율보다 더 높다는 점을 들 수 있다.

인적 자본 부족 관점에서 본 공공부조 수급자의 고용 가능성

미국에서 1996년에 복지(공공부조) 개혁을[6] 실시함에 따라서, 공공부조 수급자는[7] 일자리를 찾기 시작하였다. 1990년대에는 미국의 경제 상황이 좋았고, 이에 따라서 일자리를 찾는 공공부조 수급자가 일자리를 구한 경우가 많았다. 그러나 이런 일자리는 임금이 적고 미래에 전망이 좋지 않은 일자리인 경우가 많았다(Rothstein, 2002).

하지만 그 후에 미국의 경제 상황이 좋지 않게 되었을 때, 많은 공공부조 수급자를 고용한 소매업, 식당, 호텔에서 직원을 가장 많이 해고하였다. 따라서 공공부조 수급자는 가장 늦게 고용되지만 가장 먼저 해고되는 상황에 놓일 수 있다.

그러므로 장기적으로 볼 때, 공공부조 수급자가 일자리를 얻기 전에 공공부조 수급자의 교육 수준이나 기술 수준을 더 높여주는 것이 더 현명한 방안일 수 있다. 공공부조 수급자의 교육 수준이나 기술 수준이 더 높아질 경우, 공공부조 수급자는 경제 상황이 좋은 시기에뿐만 아니라 경제 상황이 좋지 않은 시기에도 계속해서 일자리를 유지할 수 있게 된다.

(나) 빈곤문화 관점

(a) 내용

빈곤은 한 세대에서 다음 세대로 이어질 수 있다. 이런 점에 주목하는 일부 학자는 빈곤이 한 세대에서 다음 세대로 대물림되는 '생활 방식'이라고 주장하고 있다. 따라서 이런 학자는 빈곤은 영구히 지속되는 특성을 지닌다고 보고 있다(DiNitto, 2007; Zastrow, 2010). 이때 빈곤이 영구히 지속되는 특성을 지니는 이유를 문화적 측면에서 설명하는 경우가 많다.

6) 미국의 복지(공공부조) 개혁에 대해서는 공공부조를 다루는 장(제11장)과 워크페어를 다루는 장(제13장)에서 자세히 설명한다.

7) 공공부조 수급자는 공공부조 급여를 받는 사람을 말한다. 공공부조에 대해서는 공공부조를 다루는 장(제11장)에서 자세히 설명한다.

문화적 측면에 주목하는 대표적인 학자는 인류학자인 루이스(Lewis)이다. 루이스는 세계의 여러 지역에서 빈곤한 동네를 조사한 바 있다. 이런 조사의 결과에 근거해서, 루이스는 사람은 독특한 문화나 생활 방식을 가지기 때문에 빈곤하다고 주장하고 있다. 이에 따라 등장한 것이 빈곤문화 관점이다. 루이스의 경우, 빈곤문화는 빈곤층이 자신이 겪는 취약한 상태에 적응하고 대응하는 것과 관련이 있다고 보고 있다(Zastrow, 2010; Spicker, Leguizamón & Gordon, 2007).

빈곤문화 관점에서는 소득이 적은 측면에 대해 주목할 뿐만 아니라, 자극이 없는 것, 자신을 가치 있는 존재로 인식하지 않는 것, 무관심한 것, 소외를 느끼는 것, 무감각한 것과 같은 태도의 측면에 대해서도 주목하고 있다. 빈곤문화 관점의 경우, 이런 태도 때문에 빈곤층은 더 나은 사회계층으로 나아갈 수 있는 기회를 이용하지 못할 수 있다고 주장하고 있다. 구체적으로, 빈곤문화 관점에서는 다음과 같이 주장하고 있다(Spicker, Leguizamón & Gordon, 2007).

① 빈곤문화 때문에, 빈곤층은 빈곤 상태에서 벗어나기 어려울 수 있다.

② 빈곤이 줄어든 후에도 빈곤문화는 계속될 수 있다.

빈곤문화 관점의 경우, 빈곤층에게 빈곤문화가 계속되는 이유를 다음과 같이 제시하고 있다(Zastrow, 2010).

① 빈곤층은 사회적으로 고립되어 있기 때문이다. 이와 관련된 상황을 구체적으로 살펴보면 다음과 같다.

㉠ 빈곤층은 자신의 문화 밖에 있는 집단과 많이 교류하지 않고 있다.

㉡ 빈곤층은 자신이 빈곤에서 벗어나도록 도와줄 수 있는 사회서비스 기관과 교육기관을 부정적으로 보는 경우가 많다. 왜냐하면 빈곤층은 이런 기관이 지배계급과 관련되어 있다고 보기 때문이다.

② 빈곤층은 빈곤문제를 해결하기 위해 집단 행동을 하지 않기 때문이다. 이와 관련된 상황을 구체적으로 살펴보면 다음과 같다.

㉠ 빈곤층은 자신의 경제적 상황은 어찌할 수 없다고 보고 있다.

ⓛ 빈곤층은 자신의 입장을 정치인들이 정책에 반영하게 하기 위한 방법과 조직적으로 활동하기 위한 방법을 잘 알지 못하고 있다.

(b) **평가**

빈곤문화 관점에서는 빈곤의 원인에 대해 개인적 특성을 강조하고 있다. 따라서 빈곤문화 관점의 경우, 빈곤이 나타나고 반복되는 원인을 구조적 관점에서 설명하기보다는, 빈곤층의 부정적 특성에 주목하면서 설명하고 있다. 이런 탓에, 빈곤문화 관점을 따르는 사람들은 빈곤의 원인이 빈곤층의 경제적 상황보다는 빈곤층의 행동과 성격에 있다고 보고 있다.

그러나 빈곤문화 관점에 대해서는 많은 비판이 있어 왔다. 이런 예를 몇 가지 제시하면 다음과 같다(Spicker, Leguizamón & Gordon, 2007; DiNitto, 2007; Zastrow, 2010).

① 빈곤문화 관점에 반대하는 학자의 경우, 빈곤층이 가지는 독특한 문화는 빈곤을 유발하는 원인이 아니라, 빈곤층이 빈곤 상태에 계속 있기 때문에 생기는 결과라고 주장하고 있다.

② 빈곤문화 관점에 반대하는 학자의 경우, 빈곤문화는 여러 세대를 거치면서도 빈곤 상태에서 살고 있는 층에게만 적용될 수 있다고 보고 있다. 이런 학자에 따르면, 빈곤문화는 질병이나 사고나 노령 때문에 빈곤 상태에 있게 된 사람들에게는 적용되지 않는다.

빈곤문화를 인정할 경우의 방안

만약 빈곤문화를 인정할 경우, 빈곤층의 문화적 가치가 현재의 세대에서 다음 세대로 전달되지 않게 하는 방안에 관심을 가질 필요가 있다. 이런 방안에서는 어린 아동이 가정이 불안정한 상황, 이룩하려는 동기가 부족한 상황, 사회의 가치에 어긋나는 행동을 하는 상황 등에 있지 않게 하는 데 주목할 필요가 있다(DiNitto, 2007).

(다) 착취 관점

(a) 내용

착취 관점은 빈곤을 착취라고[8] 보는 관점을 말한다. 마르크스주의(Marxism)를 따르는 모든 학자와 마르크스주의를 따르지 않는 일부 학자는, 빈곤은 지배계급이 착취하는 형태라고 보고 있다.

착취 관점에 근거해 주장하는 예를 몇 가지 제시하면 다음과 같다(노병일, 2021a; DiNitto, 2007).

① 일부 학자의 경우, 빈곤은 중산층과 상류층에게 긍정적 역할을 하는 측면이 많다고 주장하고 있다.[9] 예를 들어, 빈곤층은 중산층과 상류층에게 값싼 노동력을 제공하는 역할을 하고 있다. 이런 입장을 취하는 학자에 따르면, 사회에 빈곤이 반드시 존재할 이유는 없다. 그러나 이런 학자의 경우, 중산층과 상류층이 자신이 열심히 일하거나 자신이 기술을 배워 사용하거나 자신이 사업을 해서 지금까지 이룩한 것을 포기할 가능성은 적다고 보고 있다. 따라서 사회에서 빈곤은 계속 존재한다고 보고 있다.

② 일부 학자의 경우, 빈곤이 지배계급에게 유리한 측면에 주목하고 있다. 이와 관련된 대표적인 학자가 피븐과 클로워드(Piven & Cloward)이다. 피븐과 클로워드는 지배계급이 빈곤을 유지할 때 경제적·정치적·사회적으로 유리한 점에 대해 주목하고 있다. 이와 관련해, 피븐과 클로워드는 정부가 빈곤층을 돕는 것은 더 큰 경제적·정치적 질서를 유지하는 데 유리하게 작용한다고 주장하고 있다. 예를 들어, 피븐과 클로워드는 빈곤층을 위한 프로그램인 공공부조는 사회 안정을 유지하기 위해 빈곤층을 통제하는 도구로 사용되어 왔다고 주장하고 있다. 피븐과 클로워드에 따르면, 정치적으로 혼란스러운 시기에는 빈곤층의 불만을 달래기 위해서 공공부조를 확대하고 있다. 그러나 정치적으로 안정된 시기에는 빈곤층이

8) 착취는 자기 자신의 이익을 위해서 다른 사람을 나쁜 의도에서 이용하거나 또는 공정하지 않게 이용하는 것을 말한다 (Merriam-Webster Dictionary, 2021).

9) 이 부분은 빈곤의 기능과 관련되고 있다. 이에 대해서는 빈곤의 기능을 다루는 장(제1장)에서 이미 설명한 바 있다.

유급 일자리에서 일하게 하기 위해서, 공공부조를 받는 것과 관련된 규정을 엄격히 적용하고 있다.[10] 이렇게 함으로써, 지배계급은 빈곤층이 현재의 체제에 불만을 가지거나 저항할 가능성을 없애거나 줄이고 있다.

| 사진 3-3 | 클로워드와 피븐 및 이들의 책(표지 일부)

피븐과 클로워드에 따르면, 지배계급은 빈곤층의 불만을 달래기 위해 공공부조를 확대한다. [출처 : Piven & Cloward(1972)]

(b) 평가

착취 관점은 빈곤에 대한 인식은 계급에 따라 다르다는 점을 이해하는 데 도움을 주고 있다. 이런 점을 구체적으로 제시하면 다음과 같다(DiNitto, 2007).

① 지배계급이 의도적으로 빈곤층을 착취하지 않는 때도, 지배계급은 빈곤층에 대해 권위적인 태도를 가질 수 있다. 예를 들어, 지배계급은 빈곤층의 생활을 이해하지 못하지만, 빈곤층에게 가장 좋은 것이 무엇인지를 안다고 믿고 있는 경우가 많다.

② 지배계급은 빈곤층을 위한 자선 활동에 참여하는 경우가 많다. 또한 빈곤층을 위한 프로그램이 빈곤층에게 실제로 도움이 되는지에 상관없이, 지

10) 사회복지정책에서는 이와 관련된 이론을 '음모 이론'이라고 부르고 있다(노병일, 2021a).

배계급은 자신은 '착한 행위'를 하는 사람이라는 점을 보여주기 위해 빈곤층을 위한 프로그램을 지지하는 경우가 많다.

(라) 구조 관점

(a) 내용

구조 관점은 빈곤을 구조로 보는 관점을 말한다. 구체적으로 구조 관점의 경우, 사회에서 빈곤이 계속 존재하게 만드는 제도적 측면과 구조적 측면을 살펴봄으로써 빈곤을 파악할 수 있다고 보고 있다. 이런 제도적 측면과 구조적 측면을 몇 가지 제시하면 다음과 같다(DiNitto, 2007).

① 제도적 차별이 있다. 일부 빈곤은 제도적 차별 때문에 나타나고 있다. 이때, 제도적 차별은 학교, 법체계, 기타 조직에 알게 모르게 존재하는 차별적 상황을 말한다. 제도적 차별을 보여주는 예를 구체적으로 살펴보면 다음과 같다.

㉠ 부유한 학군에 있는 학교에 비해서, 빈곤한 학군에 있는 학교는 어린 아동이 교육을 받는 데 사용할 수 있는 자원이 더 적은 경우가 많다.

㉡ 부유한 지역사회에 비해서, 빈곤한 지역사회에는 의료기관과 기타 서비스기관이 덜 갖추어져 있는 경우가 많다. 의료서비스를 이용하지 못하고 기타 자원이 부족할 경우, 빈곤에서 벗어나기가 더 어려울 가능성이 크다.

㉢ 교도소에 갇혀 있는 사람들 중에는, 빈곤층이 중산층이나 부유층보다 더 많다.

② 경제 구조가 있다. 국가의 경제 구조는 빈곤을 유발하는 요인이 되고 있다. 왜냐하면 특정한 경제 영역과 특정한 지역에서 일자리가 없어지거나 적어질 경우, 해당 경제 영역에서 일하거나 해당 지역에서 사는 사람은 빈곤 상태에 놓일 가능성이 있기 때문이다. 이런 예를 구체적으로 살펴보면 다음과 같다.

㉠ 어느 지역에서 대규모 공장이 문을 닫을 경우, 근로자가 빈곤 상태에 있을 가능성이 커지게 된다.

ⓛ 기업이 사업장을 인건비가 더 적은 국가로 옮길 경우, 근로자가 빈곤 상태에 있을 가능성이 커지게 된다.

③ 일자리의 구조가 있다. 일자리의 구조가 변하는 것은 빈곤 상태에 놓일 가능성에 영향을 미치고 있다. 특히 오늘날에는 비정규직 일자리가 더 많아지는데, 정규직 근로자에게 제공하는 복지 혜택을 비정규직 근로자에게는 제대로 제공하지 않는 경우가 많다. 이에 따라서 비정규직 근로자가 빈곤 상태에 있을 가능성은 커지게 된다.

(b) **평가**

오늘날의 사회에서 구조 관점은 여러 가지 측면에서 현실과 들어맞는 것으로 보인다. 실제로, 오늘날의 사회에서 여러 가지 차별이나 일자리 구조 등은 빈곤을 유발하는 요인이 되는 경우가 많다(노병일, 2018).

최하층

구조 관점에서 제시하는 상황 때문에, 구조 관점에서는 일반 사회의 밖에 있는 사람들을 가리키기 위해 '최하층(underclass)'이라는 용어를 사용하고 있다. 일반적으로 최하층은 사회계층의 맨 아래 있는 층을 말한다(Merriam-Webster Dictionary, 2021).

구체적으로 최하층은 다음과 같은 상황에 있는 사람들을 가리키는 경우가 많다(DiNitto, 2007).

① 국가의 경제 구조가 변하는 것에 대처할 수 없다.

② 유급 일자리 시장에서 기술 수준과 교육 수준이 더 높은 근로자를 더 찾기 때문에, 일자리를 얻을 수 없다.

미국에서는 최하층에 큰 관심을 가지고 있다. 왜냐하면 최하층은 대부분의 시민에게는 일상 생활의 한 부분으로 자리잡은 사회적 · 경제적 · 정치적 제도에 제대로 참여하지 못하고 있기 때문이다.

3) 정리

빈곤을 유발하는 구체적 요인은 다양하다.[11] 따라서 빈곤의 원인에 대한 관점에는 여러 가지가 있을 수 있다.

11) 빈곤을 유발하는 구체적 요인에 대해서는 빈곤의 원인을 다루는 장(제1장)에서 이미 설명한 바 있다.

그러나 빈곤의 원인에 대한 관점에서는, 개인적 요인과 구조적 요인 중에서 어느 것이 빈곤을 더 유발하는지에 대해 주목하는 경우가 많다. 넓게 볼 때, 앞에서 제시한 여러 관점들도 개인적 요인에 주목하는 관점(개인적 관점)과 구조적 요인에 주목하는 관점(구조적 관점)으로 나눌 수 있다. 예를 들어, 인적 자본 부족 관점과 빈곤문화 관점은 개인적 관점에 속하고, 착취 관점과 구조 관점은 구조적 관점에 속한다고 볼 수 있다.

이 중에서 개인적 관점은 역사가 깊다. 즉, 빈곤이 개인적 문제 때문에 생긴다고 보는 관점은 매우 오래전부터 존재해 왔다(Rank, 2011). 하지만 나무도 보고 나무를 둘러싸고 있는 숲도 보기 위해서는 폭넓게 보는 관점이 필요하다. 따라서 빈곤에 대한 구조적 관점에도 주목할 필요가 있다. 예를 들어, 개인적 관점에서는 빈곤층이 보수가 좋은 일자리를 구하는 것에만 관심을 가질 수 있다. 그러나 개인적 관점은, 사회에 적절한 임금을 주는 일자리가 충분하지 못하면 빈곤층이 항상 존재하기 마련이라는 사실을 인식하지 못할 수 있다(노병일, 2020b).

한편 앞에서 빈곤의 원인에 대해 제시한 관점이 완전히 옳은 것은 아니다(Narzary, 2009). 따라서 빈곤의 원인과 관련해서는 다양한 관점을 참고할 필요가 있다.

POINT

- 스픽커는 병리적 관점과 구조적 관점으로 구분한다. 병리적 관점에서는 빈곤층의 특성이나 행동 때문에 빈곤이 나타난다고 보고, 구조적 관점에서는 빈곤이 나타나는 사회와 연관시켜 빈곤을 설명한다.
- 랭크는 개인적 관점, 구조적 관점, 구조적 취약 관점으로 구분한다. 개인적 관점은 빈곤의 원인을 개인적 요인에서 찾는 관점이고, 구조적 관점은 빈곤의 원인을 구조적 요인에서 찾는 관점이고, 구조적 취약 관점은 개인적 요인이 중요하다는 점을 인정하면서 취약 상태를 유발하는 구조적 요인도 중요하다고 보는 관점이다.
- 디니토는 인적 자본 부족 관점, 빈곤문화 관점, 착취 관점, 구조 관점으로 구분한다. 인적 자본 부족 관점에서는 빈곤층은 인적 자본을 가지지 않기 때문에 빈곤 상태에 있다고 보고, 빈곤문화 관점에서는 빈곤층이 자신이 겪는 취약한 상태에 적응하고 대응하는 것과 관련시키고, 착취 관점에서는 빈곤을 착취라고 보고, 구조 관점에서는 사회에서 빈곤이 계속 존재하게 만드는 제도적·구조적 측면을 살펴봄으로써 빈곤을 파악할 수 있다고 본다.
- 빈곤의 원인에 대한 관점에서는, 개인적 요인과 구조적 요인 중에서 어느 것이 빈곤을 더 유발하는지에 주목하는 경우가 많다.

4. 빈곤의 시간 차원에 근거한 관점

일반적으로 시간 차원에 주목할 경우, 빈곤에 대한 관점은 횡단(cross-sectional) 관점, 종단(longitudinal) 관점, 생애과정(life-course) 관점으로 구분할 수 있다(Rank, 2011).

1) 횡단 관점

횡단 관점은 어느 특정한 시점에서[12] 어떤 특성에 대해 살펴보는 데 관심을 가지는 관점을 말한다. 그러므로 빈곤에 대한 횡단 관점은 어느 한 시점에서 빈곤을 파악하는 관점을 말한다.

빈곤에 대한 연구에서는 한 시점에서의 수치에 근거해 빈곤을 살펴보는 경우가 많다(Jolliffe & Serajuddin, 2015). 따라서 빈곤과 관련해 주위에서 많이 보는 관점은 횡단 관점인 경우가 많다. 횡단 관점에서는 빈곤 상황이 시간이 지나면서 변하는 측면에 대해서는 주목하지 않고 있다.

| 사진 3-4 | 룩셈부르크 소득 연구의 로고

룩셈부르크 소득 연구는 횡단 관점에서 빈곤을 비교하면서 분석한다. [출처 : 홈페이지]

---

12) 시점은 "시간의 흐름 가운데 어느 한 순간"을 말한다(국립국어원 표준국어대사전, 2021).

룩셈부르크 소득 연구

횡단 관점에서 빈곤을 비교하면서 분석하는 좋은 예가 '룩셈부르크 소득 연구(Luxembourg Income Study, LIS)'에서 하는 활동이다. 룩셈부르크 소득 연구는 세계의 자료를 모으는 센터이다.

유럽에서는 소득 불평등이 증가하는 것에 대해 관심을 가지게 되었고, 이에 따라 소득 불평등에 대한 측정치를 개발하는 데 관심을 가지게 되었다. 이에 대한 대표적인 예가 룩셈부르크 소득 연구이다. 룩셈부르크 소득 연구에서는, 소득 수준이 높은 여러 국가와 소득 수준이 중간인 여러 국가의 소득, 고용, 인구적 특성에 대한 자료를 수집하고 있다. 이에 따라서 룩셈부르크 소득 연구에서는 소득 불평등을 비교할 때 사용할 수 있는 주요한 자료를 제공하고 있다.

그리고 룩셈부르크 소득 연구에서는 국가들의 다양한 자료를 표준화시키고 있다. 그 결과, 이런 자료를 이용해서 빈곤과 소득 불평등에 대해서 국가들 사이에 비교할 수 있게 된다(Luxembourg Income Study, 2021; Rank, 2011; Silver & Miller, 2003; Spicker, Leguizamón & Gordon, 2007).

2) 종단 관점

일반적으로 종단은 한 가지 이상의 변수에 대해 시간에 걸쳐서 반복해서 살펴보는 것을 말한다(Merriam-Webster Dictionary, 2021). 따라서 종단 관점은 한 가지 이상의 특성에 대해 여러 시점에서 반복해서 살펴보는 데 관심을 가지는 관점을 말한다.

그러므로 빈곤에 대한 종단 관점은 여러 시점에 걸쳐 빈곤을 파악하는 관점을 말한다. 종단 관점에 근거한 연구에서는, 빈곤층이 매년 어떻게 변하는지를 살펴보고 있고 또한 빈곤이 지속되는 기간을 살펴보고 있다(Rank, 2011; Silver & Miller, 2003).

빈곤은 변하는 측면을 지니고 있다. 예를 들어, 개인과 가구는 빈곤 상태에 있다가 벗어나는 것을 반복할 수 있다(Rank, 2011). 이때는 빈곤에 대한 종단 관점을 적용하는 것이 유용하다.

빈곤에 대한 종단 관점은 빈곤의 형태를 장기적으로 파악하는 데 큰 도움이 되고 있다.

3) 생애과정 관점

일반적으로 생애과정은 인간이 살아가면서 겪는 사회적 사건과 역할들이 계속되는 것을 말한다. 그러므로 빈곤에 대한 생애과정 관점은 생애과정에 걸쳐 빈곤을 파악하는 관점을 말한다. 생애과정 관점에서는, 빈곤은 생활하는 동안에 겪는 사건이라고 인식하면서 빈곤을 분석하고 있다(Rank, 2011; Mitchell, 2021).

POINT

- 시간 차원에 주목할 경우, 빈곤에 대한 관점은 횡단 관점, 종단 관점, 생애과정 관점으로 구분할 수 있다.
- 횡단 관점에서는 어느 한 시점에서 빈곤을 파악하고, 종단 관점에서는 여러 시점에 걸쳐 빈곤을 파악하고, 생애과정 관점에서는 생애과정에 걸쳐 빈곤을 파악한다.

PART 02

사회적 배제

04 사회적 배제의 정의와 특성과 원인 및 영향

CONTENTS

1. 사회적 배제 측면의 중요성

오늘날에는 사회구성원의 역할을 제대로 하지 못하는 사람이 증가하고 있다. 사람이 사회구성원의 역할을 제대로 하지 못할 경우, 사회에서 적절하게 교류하며 생활하지 못하게 된다. 그 결과, 사회에 적절하게 통합되지 못하게 된다. 그리고 사람이 사회에 적절하게 통합되지 못할 경우, 사회적으로 배제되는 상황을 겪게 된다. 오늘날에 이런 상황을 겪는 사람이 많아짐에 따라서, '사회적으로 배제된'이라는 표현이나 '사회적 배제(social exclusion, exclusion sociale)'라는 용어를 자주 사용하고 있다(노병일, 2006; Spicker, Leguizamón & Gordon, 2007; Vaux, 2004).

일반적으로 '사회적 배제'라는 용어는 프랑스의 장관이었던 르느와르(Lenoir)가 1974년에 처음으로 사용한 것으로 알려져 있다. 그러다가 1980년대 이후부터 사회적 배제라는 용어를 더 사용하는 방향으로 나아가고 있다.

사회적 배제는 여러 가지 문제를 유발하고 있다. 특히 오늘날에 사회적 배제를 겪는 사람이 증가함에 따라서, 사회적 배제는 거의 모든 사회문제와 관련되고 있다. 이런 탓에, 사회적 배제는 사회복지 영역과 기타 여러 영역에서 점점 더 중요한 주제가 되고 있다. 예를 들어, 유럽연합에서 사회적 배제는 빈곤과 관련해 주요한 주제가 되고 있다(노병일, 2006; 노병일 · 손정환, 2011; Spicker, Leguizamón & Gordon, 2007; O'Donnell, O'Donovan & Elmusharaf, 2018).

❙사진 4-1❙ 저자가 사회적 배제에 대해 연구한 책(왼쪽)과 신문의 소개 기사(오른쪽)

사회적 배제는 여러 영역에서 중요한 주제이다. [출처 : 책의 표지와 신문 기사]

결국, 오늘날에는 사회적으로 취약한 상태에 있는 것을 나타내기 위해서, 사회적 배제라는 용어를 세계에서 널리 사용하고 있다.

POINT

- 오늘날에 사회적 배제를 겪는 사람이 증가함에 따라서, 사회적 배제는 거의 모든 사회문제와 관련된다.
- 오늘날에는 사회적으로 취약한 상태에 있는 것을 나타내기 위해, 사회적 배제라는 용어를 널리 사용한다.

2. 사회적 배제의 정의

1) 고려할 점

최근 들어서 여러 학문 분야에서 사회적 배제라는 용어를 더 자주 사용하고 있다. 예를 들어, 사회복지학, 사회학, 정치학, 경제학, 의료와 관련된 분야에서 사회적 배제라는 용어를 더 자주 사용하는 경향을 보이고 있다.

그러나 사회적 배제가 정확히 무엇을 의미하는지에 대해서는 의견이 일치하고 있지 않다. 예를 들어, 사회적 배제에 대한 정의는 국가에 따라 차이가 나고 있고, 학자나 학문 분야에 따라 차이가 나고 있다(O'Donnell, O'Donovan & Elmusharaf, 2018; Agarwal & Brunt, 2006; Silver & Miller, 2003; Spicker, Leguizamón & Gordon, 2007).

이런 탓에, 일부 학자들은 사회적 배제를 정의하는 것이 어렵다고 주장하고 있다(노병일, 2006). 예를 들어, 사회적 배제 분야에서 유명한 학자인 실버(Silver, 1994)의 경우, 사회적 배제를 정의하는 것은 누구에게나 쉬운 일이 아니라고 주장한 바 있다. 그러므로 사회적 배제는 여러 가지 방식으로 정의될 수 있다.

2) 사회적 배제에 대한 정의

(1) 정의의 예

(가) 기관과 학자의 정의

사회적 배제를 정의하는 것이 어려움에도 불구하고, 여러 기관과 학자는 사회적 배제에 대해 정의해 왔다(노병일, 2006; O'Donnell, O'Donovan & Elmusharaf, 2018). 그동안 사회적 배제에 대해 정의한 것을 몇 가지 제시하면 다음과 같다(Social Exclusion Unit, 2004a; Social Exclusion Unit, 2004b; Social Exclusion Unit, 2005; Barker, 2003; Silver, 2007; Centre d'Étude sur la Pauvreté et l'Exclusion, 2020; Batty, 2002).[1)]

1) 아래에 제시한 정의 이외의 추가 정의에 대해서는 노병일(2006)을 참고하면 된다.

① 영국의 사회적 배제국(Social Exclusion Unit)의 경우,[2] 사회적 배제는 "사람이나 지역이 여러 가지 서로 관련된 문제들 때문에 어려움을 겪을 때 생길 수 있는 것을 간단히 표현한 것"이라고 보고 있다. 이 경우, 이와 관련된 여러 가지 문제의 예로 실업 상태에 있는 것, 소득이 적은 것, 정당하지 않은 차별을 경험하는 것, 주거 상태가 좋지 않은 것, 범죄율이 높은 것, 건강이 좋지 않은 것, 가족이 불안정한 것이 있다.

Social Exclusion Unit

❙사진 4-2❙ 영국의 사회적 배제국의 로고

영국의 사회적 배제국은 사회적 배제에 대해 나름대로 정의한 바 있다. [출처 : 옛 홈페이지]

② 미국의 전국사회복지사협회에서 발간한 사전의 경우, 사회적 배제는 사람이나 지역이 중요하지 않거나 힘이 없는 위치로 밀려나고, 이렇게 된 사람이나 지역이 더 넓은 사회에 완전히 통합될 수 있는 기회를 이용하지 못하게 하는 것이라고 보고 있다.

③ 실버(Silver)의 경우, 사회적 배제는 사회적 유대가 서서히 없어지는 다차원적 과정이라고 보고 있다.

④ 르숌과 사바르(Lechaume & Savard)의 경우, 사회적 배제는 경제·정치·제도·문화와 관련된 과정에서 나타난 결과로서, 사람이나 집단을 사회로부터 분리시키는 것이라고 보고 있다.

⑤ 배티(Batty)의 경우, 사회적 배제는 빈곤과 적은 소득을 일컬을 뿐만 아니라, 빈곤과 적은 소득을 유발하는 더 폭넓은 원인과 빈곤과 적은 소득 때문에 생기는 더 폭넓은 결과도 일컫는다고 보고 있다.

2) 과거에는 '사회적 배제국'이 별도의 조직이었으나, 오늘날에는 없어졌다. 그 대신에, 사회적 배제국이 하던 역할을 다른 조직이 하고 있다(Wikipedia, 2020b).

(나) 프랑스에서의 정의

앞에서 이미 설명한 바와 같이, 사회적 배제를 처음으로 사용한 국가는 프랑스이다. 따라서 프랑스에서는 사회적 배제에 대해 공식적으로 정의하고 있다. 이 정의의 경우, 사회적 배제는 사회적 유대가 없어지는 것(rupture of social bonds)이라고 보고 있다(de Haan, 1999).

그리고 프랑스의 어느 교육기관(Lycée Sud Médoc, 2000)의 경우, 배제는 개인이나 집단이 경제적 통합이나 사회적 통합을 하지 못하게 될 때 나타날 수 있는 것이라고 보고 있다.

(2) 정리

사회적 배제에 대한 정의는 취약한 상태에 있는 측면이나, 일반 생활을 완전히 하지 못하는 측면이나, 사회적 유대가 없어지는 측면을 포함하는 경우가 많다. 따라서 단순하게 볼 때, 사회적 배제는 개인이 나이, 빈곤, 장애, 인종과 같은 요인 때문에 사회에 완전하게 참여하지 못하는 상황을 말한다. 이런 탓에, 사회적 배제라는 용어는 사회의 주변에서 살고 있는 특정 집단과 관련해 사용하는 경우가 많다(노병일, 2006; 노병일 · 손정환, 2011; The Wisdom Years, 2017).

그러나 앞에서 제시한 정의들은 강조하는 측면에서 서로 차이가 나고 있다. 이런 예를 몇 가지 제시하면 다음과 같다(노병일, 2006).

① 사회적 배제에 대한 일부 정의에서는 결과에 주목하는 경향이 있다. 예를 들어, 영국의 사회적 배제국의 정의에서는 결과를 강조하는 측면이 크게 보이고 있다.

② 사회적 배제에 대한 여러 정의에서는 연대나 통합이나 포용에 주목하는 경향이 있다. 특히 사회적 배제에 대한 많은 정의에서는 연대의 측면을 중요하게 보고 있다. 예를 들어, 프랑스의 공식적 정의에서는 사회적 유대를 강조함으로써 연대의 측면을 강조하고 있고, 미국의 전국사회복지사협회에서 발간한 사전의 정의에서는 사회에 통합될 수 있는 기회에 주목함으로써 연대의 측면을 강조하고 있다.

사회적 배제와 빈곤

사회적 배제와 빈곤은 크게 관련되어 있다. 실제로 빈곤은 사회적 배제와 관련된 주요한 요인들 가운데 하나이다. 특히 물질적 빈곤은 사회적 배제의 주요한 요소가 되고 있다(Conseil Canadien de Devéloppement Social, 2007; Vaux, 2004; O'Donnell, O'Donovan & Elmusharaf, 2018).

사회적 배제와 빈곤 사이의 관계에 대한 관점을 몇 가지 제시하면 다음과 같다(노병일, 2006; Spicker, Leguizamón & Gordon, 2007; Organisation for Economic Co-operation and Development, 2001; Institut de la Statistique du Québec, 2005; Percy-Smith, 2004; Silver & Miller, 2003; Lycée Sud Médoc, 2000).

① 유사하다고 보는 관점이 있다. 이런 관점에서는 사회적 배제와 빈곤은 서로 유사하다고 보고 있다. 실제로 일부에서는 사회적 배제는 빈곤을 대신하는 식으로 사용하고 있다.

② 빈곤에 사회적 배제가 포함된다고 보는 관점이 있다. 이런 관점에서는 사회적 배제는 빈곤의 일부라고 보고 있다.

③ 차이가 있다고 보는 관점이 있다. 이런 관점에서는 사회적 배제와 빈곤은 나름대로의 특징을 가진다고 보고 있다. 실제로 일부 학자는 사회적 배제와 빈곤을 구분해 왔다. 이렇게 구분하는 예로 빈곤은 좁은 의미를 포함하고, 사회적 배제는 넓은 의미를 포함하는 식으로 구분하는 것이 있다. 예를 들어, 일부 학자는 사회적 배제는 빈곤을 포함하는 더 폭넓은 용어라고 보고 있다. 이런 학자는 사회적 배제는 빈곤을 포함하지만, 빈곤은 사회적 배제를 포함하지 않는다고 보고 있다.

④ 관련이 없다고 보는 관점이 있다. 이런 관점에서는 사회적 배제와 빈곤은 서로 관련이 없다고 보고 있다. 예를 들어, 일부 학자는 사회적 배제와 빈곤은 서로 관련되지 않을 수도 있다고 보고 있다.

그러나 일반적으로 사회적 배제는 빈곤보다 더 폭이 넓다고 보는 경우가 많다. 따라서 사회적 배제는 다음과 같은 상황 모두를 포함한다고 보는 경우가 많다(Agarwal & Brunt, 2006).

① 물질적 자원이 적다.

② 경제적 · 사회적 · 정치적 · 문화적 생활을 제대로 하지 못하고 있다.

POINT

- 사회적 배제는 여러 방식으로 정의될 수 있다.
- 단순하게 볼 때, 사회적 배제는 개인이 나이 · 빈곤 · 장애 · 인종과 같은 요인 때문에 사회에 완전하게 참여하지 못하는 상황이다.
- 사회적 배제에 대한 많은 정의에서는 연대의 측면을 중요하게 본다.
- 사회적 배제와 빈곤은 크게 관련되는 경우가 많다.

3. 사회적 배제의 등장과 진전

1) 사회적 배제가 등장한 배경

(1) 구체적 배경

1970년대 중반 이후부터 선진국의 경제적 상황은 크게 바뀌고 있었다. 그 결과, 선진국에서는 복지국가라는 이름에 걸맞지 않은 새로운 사회문제가 등장하고 있었다. 실제로 유럽에서는 다음과 같은 상태에 있는 사람이 더 많아지고 있었다(Silver, 1994).

① 소득이 불안정해서 큰 어려움을 겪고 있다.

② 공공부조 프로그램에 의존하고 있다.

③ 사회보험의 혜택을 받지 못하고 있다.

이런 탓에, 선진국에서는 빈곤한 사람과 실업자가 증가하고 있었다. 이에 따라서 이런 상황을 어떻게 이해할 것인가에 대해 논의할 필요가 있었다.

과거에는 이런 상황을 '빈곤'의 측면과 '실업'의 측면을 적용해서 분석하였다. 그러나 현대 사회에서 새롭게 나타난 상황 때문에, 취약한 상태에 있는 것과 관련해 새로운 용어들이 등장하였다. 이때 등장한 용어의 하나가 '사회적 배제'이다(Silver, 1994; DiNitto, 2007).

(2) 학문과 관련된 배경

오늘날의 학자들은 빈곤 상태에 있는 것이나 여러 가지 박탈 상태에 있는 것을 역동적(dynamic)[3] 측면에서 살펴보는 경우가 많다. 이런 경향은 유럽에서 특히 그렇다.

특히 일부 학자의 경우, 소득과 소비에 근거하는 빈곤선에 크게 의존하는 방식에 반대하는 입장을 취하고 있다. 이에 따라서, 이런 학자는 사회적 포함·배제·참여(social inclusion/exclusion/participation)와 관련된 측면에 주목하는 방향으

3) '역동적'은 항상 활발하거나 항상 변하는 것을 말한다(Merriam-Webster Dictionary, 2021).

로 나아가고 있다. 그러므로 이런 학자는 물질적 복리뿐만 아니라 더 일반적인 복지의 측면도 분석하고 있다(Mejer, 2000). 이와 관련해 등장한 용어의 하나가 사회적 배제이다.

결국, 일반적으로 사회적 배제는 빈곤을 측정할 때 소득 수준이 낮은 측면에만 주목하는 것이 적절하지 못하다는 배경에서 등장하였다. 따라서 사회적 배제는 현금에만 주목하는 접근방식보다 더 폭넓은 접근방식이라고 볼 수 있다(노병일, 2006; Vaux, 2004; Silver & Miller, 2003).

2) 프랑스에서의 사회적 배제 용어의 등장과 진전

사회적 배제라는 용어를 처음으로 사용한 국가는 프랑스이다.[4] 프랑스에서 취약층의 생각을 대변한 사람들은, 현대적 의미에서 배제하는 용어를 처음으로 사용한 사람들이었다(Spicker, 2021; Silver & Miller, 2003; O'Donnell, O'Donovan & Elmusharaf, 2018). 따라서 사회적 배제라는 용어는 프랑스와 크게 관련되어 있다.

(1) 배경

프랑스에서 사회적 배제에 대한 생각은 '연대(solidarity)'와 관련된 인식에서 뿌리를 찾을 수 있다. 연대는 사람들을 하나로 묶는 사회적 유대를 말한다(Wikipedia, 2021b). 연대는 프랑스의 사회보장제도에서 지침이 되는 원칙으로 자리잡고 있다. 프랑스의 사회보장제도는 1944년 이후에 발달하였다. 이때, 취약한 사람도 연대를 점점 누리게 한다는 원칙을 통해서, 프랑스의 사회보장제도는 발달하였다. 그렇지만 아직도 많은 사람은 사회적 보호를[5] 받지 못하고 있었다(Spicker, Leguizamón & Gordon, 2007).

4) 이에 대해서는 앞에서 이미 설명한 바 있다.

5) '사회적 보호(social protection)'에 대해서는 일반적으로 의견이 일치하는 정의가 없다. 그러나 사회적 보호를 가장 넓게 볼 경우, 사회적 보호는 정부가 하는 것 중에서 빈곤과 연관될 수 있는 모든 것을 포함하고 있다(노병일, 2020b).

▌사진 4-3▐ 유명한 '미라보 다리'에서 본 파리(Paris)

프랑스는 사회적 배제라는 용어를 처음으로 사용한 국가이다. [출처 : 프랑스에서 저자 촬영ⓒ]

(2) 시기별 진전

프랑스에서 배제는 1960년대에 벌어진 논쟁의 주제가 되었다. 이 당시에 정치인, 사회활동가, 높은 직의 공무원, 언론인, 학자들은 빈곤층이 배제층을 가리킨다는 식으로, 배제를 모호하고 이념적으로 인식하고 있었다.

그러다가 1970년대에 발생한 석유 파동(oil shock)[6] 때문에, 세계는 경제적 위기를 겪게 되었다. 1970년대의 석유 파동 후 프랑스에서는 실업자가 증가하기 시작하였다. 프랑스에서는 이런 경제적 위기가 발생하고 나서야, 배제에 대해 널리 논의하게 되었다.

이런 상황에서 프랑스에서 르느와르(Lenoir)는 1974년에 『배제층(Les Exclus: Un Francais sur Dix)』이라는 책을 발간하면서 '배제'라는 용어를 사용하였다.[7] 이 당시에, 르느와르는 당시에 존재하던 복지제도에서 보호받지 못한 사람들을 가리키기 위해 '배제'라는 용어를 사용하였다. 그러므로 르느와르에 따르면, 배제

6) 1970년대의 석유 파동은 아랍(Arab)의 석유수출 국가들이 석유의 생산을 줄이고 일부 국가에게 석유 수출을 제한해서 발생한 경제적 위기를 말한다.

7) 당시에 르느와르는 사회행동부(Secretaire d'Etat a l'Action Sociale, Secretary of State for Social Action) 장관으로 있었다.

층은 당시에 존재하던 복지제도에서 보호받지 못한 사람들이었다(Spicker, Leguizamón & Gordon, 2007; Silver, 1994; de Haan, 1999; Silver & Miller, 2003; O'Donnell, O'Donovan & Elmusharaf, 2018).

그 결과, 프랑스에서 1970년대에 사회적 배제라는 용어가 등장하였다. 그리고 1970년대에 이르러, 프랑스에서는 '배제된 사람들'에 더 주목하는 방향으로 나아갔다.

이 당시에 배제된 사람은 많았다. 예를 들어, 르느와르가 발간한 책의 제목에서도 나타나듯이, 르느와르는 당시에 열 명 중에서 한 명(un francais sur dix)은 사회적 배제를 겪는 상태에 있다고 보았다. 따라서 1970년대 중반부터 프랑스에서는 사회적 배제를 없애기 위한 여러 가지 정책을 도입해 왔다(Silver, 1994; Silver & Miller, 2003; de Haan, 1999).

그 후 1980년대에 이르러, 프랑스에서는 경제성장의 혜택을 받지 못하고 사회적으로 배제된 사람이 매우 많아졌다. 그 결과, '배제'에 대해 더 논의하게 되었다. 그리고 사회적 배제에 대한 논의 때문에, 전국적으로 유대 측면에 더 주목하게 되었다.

또한 1980년대에 프랑스에서 사회적 위기와 정치적 위기가 계속해서 나타남에 따라서, 배제의 측면을 더 다양한 형태의 취약한 상황에 적용하게 되었다. 그리고 일반적인 경제적 위기, 실업의 증가에 따른 위기, 사회보장제도의 위기 때문에 사회정책을 다시 살펴보게 되었다. 그 결과, 사회적 배제를 없애고자 하는 정책의 모델이 1980년대에 가다듬어졌다.

특히, 1980년대 중반에 이르러 프랑스의 야당은 실업이 증가하고 새로운 형태의 빈곤이 나타나는 것에 대해서, 당시에 권력을 잡고 있던 사회주의 정부를 비판하였다. 이에 대한 반응으로, 사회주의 정부는 배제에 주목하는 방향으로 나아갔다. 그러므로 1980년대에 프랑스의 사회주의 정부에서 실시한 사회정책에서 사회적 배제라는 용어를 처음으로 공식적으로 사용하였다.

그러므로 프랑스에서 국가는 사회적 배제를 없애는 데 폭넓게 관여하였다. 무엇보다도, 다른 국가에서 취한 접근방식과는 다르게, 프랑스에서 취한 접근방식에서는 교육 영역, 훈련 영역, 유급 일자리 영역에서 국가가 적극적으로 책임지는 방향으로 나아갔다. 특히 프랑스에서는 1988년에 좌파와 우파의 지지를 받으면서 '최저생활보호제도(Revenu Minimum d'Insertion, RMI)'를[8] 실시하였다(Silver & Miller, 2003; de Haan, 1999; Percy-Smith, 2004; Silver, 1994; RMI Infos, 2012).

사회적 배제에 대한 관심은 그 후에도 이어졌다. 예를 들어, 이런 관심 덕분에 1990년에 프랑스 노숙인은 주택에 대한 법적 권리를 가지게 되었다.

그리고 프랑스에서도 재정 적자를 줄이는 것이 중요하였지만, 1998년 6월에 「사회적 배제 방지 · 퇴치법」을[9] 만들었다. 이에 따라 프랑스 사람은 누구나 기본적 권리를 누릴 수 있게 되었다.

그 후에 사회를 통합하고자 하는 정책(사회통합정책)은 계속해서 프랑스의 사회정책에서 중요한 위치를 차지해 왔다. 그 결과, 프랑스에서 사회적 배제를 없애는 것은 사회를 통합하려는 정책의 기본이 되고 있다(Spicker, 2021; Silver & Miller, 2003; de Haan, 1999).

3) 사회적 배제 용어의 전파

사회적 배제에 근거하는 접근방식은 그 후에 유럽으로 퍼져나갔다. 이에 따라서 사회적 배제라는 용어는 유럽연합에서 주요한 용어의 하나가 되어 왔다.

그리고 사회적 배제라는 용어는 유럽 이외의 국가로도 퍼져 나갔다(Silver & Miller, 2003; Spicker, 2021; Spicker, Leguizamón & Gordon, 2007). 우리나라에서도 사회적 배제라는 용어를 자주 사용하고 있다(노병일, 2021a).

8) 프랑스어의 'RMI(Revenu Minimum d'Insertion)'을 단어 그대로 번역하면 '최저 포용 소득'이다. 영어에서는 'minimum insertion income'이라고 번역하고 있다. 그러나 우리나라의 논문이나 인터넷에서는 RMI를 '최저생활보호제도'나 '최저보조금제도' 등으로 번역하고 있다. 이 책에서는 RMI를 '최저생활보호제도'로 번역한다.

9) 퇴치는 "물리쳐서 아주 없애 [버리는]" 것을 말한다(국립국어원 표준국어대사전, 2021).

Fiche d'identité

Comprendre et combattre l'exclusion sociale

L'exclusion sociale face aux exigences de l'éthique

Auteur(s): Publié sous la direction de Bernard Baertschi, François Dermange et Pierre Dominicé
Domaine(s): Sociologie urbaine
Collection: Actes de congrès
Informations
ISBN: 2-88074-375-3
1997, 168 pages, 16x24 cm, broché.

Prix pour la Suisse:
35.80 CHF
Prix à l'exportation:
25.00 euros

Commander ce livre

Sujet

En quelques années et presque sans crier gare, l'exclusion est devenue un des thèmes-clés du débat social. Comme si la crise avait révélé subitement l'envers d'un système économique et social dont on savait qu'il apportait confort et prospérité, mais non la marginalisation de ceux qui ne pouvaient plus y trouver leur place.
Cet ouvrage est le résultat d'une réflexion collective d'un groupe de travail formé d'enseignants universitaires, de responsables syndicaux et patronaux et de dirigeants d'entreprise qui ont éprouvé le besoin d'approfondir les fondements mêmes de l'éthique en regard de leur responsabilité professionnelle dans la vie économique et sociale. Leurs diverses contributions sont consacrées à l'aspect le plus préoccupant de cette nouvelle donne sociale: l'exclusion, traitée ici sous multiples formes et dans tous les lieux où elle se manifeste.
Ce recueil est donc l'expression d'un partenariat et le lieu de confrontations entre points de vue partagés et divergents.

Contenu

Avant-propos - Introduction - Le libéralisme économique peut-il venir à bout de l'exclusion? - L'exclusion et la vie heureuse - Prospérité, crise économique et justice sociale - Exclusion sociale: manque d'éthique économique? - Pauvreté et exclusion: de la multidimensionnalité des concepts à la multiplicité des responsabilité, notamment dans le domaine du chômage - Eduquer des citoyens. Pour en finir avec la pensée

| 사진 4-4 | 사회적 배제를 이해하고 없애는 것을 다룬 책을 소개한 내용

사회적 배제라는 용어는 여러 국가에서 자주 사용한다. [출처 : 출판사의 홈페이지]

POINT

- 사회적 배제는 현금에만 주목하는 접근방식보다 더 폭넓은 접근방식이다.
- 사회적 배제라는 용어는 프랑스와 크게 관련된다. 프랑스에서는 사회적 배제를 없애는 것이 사회통합정책의 기본이 된다.
- 사회적 배제에 근거하는 접근방식은 유럽과 기타 국가로 퍼져나갔다.

4. 사회적 배제의 특성

1) 기관과 학자들이 제시하는 특성

사회적 배제는 나름의 특성을 지니고 있다. 이에 따라서, 그동안 여러 기관과 학자는 사회적 배제의 특성을 제시해 왔다.

(1) 영이 제시하는 특성

영(Young, 2003)은 사회적 배제는 다음과 같은 특성을 지닌다고 보고 있다.

① 다차원적 특성을 지니고 있다. 따라서 사회적 배제는 경제적 배제, 정치적 배제, 공간적 배제뿐만 아니라, 특정한 것을 이용하지 못하는 상황을 포함할 수 있다. 이때 특정한 것의 예로 정보, 의료서비스, 안전이 있다.

② 사회적 특성을 지니고 있다. 따라서 사회적 배제는 개인적 문제가 아니라 사회적 문제에 속하고 있다.

③ 세계와 관련된 특성을 지니고 있다. 따라서 사회적 배제는 지역적 문제뿐만 아니라 세계에서 벌어지는 상황과도 근본적으로 관련되어 있다.

④ 포용과 관련된 특성을 지니고 있다. 따라서 사회적 배제는 사회적 배제를 겪는 사람들에게 기회를 만들어 주려고 노력하는 측면을 포함하고 있다.

(2) 실버가 제시하는 특성

실버(Silver, 2007)는 사회적 배제는 다음과 같은 특성을 지닌다고 보고 있다.

① 상황과 관련된 특성을 지니고 있다. 따라서 사회적 배제는 상황의 영향을 받고 있다.

② 관계와 관련된 특성을 지니고 있다. 따라서 사회적 배제는 두 세력(즉, 배제를 겪는 개인·집단과 배제를 하는 개인·집단)과 관련되고 있다.

③ 다차원적 특성을 지니고 있다. 따라서 사회적 배제에서는 물질적 빈곤 이외의 측면에도 주목하고 있다.

(3) 퍼시스미스가 제시하는 특성

퍼시스미스(Percy-Smith, 2004)는 사회적 배제는 다음과 같은 특성을 지닌다고 보고 있다.

① 상황과 관련된 특성을 지니고 있다. 따라서 사회적 배제는 지역적 상황, 정책의 틀, 복지제도의 영향을 받고 있다.
② 과정과 관련된 특성을 지니고 있다. 따라서 사회적 배제는 '결과 상태'를 나타내기보다는 하나의 과정이나 여러 연결된 과정을 나타내고 있다.
③ 관계와 관련된 특성을 지니고 있다.
④ 다차원적 특성을 지니고 있다.

2) 정리

앞에서의 특성들을 살펴보면, 거의 대부분의 학자는 사회적 배제의 특성으로 다차원성을 제시하고 있다. 사실, 사회적 배제를 따져볼 때는 관련된 문제가 다차원적 특성을 지닌다는 점을 강조하는 경우가 많다. 이 외에, 여러 학자는 사회적 배제의 특성으로 관계와 관련된 특성, 과정과 관련된 특성도 제시하고 있다. 따라서 사회적 배제의 주요한 특성으로 다차원성, 관계와 관련된 특성, 과정과 관련된 특성을 들 수 있다(노병일, 2006).

POINT

- 대부분의 학자들은 사회적 배제의 특성으로 다차원성을 제시한다.
- 사회적 배제의 주요한 특성은 다차원성, 관계와 관련된 특성, 과정과 관련된 특성이다.

5. 사회적 배제를 유발하는 요인

사회적 배제를 유발하는 요인에는 여러 가지가 있다. 그리고 사회적 배제를 유발하는 요인의 일부는 사회적 배제의 정의 속에 이미 포함되어 있다.

1) 거시적 요인

일부 거시적 요인은 사회적 배제를 유발하고 있다. 거시적으로 볼 때, 사회적 배제를 유발하는 요인과 관련된 상황으로 다음과 같은 것이 있다(Conseil Canadien de Devéloppement Social, 2007).

① 자본주의 국가에서 경제적 영역과 사회적 영역이 변하고 있다.

② 관련된 정책과 서비스가 충분하지 못하다.

2) 기관과 학자가 제시하는 요인

일부 기관과 학자는 사회적 배제를 유발하는 요인을 나름대로 제시해 오고 있다(노병일, 2006).

(1) 영국의 사회적 배제국이 제시하는 요인

영국의 사회적 배제국의 경우, 사회적 배제를 유발하는 요인을 유발 요인(driver)이라고 부르고 있다(Social Exclusion Unit, 2004b). 영국의 사회적 배제국은 사회적 배제를 유발하는 요인을 다음과 같이 두 가지로 구분하고 있다.

① '과거' 유발 요인이 있다. 과거 유발 요인의 예로 인구와 관련된 요인, 유급 일자리 상황과 관련된 요인, 정책과 관련된 요인이 있다.

② '현재' 유발 요인이 있다. 현재 유발 요인의 예로 다음과 같은 것이 있다.

㉠ 소득 수준이 낮은 것과 관련된 요인이 있다.

㉡ 실업과 관련된 요인이 있다.

㉢ 교육 수준이 낮은 것과 관련된 요인이 있다.

㉣ 건강이 좋지 않은 것과 관련된 요인이 있다.

ⓜ 주거 상태가 좋지 않은 것과 관련된 요인이 있다.

ⓑ 교통편이 좋지 않은 것과 관련된 요인이 있다.

ⓢ 사회적 관계망이 부족한 것과 관련된 요인이 있다.

ⓞ 동네가 취약한 것과 관련된 요인이 있다.

(2) 피어슨이 제시하는 요인

피어슨(Pierson, 2002)의 경우, 사회적 배제를 유발하는 과정과 관련이 있는 중요한 요인을 다음과 같이 제시하고 있다.

① 소득과 관련된 요인이 있다. 이것은 빈곤 상태에 있거나 소득이 적은 상태에 있는 것을 가리킨다.

② 고용과 관련된 요인이 있다. 이것은 유급 일자리에서 일하는 데 제약을 받는 것을 가리킨다.

③ 사회적 관계와 관련된 요인이 있다. 이것은 사회적 지지와 사회적 관계망이 부족하거나 없는 것을 가리킨다.

④ 지역사회나 동네와 관련된 요인이 있다. 이것은 지역사회나 동네가 미치는 영향과 관련된 요인을 가리킨다.

⑤ 서비스 이용과 관련된 요인이 있다. 이것은 공공 서비스와 민간 서비스를 이용하지 못하는 것을 가리킨다.

3) 정리

앞에서 제시한 요인 이외에도, 여러 요인이 사회적 배제를 유발할 수 있다(노병일, 2006; 노병일 · 손정환, 2011). 따라서 매우 다양한 요인이 사회적 배제를 유발하고 있다.

POINT

- 일부 거시적 요인은 사회적 배제를 유발한다.
- 매우 다양한 요인이 사회적 배제를 유발한다.

6. 사회적 배제가 미치는 영향

말할 것도 없이, 사회적 배제는 여러 영역에서 개인과 사회에 부정적인 영향을 미치고 있다.

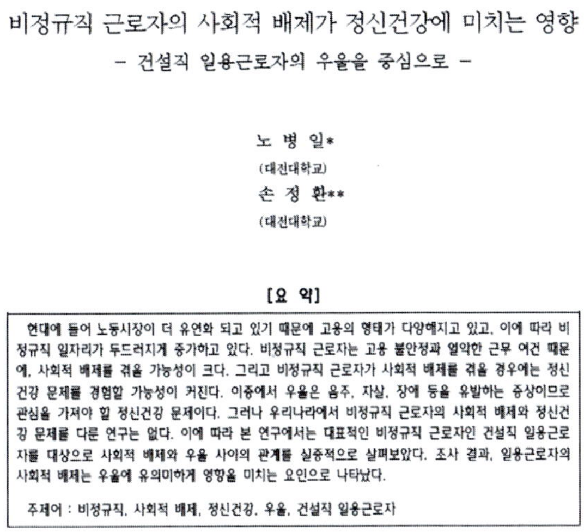
비정규직 근로자의 사회적 배제가 정신건강에 미치는 영향
- 건설직 일용근로자의 우울을 중심으로 -

노 병 일*
(대전대학교)
손 정 환**
(대전대학교)

[요 약]

현대에 들어 노동시장이 더 유연화 되고 있기 때문에 고용의 형태가 다양해지고 있고, 이에 따라 비정규직 일자리가 두드러지게 증가하고 있다. 비정규직 근로자는 고용 불안정과 열악한 근무 여건 때문에, 사회적 배제를 겪을 가능성이 크다. 그리고 비정규직 근로자가 사회적 배제를 겪을 경우에는 정신건강 문제를 경험할 가능성이 커진다. 이중에서 우울은 음주, 자살, 장애 등을 유발하는 증상이므로 관심을 가져야 할 정신건강 문제이다. 그러나 우리나라에서 비정규직 근로자의 사회적 배제와 정신건강 문제를 다룬 연구는 없다. 이에 따라 본 연구에서는 대표적인 비정규직 근로자인 건설직 일용근로자를 대상으로 사회적 배제와 우울 사이의 관계를 실증적으로 살펴보았다. 조사 결과, 일용근로자의 사회적 배제는 우울에 유의미하게 영향을 미치는 요인으로 나타났다.

주제어 : 비정규직, 사회적 배제, 정신건강, 우울, 건설직 일용근로자

|사진 4-5| **비정규직 근로자의 사회적 배제가 정신건강에 미치는 영향을 살펴본 논문**

사회적 배제는 개인과 사회에 부정적인 영향을 미친다. [출처 : 한국사회복지학회지]

1) 개인에게 미치는 영향

사회적 배제는 개인에게 부정적인 영향을 미치고 있다. 일반적으로, 사회적으로 배제된 사람은 경제적 · 사회적으로 가장 취약한 상태에 있을 가능성이 매우 크다. 그 결과, 사회적 배제를 겪는 사람은 일반인이 살면서 누리는 일상적인 경험을 적게 누릴 가능성이 매우 크다(Conseil Canadien de Développement Social, 2007).

특히, 사회적 배제는 개인에게 다음과 같은 상황을 크게 유발할 수 있다(Silver & Miller, 2003).

① 기본적인 사회적 권리를 누리지 못하고 있다.

② 주요한 사회적 기회와 직업과 관련된 기회에 참여하지 못하고 있다.

그리고 사회적 배제는 개인에게 구체적인 여러 영역에서 부정적인 영향을 미치고 있다. 사회적 배제가 개인에게 부정적으로 미치는 영향 때문에 나타나는 상황을 몇 가지 제시하면 다음과 같다(노병일 · 손정환, 2011; Social Exclusion Unit, 2004; Berman & Phillips, 2000; Silver, 2007; Conseil Canadien de Développement Social, 2007; O'Donnell, O'Donovan & Elmusharaf, 2018).

① 자신을 가치 있는 존재로 인정하지 않게 된다. 그 결과, 자신에 대해 긍정적으로 인식하지 못하게 된다.

② 자신이 교육을 받아서 갖춘 능력을 제대로 활용하지 못하게 된다. 그 결과, 개인은 어려움을 겪게 된다.

③ 실업 상태에 놓일 가능성이 더 커지게 된다. 그 결과, 개인은 경제적으로 어려움을 겪게 된다.

④ 신체적 건강이 더 좋지 않게 된다. 그 결과, 개인은 신체적으로 어려움을 겪게 된다.

⑤ 정신건강이 더 좋지 않게 된다. 그 결과, 개인은 정서적으로 어려움을 겪게 된다.

⑥ 사람들과의 교류가 적어지게 된다. 그 결과, 개인은 사회적으로 어려움을 겪게 된다.

⑦ 사회의 가치에 어긋나는 행동에 가담할 가능성이 커지게 된다. 그 결과, 개인은 불리하거나 위험한 상황을 겪게 된다.

비정규직 근로자의 사회적 배제와 정신건강

노병일과 손정환(2011)은 대표적인 비정규직 근로자인 건설직 일용근로자를 대상으로 사회적 배제가 우울에 미치는 영향을 살펴본 바 있다. 그 결과, 사회적 배제는 건설직 일용근로자의 우울에 가장 큰 영향을 미치는 것으로 나타나고 있다.

2) 사회에 미치는 영향

사회에 사회적 배제가 많아질 경우, 사회가 두 개의 극단적 계층으로 나눠질 가능성이 커지게 된다. 이런 상황은 사회를 안정되게 유지하는 데 부정적인 영향을 미치게 된다.

사회적 배제가 사회의 안정에 부정적인 영향을 미치는 상황에는 여러 가지가 있다. 사회적 배제 때문에 사회에 나타날 수 있는 상황을 몇 가지 제시하면 다음과 같다(Tiemann, Spicker(2007)에서 재인용).

① 도시가 불안해지고 있다.

② 인종에 따른 갈등이 커지고 있다.

③ 장기적으로 실업 상태에 있는 사례가 증가하고 있다.

④ 빈곤을 심각하게 겪는 사례가 늘어나고 있다.

결국, 사회적 배제를 겪을 경우, 사회적 유대가 크게 약해지게 된다. 그 결과, 사회적 배제는 사회의 안정을 유지하는 데 커다란 걸림돌로 작용하게 된다.

POINT

- 사회적 배제는 여러 영역에서 개인과 사회에 부정적 영향을 미친다.
- 사회적 배제는 사회의 안정을 유지하는 데 커다란 걸림돌로 작용한다.

05 사회적 배제의 관점과 차원과 측정 및 사회적 포함

CONTENTS

1. 사회적 배제의 관점

1) 사회적 배제에 대한 관점

그동안 일부 학자는 사회적 배제에 대한 관점을 몇 가지로 분류해 왔다(노병일, 2006). 사회적 배제에 대한 관점을 분류한 예로 실버(Silver)가 분류한 것, 영(Young)이 분류한 것이 있다.

(1) 실버의 세 가지 패러다임

실버(Silver, 1994)는 '패러다임(paradigm)'이라는 용어를 사용하면서 사회적 배제에 대해 다음과 같은 세 가지 관점을 제시하고 있다.

① 연대(solidarity) 패러다임이 있다. 연대 패러다임의 경우, 개인과 사회 사이의 사회적 유대가 없어질 때 배제가 나타난다고 보고 있다. 이런 측면에서 개인과 사회 사이의 사회적 유대를 사회 연대라고 부르고 있다.

② 분화(specialization) 패러다임이 있다. 분화 패러다임의 경우, 배제는 분화의 결과로 나타난다고 보고 있다. 이와 관련된 분화의 예로 사회적 영역에서 구분하는 것, 경제적 영역에서 작업을 여러 사람이 분야에 맞게 나누어 하는 것이 있다.

③ 독점(monopoly) 패러다임이 있다. 독점 패러다임의 경우, 배제는 집단이 독점하기 때문에 나타난다고 보고 있다.

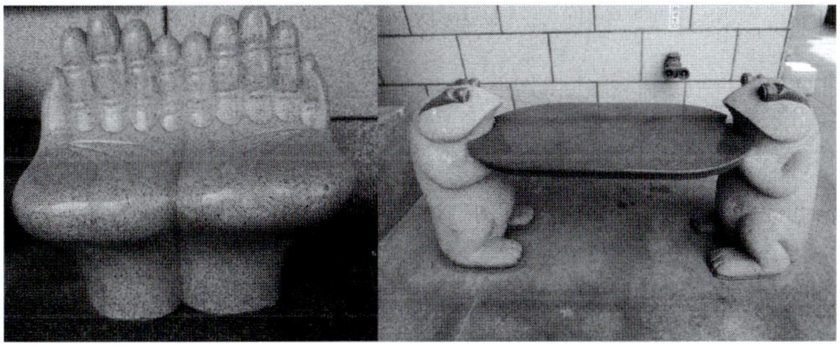

| 사진 5-1 | 연대 의식을 담고 있는 대리석 의자

연대 패러다임에 따르면, 개인과 사회 사이의 사회적 유대가 없어질 때 배제가 나타난다. [출처 : 대만에서 저자 촬영ⓒ]

(2) 영의 세 가지 관점

영(Young, 2003)은 사회적 배제가 공통적 특성을 지니고 있지만, 사회적 배제에 대한 정치적 견해는 다양하다고 보고 있다. 이와 관련해, 영은 사회적 배제가 작용하는 것에 대해서는 세 가지 기본적 입장이 있다고 보고 있다. 이에 근거해, 영은 사회적 배제와 관련해 다음과 같은 세 가지 관점을 제시하고 있다.

① 개인적 관점이 있다. 개인적 관점의 경우, 사회적 배제를 겪는 개인은 동기가 부족하고 사회로부터 스스로를 배제시키고 있다고 보고 있다. 단, 이렇게 된 근본적 책임은 복지국가에 있다고 보고 있다. 왜냐하면 복지국가는 개인이 국가에 '의존'하게 만들고 있기 때문이다.

② 제도적 관점이 있다. 제도적 관점의 경우, 사회문제는 제도가 일자리를 제공하는 데 실패하였기 때문에 나타난다고 보고 있다. 제도가 일자리를 제공하는 데 실패할 경우, 사회적으로 고립되는 상황이 나타나게 된다. 사회적으로 고립되는 상황에서는, 사람들은 일하려는 동기를 가지지 않는 것이 아니라 일자리를 찾으려는 능력을 가지지 않게 된다. 왜냐하면

사회적으로 고립되는 상황에서는 긍정적 역할을 하는 사람을 만나기가 어렵기 때문이다.

③ 거부적 관점이 있다. 거부적 관점의 경우, 사회가 최하층을[1] 크게 거부하는 측면을 강조하고 있다. 이렇게 되는 이유를 구체적으로 살펴보면 다음과 같다.

㉠ 기업이 인원을 줄이는 등의 방법을 통해서 군살빼기를 하기 때문이다.

㉡ 일자리가 없는 사람에 대해서 좋지 않은 이미지를 가지게 하기 때문이다.

㉢ 사회의 가치에 어긋나는 행동을 하는 최하층에 대해서 부정적 이미지를 가지게 하기 때문이다.

2) 정리

일부 학자는 사회적 배제와 관련해 나름대로 관점을 분류하고 있다. 이 중에서 가장 널리 알려진 분류는 실버가 세 가지 패러다임으로 구분하는 것이다. 실제로, 실버가 분류한 세 가지 패러다임은 사회적 배제에 대한 관점이나 접근방식을 논의할 때 널리 사용하고 있다(노병일, 2006).

POINT

• 사회적 배제의 관점과 관련해 가장 알려진 분류는 실버가 세 가지 패러다임으로 구분하는 것이다. 실버의 세 가지 패러다임은 사회적 배제에 대한 관점이나 접근방식을 논의할 때 널리 사용한다.

1) 일반적으로 최하층은 사회에서 가장 취약한 층을 말한다. 최하층에 대해서는 빈곤의 관점을 다루는 장(제3장)에서 이미 설명한 바 있다.

2. 사회적 배제의 차원

1) 사회적 배제의 차원과 이와 관련된 접근방식

사회적 배제가 다차원적 특성을 지닌다는 점에 대해서는 의견이 일치하는 경우가 많다. 그러나 여러 차원 중에서 어떤 차원이 사회적 배제와 크게 관련되는지에 대해서는 의견이 반드시 일치하고 있지 않다. 예를 들어, 사회적 배제를 측정하는 것과 관련된 모든 접근방식의 경우, 소득이 적거나 실업 상태에 있는 것과 관련된 차원을 제외하고는, 어떤 차원이 중요한 차원인지에 대해서는 의견이 일치하고 있지 않다(Silver & Miller, 2003).

그리고 사회적 배제의 각 차원은 다른 차원에게 영향을 미치기도 하고, 다른 차원으로부터 영향을 받기도 한다. 그러나 사회적 배제의 여러 차원이 서로 연관되어 있기는 하지만, 다음과 같은 점을 고려할 필요가 있다(Organisation for Economic Co-operation and Development, 2001).

① 각 차원은 나름의 독특한 특성을 지니고 있다.

② 각 차원이 다른 차원들과 서로 완전하게 관련되어 있는 것은 아니다.

사회적 배제의 차원을 살펴보는 접근방식은 다음과 같이 두 가지로 크게 구분할 수 있다(노병일, 2006).

① 사회적 배제의 영역을 고려하는 접근방식이 있다. 이런 접근방식의 경우, 사회적 배제와 관련된 구체적 영역이나 요소나 상황에 주목하고 있다.

② 사회적 배제의 폭넓은(거시적) 측면을 고려하는 접근방식이 있다. 이런 접근방식의 경우, 사회적 배제와 관련된 폭넓은 측면에 주목하고 있다.

실제로 그동안의 연구에서는, 사회적 배제의 차원에 대해 앞에서 제시한 두 가지 접근방식 중에서 하나를 취하는 경우가 많다(노병일, 2006).

2) 사회적 배제의 영역에 주목하는 접근방식

(1) 제시된 영역의 예

일부 기관과 학자는 사회적 배제의 영역에 주목하는 접근방식을 취하고 있다. 사회적 배제의 영역에 주목하는 접근방식의 경우, 사회적 배제와 관련된 구체적 영역이나 요소나 상황을 사회적 배제의 차원으로 제시하고 있다(노병일, 2006).

사회적 배제의 영역에 주목하는 접근방식을 취하는 기관이나 학자의 예로 영국의 사회보장부, 아거월과 브런트(Agarwal & Brunt), 실버(Silver)가 있다.

(가) 영국의 사회보장부

영국의 사회보장부(Department of Social Security)는 빈곤과 사회적 배제에 대한 첫 번째 연간 보고서에서 '빈곤과 사회적 배제의 주요한 특징'을 제시한 바 있다. 이런 특징과 관련된 상황은 사회적 배제의 차원을 구성한다고 볼 수 있다. 이런 특징과 관련된 상황을 구체적으로 제시하면 다음과 같다(Percy-Smith, 2004).

① 일할 수 있는 기회가 부족하다.
② 교육받고 기술을 배울 수 있는 기회가 부족하다.
③ 아동기에 큰 어려움을 겪은 적이 있다.
④ 가족이 안정되어 있지 않다.
⑤ 노인이 활동을 제대로 하지 못하고, 자신이 원하는 것을 이루지 못하고, 건강하게 살지 못하고 있다.
⑥ 건강 상태가 계층에 따라 차이가 나고 있다.
⑦ 주거가 좋지 않다.
⑧ 동네가 빈곤하다.
⑨ 범죄에 대해 두려워하고 있다.
⑩ 집단이 취약하다.

(나) 아거월과 브런트

아거월과 브런트는 사회적 배제에 포함되는 요소를 여러 가지 제시하고 있다. 이런 요소와 관련된 상황을 몇 가지 제시하면 다음과 같다(Agarwal & Brunt, 2006).

① 빈곤한 상태에 있다.
② 불평등한 상태에 있다.
③ 박탈을 겪고 있다.
④ 사회적 보호를[2] 받지 못하고, 사회서비스를 받지 못하고 있다.
⑤ 사회적 권리와 정치적 권리를 누리지 못하거나 이런 권리를 누릴 능력을 가지고 있지 않다.

(다) 실버

실버는 그동안의 연구에서 배제와 관련된 것으로 나타난 영역을 다음과 같이 제시하고 있다(Silver, 1994).

① 생계와 관련된 영역이 있다.
② 고용과 관련된 영역이 있다.
③ 소득과 관련된 영역이 있다.
④ 재산이나 신용이나 토지와 관련된 영역이 있다.
⑤ 주택과 관련된 영역이 있다.
⑥ 소비와 관련된 영역이 있다.
⑦ 교육과 기술 및 문화와 관련된 영역이 있다.
⑧ 복지국가에서 제공하는 급여와 관련된 영역이 있다.
⑨ 시민권 및 법과 관련된 영역이 있다.
⑩ 민주적 과정에 참여하는 것과 관련된 영역이 있다.
⑪ 공공재(public goods)와[3] 관련된 영역이 있다.

---

2) 사회적 보호에 대해서는 사회적 배제의 등장 배경을 다루는 장(제4장)에서 이미 설명한 바 있다.

3) 일반적으로 공공재는 다른 개인이 이를 사용할 때 비용이 거의 들지 않고, 해당 재화(물품이나 서비스)를 사용하지 못하게 하는 데는 비용이 매우 크게 드는 재화(물품이나 서비스)를 말한다(노병일, 2021a).

⑫ 인종과 관련된 영역이 있다.

⑬ 가족 및 사회적 교류와 관련된 영역이 있다.

⑭ 인간적으로 대우받고, 존경받고, 자신이 원하는 것을 이루고, 다른 사람이 자신을 이해하는 것과 관련된 영역이 있다.

(2) 정리

일반적으로 사회적 배제는 일상적이거나 바람직한 것으로 보이는 활동에 참여할 수 없는 것을 일컫는다. 따라서 사회적 배제는 사회의 기본적 가치와 관련된 측면을 많이 포함하고 있다. 그러므로 사회적 배제와 관련된 영역에 대해서는 기관과 학자 및 일반인 사이에 의견이 일치하는 부분이 많다(노병일, 2006). 예를 들어, 대부분의 사람은 소득 영역, 고용 영역, 의료 영역, 교육 영역이 중요하다는 점에 동의하는 경우가 많다(Percy-Smith, 2004).

사진 5-2 구걸하는 사람

대부분의 사람은 사회적 배제와 관련해 소득 영역이 중요하다는 점에 동의한다.
[출처 : 포르투갈에서 저자 촬영ⓒ]

3) 사회적 배제의 폭넓은 측면에 주목하는 접근방식

(1) 제시된 차원의 예

일부 학자는 사회적 배제의 폭넓은 측면에 주목하는 접근방식을 취하고 있다. 사회적 배제의 폭넓은 측면에 주목하는 접근방식의 경우, 사회적 배제와 관련된 여러 폭넓은 측면이나 활동을 사회적 배제의 차원으로 제시하고 있다(노병일, 2006).

사회적 배제의 폭넓은 측면에 주목하는 접근방식을 취하는 학자의 예로 홀트젠슨(Holt-Jensen), 버쳐트와 르그랜드와 피어쵸드(Burchardt, Le Grand & Piachaud), 퍼시스미스(Percy-Smith)가 있다.

(가) 홀트젠슨

홀트젠슨은 사회적 배제를 경제적 측면, 정치적 측면, 문화적 측면에서 이해할 필요가 있다고 주장하고 있다. 이런 측면은 사회적 배제의 차원을 구성한다고 볼 수 있다. 이런 차원을 구체적으로 제시하면 다음과 같다(Holt-Jensen, 2000).

① 경제적 차원이 있다. 이것은 경제적 배제(economic exclusion)와 관련이 있다. 일반적으로 경제적 배제는 빈곤 상태에 있는 것, 가장 취약한 상태에 있는 것, 고용을 통해 얻는 경제적 자원이 부족한 것과 관련되고 있다.

② 정치적 차원이 있다. 이것은 정치적 배제(political exclusion)와 관련이 있다. 일반적으로 정치적 배제는 결정을 내리는 데 참여하지 못하는 것과 관련되고 있다.

③ 문화적 차원이 있다. 이것은 문화적 배제(cultural exclusion)와 관련이 있다. 일반적으로 문화적 배제는 많이 사용하는 상징, 의미, 의식, 이야기를 함께 나누지 못하는 것과 관련되고 있다.

(나) 버쳐트와 르그랜드와 피어쵸드

버쳐트와 르그랜드와 피어쵸드는 시민이 참여하는 '정상적 활동'의 관점에서 사회적 배제의 차원을 다음과 같이 다섯 가지로 제시하고 있다(Percy- Smith, 2004).

① 소비 활동이 있다. 소비 활동은 빈곤에 대해 전통적으로 측정해 온 방식과 관련되고 있다.
② 저축 활동이 있다. 저축 활동은 연금, 저축, 주택 등과 관련되고 있다.
③ 생산 활동이 있다. 생산 활동은 경제적으로나 사회적으로 가치가 있는 활동에 관여하는 것, 가족을 돌보는 것과 관련되고 있다.
④ 정치 활동이 있다. 정치 활동은 더 폭넓은 사회적 환경이나 물리적 환경을 개선하거나 보호하기 위한 집단 활동에 관여하는 것과 관련되고 있다.
⑤ 사회 활동이 있다. 사회 활동은 가족이나 친구와 의미있게 사회적으로 서로 교류하고, 문화집단이나 지역사회에 대해 소속감을 느끼는 것과 관련되고 있다.

그러나 버쳐트 등은 그 후 실시한 연구에서 차원의 수를 다섯 가지에서 네 가지로 줄이고 있다. 이때, 저축 활동을 소비 활동의 한 부분에 포함시키고 있다.

(다) 퍼시스미스

퍼시스미스는 사회적 배제의 차원을 다음과 같이 일곱 가지로 제시하고 있다(Percy-Smith, 2004).

① 경제적 차원이 있다. 경제적 차원은 빈곤 상태에 있는 것, 유급 일자리에서 제대로 일하지 못하는 것과 관련되고 있다.
② 사회적 차원이 있다. 사회적 차원은 전통적 가족이 불안정해지는 것, 10대가 임신하는 사례가 많아지는 것, 노숙 상태에 있는 것, 범죄를 저지르고 불만을 가지는 청소년이 존재하는 것과 관련되고 있다.
③ 정치적 차원이 있다. 정치적 차원은 개인이 자기 생활에 영향을 미치는 결정을 내리는 데 참여하는 능력, 이런 결정을 내리는 데 영향을 미치는 능력과 크게 관련되고 있다.

④ 동네(neighbourhood) 차원이 있다. 동네 차원은 동네의 환경이 좋지 않게 되는 것, 들어갈 수 있는 주택의 수가 줄어드는 것, 지역사회의 서비스가 없어지는 것, 지역의 지지망이 약화되는 것과 관련되고 있다.

⑤ 개인적 차원이 있다. 개인적 차원은 개인과 관련된 차원을 말한다. 사회적 배제와 관련해 앞에서 제시한 모든 차원은 개인에게 영향을 미치고 있다.

⑥ 공간적 차원이 있다. 공간적 차원은 취약한 집단이 자기들끼리 몰려 사는 것, 취약한 집단이 사회에서 일반적인 위치에 있지 않은 것과 관련되고 있다.

⑦ 집단적 차원이 있다. 집단적 차원은 앞에서 제시한 특징이 특정한 집단에 집중되는 것과 관련되고 있다.

(2) 정리

앞에서의 모든 학자는 사회적 배제의 주요한 차원으로 경제적 차원과 정치적 차원을 공통적으로 제시하고 있다. 그리고 이들은 이 외에 사회적 차원이나 문화적 차원도 추가로 제시하는 경우가 많다. 그러나 문화적 차원은 사회적 차원에 포함될 수도 있다. 그러므로 사회적 배제에 폭넓게 주목할 경우, 사회적 배제의 주요한 차원은 경제적 차원, 정치적 차원, 사회적(문화적) 차원이라고 볼 수 있다(노병일, 2006).

POINT

- 여러 차원 중에서 어떤 차원이 사회적 배제와 크게 관련되는지에 대해서는 의견이 반드시 일치하지 않는다.
- 사회적 배제의 차원을 살펴보는 접근방식은 사회적 배제의 영역을 고려하는 접근방식과 사회적 배제의 폭넓은 측면을 고려하는 접근방식으로 구분할 수 있다.
- 사회적 배제와 관련된 영역에 대해서는 기관과 학자 및 일반인 사이에 의견이 일치하는 부분이 많다. 특히 대부분의 사람은 소득 영역, 고용 영역, 의료 영역, 교육 영역이 중요하다는 점에 동의하는 경우가 많다.
- 사회적 배제에 폭넓게 주목할 경우, 사회적 배제의 주요한 차원은 경제적 차원, 정치적 차원, 사회적(문화적) 차원이다.

3. 사회적 배제의 측정

1) 사회적 배제 지표 개발의 의의와 문제점

사회적 배제를 효과적으로 없애는 정책을 개발하기 위해서는, 사회적 배제를 크게 겪는 개인, 집단, 지역을 파악하는 작업이 우선 필요하다. 따라서 사회적 배제를 없애기 위해서는 사회적 배제를 측정하는 작업이 필요하다. 사회적 배제를 측정하는 작업은 사회적 배제를 잘 나타내주는 '지표(indicator)'를[4] 개발하는 작업을 포함하는 경우가 많다(Percy-Smith, 2004).

그러나 사회적 배제는 복잡하고, 상대적이고, 상황과 시간에 따라 달라지고 있고, 여러 차원에 따라서 변하고 있다. 따라서 사회적 배제를 제대로 측정하는 것은 매우 어려울 수 있다. 이런 탓에, 사회적 배제의 지표를 개발하는 것은 쉬운 일이 아니다(노병일, 2006; Silver & Miller, 2003; Percy-Smith, 2004).

특히 사회적 배제가 지니고 있는 다음과 같은 측면은 빈곤에는 없는 측면이다(Percy-Smith, 2004).

① 사회적 배제는 역동적이다.
② 사회적 배제의 여러 차원들과 특성들은 서로 관련되어 있다.

앞에서 제시한 두 가지 측면 때문에, 사회적 배제를 측정하는 작업은 빈곤을 측정하는 작업보다 훨씬 더 어렵다.

2) 사회적 배제에 대한 지표

(1) 실태와 사례

사회적 배제를 측정하는 작업이 쉽지 않음에도 불구하고, 그동안 사회적 배제를 측정하려고 시도해 왔다. 예를 들어, 일부 학자는 사회적 배제를 측정하기 위한 지표를 제시하고 있다. 그리고 일부 국가의 통계기관에서는 사회적 배

4) 일반적으로 지표는 어떤 것을 구체적으로 관찰할 수 있게 해주는 것을 말한다(황창순 · 김형수 · 노병일 · 도종수 · 유지영, 2014).

제를 없애기 위한 사회적 지표와 정치적 지표를 개발하고 있다(Silver & Miller, 2003).

(가) 버쳐트와 르그랜드와 피어쵸드

버쳐트와 르그랜드와 피어쵸드(Burchardt, Le Grand & Piachaud, 1999)는 사회적 배제의 차원을 처음에는 다섯 차원으로 제시하였으나 나중에는 네 가지 차원으로 줄인 바 있다.[5] 이들은 각 차원에 대해 기준선을 정하고 있다. 이때 개인이나 가족이 이 기준선 아래에 있으면, 개인이나 가족은 사회적으로 배제된 것으로 보고 있다. 이들이 제시하는 차원과 기준선은 다음과 같다(Richardson & Le Grand, 2002).

① 소비 활동의 차원과 관련해서는, 가구의 순수 소득이 전체 인구층의 평균 소득의 50% 미만일 때는 사회적 배제를 겪는다고 보고 있다.

② 생산 활동의 차원과 관련해서는, 실업 상태에 있거나 교육·훈련을 받지 않는 상태에 있을 때는 사회적 배제를 겪는다고 보고 있다.

③ 정치 활동의 차원과 관련해서는, 투표하지 않거나 지역사회의 조직에 가입하고 있지 않을 때는 사회적 배제를 겪는다고 보고 있다.

④ 사회 활동의 차원과 관련해서는, 개인적으로 지지해 줄 수 있는 사람이 없을 때는 사회적 배제를 겪는다고 보고 있다.

(나) 메저

메저(Mejer)는 사회적 배제를 측정하기 위한 지표와 관련된 분야를 구분한 후 각 분야에 대해 사회적 배제의 구체적 지표를 제시하고 있다. 이에 대해 자세히 살펴보면 다음과 같다.

우선, 메저는 사회적 배제를 측정하기 위한 지표를 다음과 같은 세 가지 분야로 나누어 살펴보고 있다.

5) 이에 대해서는 앞에서 이미 설명한 바 있다.

① 객관적 자산과[6] 관련된 지표가 있다. 이런 지표의 예로 자신의 주택이 있는 것, 자신의 차가 있는 것이 있다.

② 생활에 대해 주관적으로 인식하는 것과 관련된 지표가 있다. 이런 지표의 예로 가구의 살림을 경제적으로 잘 꾸려나갈 수 있는 정도에 대해 인식하는 것이 있다.

③ 개인이 자신의 생활 환경에 만족하는 것과 관련된 지표가 있다. 이런 지표의 예로 행복한 정도, 만족하는 정도가 있다.

그리고 메저는 사회적 배제의 각 영역에서 '자산'과 관련된 지표로 다음과 같은 것을 제시하고 있다.

① 기본적 욕구 및 소비 영역과 관련된 지표로 집에 전화가 있는 것, 텔레비전이 있는 것, 자가용이 있는 것, 비디오가 있는 것, 전자레인지가 있는 것, 식기세척기가 있는 것이 있다.

② 주거 영역과 관련된 지표로 임대아파트에서 사는 것, 공간이 부족한 것, 집에 샤워시설이나 욕조가 있는 것, 정원이나 베란다가 있는 것이 있다.

③ 교육 영역과 관련된 지표로 교육 수준이 있다.

④ 유급 일자리와 관련된 지표로 돈을 버는 사람이 없는 것, 가구 소득의 주요한 출처가 실업급여인 것, 직업이 있다.

⑤ 건강 영역과 관련된 지표로 건강보험의 대상인 것, 지난 1년 동안에 병원에 입원한 적이 있는 것이 있다.

6) 자산은 개인이나 단체가 소유하고 있는 것으로서, 경제적 가치가 있는 재산을 말한다(국립국어원 표준국어대사전, 2021).

▎사진 5-3▎ 폐품을 나르는 노인 부부

유급 일자리와 관련된 지표는 사회적 배제를 측정할 때 있어 중요하다. [출처 : 전영신(화가) 님 그림ⓒ]

또한 메저는 사회적 배제의 각 영역에서 '인식'과 관련된 지표로 다음과 같은 것을 제시하고 있다.

① 기본적 욕구 및 소비 영역과 관련된 지표로 필요한 식품을 구입할 능력이 있는 것, 새 옷을 살 능력이 있는 것, 집을 적절하게 난방할 능력이 있는 것, 친구나 가족과 술을 마시거나 식사할 능력이 있는 것, 주말이나 휴일에 집을 떠나 다른 곳에서 보낼 능력이 있는 것이 있다.

② 주거 영역과 관련된 지표로 집의 공간이 적다고 인식하는 것, 집이 습도 때문에 불편한 것, 집의 문이나 창문이 낡아서 불편한 것, 지역에 주택에 대한 범죄나 약탈의[7] 위험이 있는 것이 있다.

③ 건강 영역과 관련된 지표로 자신이 건강하다고 인식하는 것, 계속되는 건강문제나 질병이나 장애 때문에 일상 활동에서 제약을 받는 것이 있다.

④ 가족 유대 및 사회관계 영역과 관련된 지표로 가족이나 친구와 만나거나 연락하는 것, 이웃과 만나거나 연락하는 것이 있다.

7) 약탈은 "폭력을 써서 남의 것을 억지로 [빼앗는 것]"을 말한다(국립국어원 표준국어대사전, 2021).

⑤ 가구의 영역과 관련된 지표로 가구가 살림을 꾸려나갈 능력이 있는 것, 전기·수도세를 납부할 능력이 있는 것, 정기적으로 저축할 능력이 있는 것이 있다.

그리고 메저의 경우, 사회적 배제의 각 영역에서 '만족'과 관련된 지표로 다음과 같은 것을 제시하고 있다.

① 주거 영역과 관련된 지표로 주거 상태에 만족하는 것이 있다.
② 유급 일자리와 관련된 영역의 지표로 자기 직장이나 주요한 돈벌이 활동에 만족하는 것이 있다.
③ 사회 참여 영역과 관련된 지표로 여가 시간의 양에 만족하는 것이 있다.
④ 가구의 재정 영역과 관련된 지표로 재정 상태에 만족하는 것이 있다.

(다) 라켄 지표

2000년 12월에 열린 니스 정상회의(Nice Summit)에서[8] 유럽연합의 국가들은 사회적 포함을 더 이룩하고 빈곤과 사회적 배제를 없애기 위한 '사회적 포함에 대한 국가행동 방안(National Action Plans on Social Inclusion)'을 제시하기로 합의하였다. 그 후, 라켄 유럽의회(Laeken European Council)에서는[9] 이와 관련된 여러 가지 지표를 개발하는 것이 빈곤을 없애고 사회적 포함을 더 이룩하기 위해 중요하다고 주장하였다. 이에 따라서 빈곤과 사회적 배제를 나타내는 여러 지표가 등장하였다. 이런 지표들을 '라켄(Laeken)' 지표라고 부르고 있다.

결국, 라켄 지표는 빈곤과 사회적 배제에 대한 유럽의 통계적 지표를 모아놓은 것이다(Spicker, Leguizamón & Gordon, 2007; Wikipedia, 2021a).

8) 니스는 프랑스에 있는 도시의 이름이다.

9) 라켄은 벨기에(Belgium) 수도인 브뤼셀(Brussels)의 교외에 있는 지역의 이름이다.

(2) 정리

사회적 배제의 정의에 대해 기관이나 학자들 사이에 의견이 일치하지 않기 때문에, 사회적 배제를 측정하는 작업은 쉽지 않다. 이에 따라서 사회적 배제를 나타내는 지표는 다양하다. 그리고 이런 지표들은 학자에 따라 서로 차이가 나고 있다(노병일, 2006).

POINT

- 사회적 배제를 측정하는 작업은 사회적 배제를 나타내주는 지표를 개발하는 작업을 포함하는 경우가 많다. 그러나 사회적 배제의 지표를 개발하는 것은 쉽지 않다.
- 라켄 지표는 빈곤과 사회적 배제에 대한 유럽의 통계적 지표를 모아놓은 것이다.

4. 사회적 배제와 사회적 포함

1) 사회적 포함의 정의와 중요성

사회적 배제와 더불어 자주 사용하는 용어는 '사회적 포함(social inclusion)'이다. 왜냐하면 사회적 배제의 반대는 사회적 포함이기 때문이다.

세계은행에 따르면, 사회적 포함은 개인과 집단이 사회에 참여하는 상황을 개선하는 과정을 말한다. 구체적으로 사회적 포함은 취약층이 능력과 기회를 더 가지게 하고 더 존중받게 하는 것을 말한다(World Bank, 2021).

당연하게도, 사회적 배제를 없애기 위해서는 사회적으로 포함되는 상황을 늘리는 것이 필요하다. 따라서 사회적 배제를 없애고자 할 때는 사회적 포함에 특히 주목할 필요가 있다.

| 사진 5-4 | 사회적 포함 운동에 대한 안내문

사회적 배제를 없애고자 할 때는 사회적 포함에 특히 주목할 필요가 있다.
[출처 : 홍콩에서 저자 촬영ⓒ]

2) 사회적 포함과 관련된 정책 · 제도

사회적 포함과 관련된 정책이나 제도에는 여러 가지가 있다. 그러나 사회적 포함을 더 이루기 위해서는, 사회적으로 배제된 층이 어려움에 잘 대처하도록 도와주고 또한 사회적으로 배제된 층에게 기회를 평등하게 더 제공하는 것이 특히 중요하다.

사회적 포함을 추구하는 정책이나 제도를 몇 가지 제시하면 다음과 같다(노병일, 2020b; Silver & Miller, 2003).

① 최저 소득을 보장하게 해주는 정책이 있다.

② 세금을 통해 소득을 재분배하는 제도가 있다.

③ 고용주에게 임금이나 채용과 관련해 보조금을 주는 제도, 세금에서 혜택을 주는 제도가 있다.

④ 적극적 노동시장정책이 있다. 적극적 노동시장정책은 유급 일자리에서 일하게 하기 위한 적극적인 정책을 말한다.

⑤ 일자리를 서로 함께 나누는 제도가 있다.

⑥ 차별금지법을 만들어서, 차별을 제도적으로 하지 못하게 하는 정책이 있다.

⑦ 서비스를 더 잘 이용할 수 있게 하는 정책이 있다.

POINT

- 사회적 배제를 없애고자 할 때는 사회적 포함에 특히 주목할 필요가 있다.
- 사회적 포함과 관련된 정책·제도에는 여러 가지가 있다.

PART 03

대상에 따른 빈곤

06 아동과 빈곤

CONTENTS

1. 아동빈곤에 대한 관심의 필요성

아동복지의 대부분은 빈곤과 관련되어 있다고 해도 지나친 표현이 아닐 정도로, 아동복지는 아동빈곤과 밀접하게 관련되어 있다.[1] 그리고 오늘날 아동빈곤은 도덕적으로도 그대로 둘 수 없는 사회문제에 속하고 있다(노병일, 2018b; McDonald, 2009).

무엇보다도, 아동빈곤을 근본적으로 없애고 빈곤을 겪는 아동과 가족에게 개입하는 것은, 아동의 복리 수준을 높이고자 할 때 매우 중요하다. 아동빈곤을 없애는 것이 중요한 이유에는 여러 가지가 있을 수 있다. 아동빈곤을 없애는 것이 중요한 이유를 몇 가지 제시하면 다음과 같다(Song & Lu, 2002; National Center for Children in Poverty, 2002).

1) 우리나라의 「아동의 빈곤예방 및 지원 등에 관한 법률(줄여서, 아동빈곤예방법)」에 따르면, 아동빈곤은 "아동이 일상적인 생활여건과 자원이 결핍하여 사회적 · 경제적 · 문화적 불이익을 받는 빈곤한 상태"를 말한다(국가법령정보센터, 2021).

① 아동빈곤을 없애는 것은 아동의 발달과 관련해 중요하기 때문이다. 실제로 아동빈곤은 아동이 발달하는 데 매우 부정적인 영향을 미치는 요인의 하나가 되고 있다.

② 아동빈곤을 없애는 것은 국가의 사회적 · 경제적 측면에서 중요하기 때문이다. 아동빈곤은 아동 개인에게 부정적인 영향을 미치지만 국가에도 부정적인 영향을 미치고 있다. 예를 들어, 빈곤 상태에서 자라서 성인이 되는 아동이 많을수록, 미래의 근로자는 생산성이 낮아질 가능성이 크다. 또한 빈곤아동을 연구하는 어느 기관의 경우, 국가의 미래를 위해 가장 현명하게 투자하는 방법의 하나는 아동빈곤을 줄이는 것이라고 주장한 바 있다. 왜냐하면 빈곤 상태에서 사는 아동이 줄어들면 다음과 같은 상황이 나타날 가능성이 커지기 때문이다.

㉠ 학교에 들어가서 배울 준비가 되어 있는 아동이 더 늘어난다.

㉡ 학교를 중퇴하는 아동이 더 줄어든다.

㉢ 아동의 건강 상태가 더 나아지고, 이에 따라 의료제도에 지출하는 비용이 더 줄어든다.

㉣ 법적으로 문제를 일으키는 아동이 더 줄어든다.

결국, 아동빈곤은 아동 개인과 가족뿐만 아니라 사회와 국가에도 매우 부정적인 영향을 미치고 있다. 그러므로 아동빈곤에 관심을 가질 필요가 있다.

POINT

- 아동복지는 아동빈곤과 밀접하게 관련된다.
- 아동빈곤은 아동 · 가족 · 사회 · 국가에 부정적인 영향을 미친다. 따라서 아동빈곤에 관심을 가질 필요가 있다.

2. 아동빈곤의 실태

아동빈곤은 널리 퍼져 있다. 우리나라에서는 말할 것도 없고, 선진국에서도 아동의 빈곤율은 낮지 않은 편이다. 따라서 아동빈곤은 세계적인 현상이라고 볼 수 있다(노병일, 2018). 예를 들어, 미국에서 많은 아동은 빈곤 상태에서 살고 있다. 특히 1980년대에 들어서는 '빈곤의 아동화(juvenilization of poverty)'라는 용어까지 등장한 바 있다. 빈곤의 아동화는 빈곤 상태에서 사는 아동이 많아지는 것을 말한다.

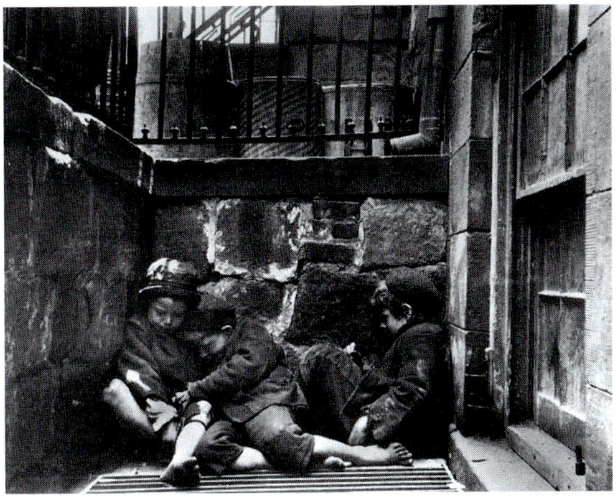

| 사진 6-1 | 뉴욕의 길거리 아동(1890년)

오늘날에도 아동빈곤은 널리 퍼져 있다. [출처 : Wikipedia(2020a)]

그리고 우리나라에서도 빈곤 상태에서 생활하는 아동은 적지 않은 편이다.

POINT

- 전 세계적으로 아동빈곤은 널리 퍼져 있다.
- 빈곤의 아동화는 빈곤 상태에서 사는 아동이 많아지는 것이다.

3. 아동빈곤이 미치는 영향

1) 일반적 영향

아동빈곤은 아동이 발달하는 데 부정적인 영향을 미칠 가능성이 크다. 이것은 가족이 빈곤 상태에 있게 된 원인이 무엇인지에 상관없이 그렇다.

그리고 아동빈곤은 아동과 관련된 여러 영역에서 부정적인 영향을 미칠 가능성이 크다. 왜냐하면 빈곤은 다양한 차원(영역)과 관련되는 특성을 지니기 때문이다. 따라서 아동빈곤은 아동의 신체적 · 정서적 · 인지적 · 사회적 복리 수준을 낮추는 요인이 될 수 있다(Downs, Moore & McFadden, 2009; Brooks- Gunn, 1995). 이렇게 되면, 아동빈곤은 여러 측면에서 아동발달에 부정적인 영향을 미칠 가능성이 크다.

무엇보다도 6세 이전에 빈곤을 경험하는 것은, 아동이 잘 발달하는 데 부정적인 영향을 미치는 것으로 알려져 있다. 특히 아동빈곤은 아동기 초기에 뇌가 발달하는 데 부정적인 영향을 미칠 수 있는 것으로 알려져 있다(Logan, 2011; Song & Lu, 2002).

그리고 아동빈곤은 전체 생애에 걸쳐서 부정적인 영향을 미칠 가능성이 크다. 예를 들어, 일반 아동에 비해서 빈곤아동은 다음과 같은 상황에 있는 것으로 알려져 있다(Click, 1998; Gustavsson & Segal, 1994).

① 영양이 부족할 가능성이 더 크고, 질병에 걸릴 가능성이 더 크다. 즉, 일반 아동에 비해서 빈곤아동은 건강하지 않을 가능성이 더 크다.

② 학대당할 가능성이 더 크다.

③ 다칠 가능성이 더 크고, 사고로 사망할 가능성이 더 크다. 즉, 일반 아동에 비해서 빈곤아동은 안전하지 않을 가능성이 더 크다.

④ 질 좋은 교육을 받지 못할 가능성이 더 크다.

⑤ 사는 동네가 생기가 없고 위험할 경우, 무력하다고 느끼고 우울할 가능성이 더 크다. 그 결과, 일반 아동에 비해서 빈곤아동은 정서적 발달과 사회적 발달에서 불리할 가능성이 더 크다.

또한 아동빈곤은 아동권리에도 부정적인 영향을 미칠 가능성이 크다. 따라서 아동빈곤 때문에 아동은 권리를 제대로 누리지 못하는 경우가 많다. 예를 들어, 빈곤아동은 다음과 같은 상황에 있을 가능성이 크다(Harris & White, 2013; Spicker, Leguizamón & Gordon, 2007).

① 자신의 권리를 주장하지 못하고 있다.
② 자신의 능력을 완전히 펼치지 못하고 있다.
③ 사회에 완전하고 동등한 구성원으로 참여하지 못하고 있다.

그리고 빈곤 상태에 있는 아동은 자라서 청소년과 성인이 되면 다음과 같은 상황에 있을 가능성이 더 큰 것으로 알려져 있다(노병일·노대겸, 2019; Song & Lu, 2002).

① 학교를 중퇴한다.
② 정식 결혼이 아닌 상태에서 아이를 낳는다.
③ 실업 상태에 있다.

정리하건대, 아동빈곤은 아동의 복리와 권리에 매우 부정적인 영향을 미칠 가능성이 크다.

2) 건강 영역에 미치는 영향

아동빈곤은 아동의 건강에 부정적인 영향을 미칠 가능성이 크다. 따라서 엄마가 임신하는 시기부터 아동기가 끝나는 시기까지, 빈곤아동은 부유한 아동보다 건강과 관련된 문제를 더 겪을 가능성이 크다(Chafel & Hadley, 2001). 그리고 빈곤아동의 좋지 않은 건강 상태는 아동의 신체적·사회적·정서적·인지적 발달에 다시 부정적인 영향을 미치는 경우가 많다.

우선, 빈곤아동은 태어나서 첫 해조차 버티지 못할 수도 있다. 실제로 빈곤가족에서 유아가 사망하는 비율은, 빈곤하지 않은 가족에서 유아가 사망하는 비율보다 더 높은 것으로 알려져 있다.

그리고 태어나기 바로 전후에, 빈곤아동은 빈곤하지 않은 아동에 비해서 다음과 같은 상황에 있을 가능성이 더 크다(McLoyd, 2000; Gustavsson & Segal, 1994).

① 출산 전에 제대로 보살핌을 받지 못하고 있다.

② 엄마 배에서 더 일찍 나온다. 엄마 배에서 더 일찍 나올 경우, 아동이 호흡기 장애나 신경장애를 겪을 가능성이 커진다.

③ 태어날 때 몸무게가 적다.

또한 태어난 후, 빈곤아동은 건강과 관련된 여러 가지 문제를 경험할 가능성이 크다. 예를 들어, 빈곤아동은 빈곤하지 않은 아동에 비해서 다음과 같은 상황에 있을 가능성이 더 크다(Chafel & Hadley, 2001; McLoyd, 2000; Gustavsson & Segal, 1994).

① 음식을 충분히 먹지 못하고 있다.

② 약물을 사용하고 있다.

③ 전염병에 걸려 어려움을 겪고 있다.

④ 눈 · 귀 · 이와 관련해 어려움을 겪고 있다.

빈곤아동이 건강 영역에서 불리한 이유에는 여러 가지가 있다. 이런 이유를 구체적으로 제시하면 다음과 같다(Gustavsson & Segal, 1994).

① 빈곤 상태에서 살 때는 영양 및 주거와 관련해 어려움을 많이 겪기 때문이다. 빈곤아동이 사는 가족은 재정적 자원이 부족하기 때문에, 영양과 주거 영역에서 어려움을 겪을 가능성이 크다. 즉, 빈곤가족은 건강 식품을 구입할 자금이 충분하지 못한 까닭에 영양이 부족하고 또한 안전한 주택을 살 자금이 충분하지 못한 까닭에 주거 상황이 좋지 않을 가능성이 크다.

② 빈곤 상태에서 살 때는 건강과 관련해 예방적 조치를 취하기 어렵기 때문이다.

정리하건대, 빈곤아동은 적절한 의료서비스를 이용하지 못하고, 적절한 음식을 먹지 못하고, 생활 환경이 안전하지 못할 가능성이 크다. 이런 불리함은 빈곤아동의 건강에 전체 생애에 걸쳐서 부정적인 영향을 미칠 가능성이 크다(노병일, 2020c).

3) 정서적 영역에 미치는 영향

빈곤 상태에 있으면 문제와 어려움을 해결하는 능력이 줄어들기 때문에, 정서적으로 어려울 가능성이 크다. 따라서 빈곤아동은 정서적 영역에서 활발하지 않을 가능성이 크다. 이것은 빈곤을 오랜 기간 겪을 때 특히 그렇다.

| 사진 6-2 | 취약아동의 정서적 발달을 높이기 위한 미술치료 프로그램

빈곤아동은 정서적으로 어려울 가능성이 크다. {출처 : 비정부 조직(NGO) 대회에서 저자 촬영ⓒ}

빈곤이 아동의 정서적 측면에 미치는 영향을 몇 가지 제시하면 다음과 같다(Chafel & Hadley, 2001; Eamon, 2001).

① 빈곤 상태에 있으면 자원이 부족하기 때문에, 가족관계가 더 좋지 않게 될 가능성이 있다. 이에 따라 부모와 아동 사이에 정서적 교류가 줄어들고, 부모가 엄한 체벌을 더 자주 사용할 가능성이 있다. 이렇게 될 경우, 빈곤아동이 정서적으로 불안정할 가능성은 커지게 된다.

② 일반 아동에 비해서, 빈곤아동은 여러 가지 정서적 문제를 겪을 가능성이 더 크다. 이런 정서적 문제의 예로 우울한 것, 내현화 증상과 외현화 증상을 겪는 것,[2] 사회적으로 어울리지 못하는 것, 또래관계에 문제가 있는 것, 교실에서 문제가 있는 행동을 하는 것이 있다.

③ 일반 아동에 비해서 빈곤아동은 자신에 대해 덜 긍정적으로 생각하고, 사회의 가치에 어긋나는 행동을 더 하고 억압된 감정을 사회에서 인정하지 않는 방식으로 행동에 옮길 가능성이 더 크다.

정리하건대, 빈곤아동은 정서적 발달과 관련된 문제를 겪을 가능성이 크다. 그리고 이런 정서적 불리함 때문에, 빈곤아동은 사회의 가치에 어긋나는 행동에 가담할 가능성이 크다(노병일, 2020c).

4) 인지적 영역과 학습 영역에 미치는 영향

아동빈곤은 아동의 인지적 영역과 학습 영역에 부정적인 영향을 미칠 가능성이 크다. 우선, 빈곤은 아동의 인지적 능력에 부정적인 영향을 미칠 가능성이 크다. 예를 들어, 아동이 3세일 때 빈곤 상태에 있는 것은, 아동이 5세가 되었을 때의 지능지수에 영향을 미치는 것으로 알려져 있다.

또한 빈곤은 아동의 학습과 관련된 여러 영역에 부정적인 영향을 미칠 가능성이 크다. 예를 들어, 빈곤은 아동의 수학 능력과 읽기 능력, 학교를 다닌 기간, 고등학교 졸업에 부정적인 영향을 미치는 것으로 알려져 있다.

2) 외현화 증상은 밖으로 드러나는 증상이고, 내현화 증상은 겉으로 드러나지 않는 증상이다. 외현화 증상의 예로 공격성과 충동성이 있고, 내현화 증상의 예로 우울증과 불안이 있다(Davison, 2005).

사진 6-3 구걸하는 아동

아동빈곤은 아동의 학습 영역에 부정적인 영향을 미칠 가능성이 크다.
[출처 : 러시아와 캄보디아에서 각각 저자 촬영ⓒ]

특히, 아동이 어린 시기에 빈곤을 겪는 것은 학습을 잘하는 데 걸림돌이 되는 것으로 알려져 있다. 예를 들어 캐나다에서 조사한 결과, 일반 아동에 비해서 빈곤아동은 학습을 잘하는 정도가 더 낮은 것으로 나타난 바 있다(Conseil Canadien de Devéloppement Social, 2007).

정리하건대, 빈곤아동은 인지적 발달 및 학습과 관련된 발달에서 불리할 가능성이 크다.

POINT

- 아동빈곤은 아동의 복리와 권리에 부정적인 영향을 미칠 가능성이 크다.
- 빈곤아동은 적절한 의료서비스를 이용하지 못하고 적절한 음식을 먹지 못하고 생활 환경이 안전하지 못할 가능성이 크고, 이에 따라 건강문제를 겪을 가능성이 크다.
- 빈곤아동은 정서적 발달과 관련된 문제를 겪을 가능성이 크다.
- 빈곤아동은 인지적 발달 및 학습과 관련된 발달에서 불리할 가능성이 크다.

4. 빈곤과 관련된 위험 요인과 중간에 영향을 미치는 요소

일반적으로 빈곤아동은 빈곤과 관련된 여러 가지 위험 요인을 점점 경험하는 경우가 많다. 이런 위험 요인을 몇 가지 제시하면 다음과 같다(Song & Lu, 2002).

① 음식을 적절하게 먹지 못한다.

② 환경이 좋지 않다.

③ 엄마가 우울한 상태에 있기 때문에 엄마와 교류를 적게 한다.

④ 마음의 상처를 받고 학대를 겪는다.

⑤ 보육의 질이 낮다.

⑥ 부모가 약물을 많이 사용한다.

빈곤이 아동에게 어떻게 영향을 미치는지를 파악하고 또한 아동빈곤과 관련해 정책적으로 개입하기 위해서는, 빈곤이 아동에게 영향을 미치는 과정에서 작용하는 요소에 주목할 필요가 있다. 이와 관련해, 던컨과 브룩스건(Duncan & Brooks-Gunn)은 소득이 아동에게 영향을 미치는 과정에서 작용하는 중간 요소(pathway)를 살펴본 바 있다. 이런 요소를 몇 가지 제시하면 다음과 같다(Duncan & Brooks-Gunn, 2000).

① 가정 분위기가 있다. 가정 분위기와 관련된 측면을 구체적으로 살펴보면 다음과 같다.

㉠ 엄마와 아동 사이의 관계가 좋은 정도가 있다.

㉡ 학습을 위한 기회가 있다. 이것은 특히 중요하다.

② 보육의 질이 있다. 가정 밖에서 어린 아동에게 제공하는 보육의 질은 중요한데, 그 이유는 다음과 같다.

㉠ 빈곤아동에게 아주 어린 시기나 학교에 다니기 전에 질 좋고 적절한 보육을 제공할 경우, 아동의 사회적 능력과 정서적 능력이 커지기 때문이다.

ⓛ 빈곤아동에게 아동기 초기에 집중적으로 교육하면, 아동의 언어 능력과 추리 능력이 커지기 때문이다. 그리고 빈곤아동에게 아동기 초기에 집중적으로 교육하면, 아동의 행동문제가 줄어들고, 아동이 학습에 더 관심을 가지기 때문이다.

③ 주관적으로 느끼는 경제적 어려움이 있다. 가족이 경제적으로 어렵다고 느끼면, 아동은 다음과 같은 상황을 겪을 수 있다.

㉠ 부모와의 관계가 좋지 않다.

ⓛ 학교 성적이 좋지 않다.

㉢ 정신건강이 좋지 않다.

㉣ 잘 어울리지 못하고 있다.

④ 부모의 정신건강이 있다. 빈곤 상태에 있지 않은 부모에 비해서, 빈곤 상태에 있는 부모는 정신적으로 건강하지 못할 가능성이 더 크다. 특히 빈곤 상태에 있는 부모는 조급하고 우울 증상을 보일 가능성이 있다. 이렇게 되면 부모와 아동 사이의 관계는 더 좋지 않게 되고, 그 결과로 아동은 정서적·사회적·인지적으로 잘 발달하지 못할 가능성이 있다.

⑤ 사는 동네가 있다. 소득이 적은 가족은 빈곤한 동네에서 살 수밖에 없는 경우가 많다. 빈곤한 동네에서는 사회해체 현상(예컨대, 범죄가 자주 발생하는 것, 성인 실업자가 많은 것, 동네가 아동의 행동에 관여하지 않는 것)이 더 나타나고, 아동발달을 도와주는 자원(예컨대, 놀이터, 의료시설, 공원, 방과 후 프로그램)이 더 적은 경우가 많다. 따라서 가족이 빈곤한 상태에 있는 것과는 별도로, 대도시에서는 동네가 빈곤한 상태에 있는 것도 아동발달에 영향을 미칠 수 있다.

POINT

- 빈곤아동은 빈곤과 관련된 여러 위험 요인을 점점 경험한다.
- 소득이 아동에게 영향을 미치는 과정에서 작용하는 요소로 가정 분위기, 보육의 질, 주관적인 경제적 어려움, 부모의 정신건강, 사는 동네가 있다.

5. 아동빈곤의 영향을 줄이거나 없애기 위한 방안

1) 효과적인 방안의 특징

아동과 가족이 빈곤 상태에 있으면 물질적 어려움이 당연히 따르지만, 동시에 심리적 어려움도 따르게 된다. 따라서 빈곤아동과 가족을 효과적으로 돕는 방안에서는 다음과 같은 측면에 주목하는 경향이 있다(Chafel & Hadley, 2001).

① 소득을 늘리는 측면이 있다. 사실, 경제적 어려움과 이에 따른 부정적인 영향을 줄이기 위한 근본적인 방법은 가족의 경제적 상태를 개선하는 것이다.

② 서비스 측면이 있다. 가족이 소득을 더 얻도록 항상 도와줄 수는 없지만, 이런 가족을 관련 서비스에 연결해 주는 것은 항상 가능할 수 있다. 이때 다음과 같은 점을 고려할 필요가 있다.

㉠ 빈곤과 관련된 어려움을 여러 가지 겪는 가족에게는, 폭넓은 사회적 지지를 얻을 수 있는 서비스와 연결해 주어야 한다.

㉡ 이런 서비스에서는 먹고 입고 자는 것 및 의료와 같은 기본적 욕구도 충족하여야 하고, 삶의 질을 개선하는 것도 다루어야 한다. 이를 위한 프로그램의 예로 직업훈련, 일반 교육, 글 읽기 교육, 좋은 질의 보육, 부모교육이 있다.

그리고 매우 불리한 상황에서 자라는 아동과 가족에게 가장 효과적인 방안에서는 폭넓고 체계적인 서비스를 제공하는 경우가 많다. 이런 방안은 빈곤아동과 가족이 가진 여러 가지 욕구를 융통성 있게 충족하는 데 도움을 줄 수 있다. 일반적으로 이런 방안은 다음과 같은 특징을 지니고 있다(Schorr, 1988).

① 좁은 관점에서 볼 때는 관련이 없지만, 큰 관점에서 볼 때는 서로 분리될 수 없는 다양한 서비스를 제공하는 경향이 있다.

② 가족의 환경과 지역사회의 환경에서 아동의 욕구에 주목하면서 서비스를 제공하고 있다.

❙사진 6-4❙ 저소득층 아동을 돌보는 시설의 대표 · 직원 · 운영위원이 아동을 위한 프로그램에 대해 회의하는 모습

빈곤아동과 가족을 효과적으로 돕는 방안에서는 서비스 측면에도 주목한다. [출처 : 김선영 님 제공]

2) 조기개입과 관련된 방안

선진국에서는 어린 빈곤아동에게 조기에 교육을 제공하는 조기개입 프로그램을 오래전부터 실시하였다. 예를 들어, 미국에서는 1960년대에 들어서 빈곤아동이 학교에서 잘하지 못하는 것에 큰 관심을 가지게 되었고, 이에 따라 여러 가지 시범 프로그램을 실시하였다. 그리고 나중에는 헤드스타트(Head Start) 프로그램을 실시하였다.[3)]

3) 소득 · 자산을 지원하는 것과 관련된 방안

장기적으로 볼 때, 빈곤아동이 경제적 안정을 누리게 하기 위해서는, 빈곤아동에게 소득을 제공하거나 자산을 형성하게 해 줄 필요가 있다. 빈곤아동에게 소득을 제공하거나 자산을 형성해 주는 방안으로 아동양육비 보장(child support assurance)과 아동저축계좌(children's savings account)가 있다.

---

3) 조기개입 프로그램에 대해서는 뒤에서 자세히 설명한다.

(1) 아동양육비 보장

아동양육비 보장은 한부모가족에서 사는 아동에게 적절한 소득을 보장해서 빈곤을 없애고자 하는 방안이다. 구체적으로 아동양육비 보장은 다음과 같은 방식으로 운영하고 있다(Gilbert & Terrell, 2014).

① 정부는 매달 일정한 금액을 엄마에게 지급한다.

② 동시에 정부는 아동과 함께 살지 않는 아버지에게 이 금액의 전부 또는 일부를 정부에 납부하도록 요구한다.

아동양육비 보장은 빈곤한 한부모 여성에게 도움을 줄 수 있다. 아동양육비를 받고자 할 때는, 시간이 많이 걸리고 법적으로 어렵고 개인적으로 힘들게 노력하여야 하는 경우가 적지 않다. 아동양육비 보장은 이런 어려움을 줄이는 데 특히 도움이 될 수 있다(Gilbert & Terrell, 2014).

(2) 아동저축계좌

아동이 나중에 성인이 되어 대학교에 가거나 사회생활을 하기 위해서는 자금이 필요하다. 그러나 빈곤아동의 가족은 이런 자금을 가지고 있지 않은 경우가 많다. 이런 상황을 고려해, 빈곤아동에게 자산을 형성해 주기 위해 등장한 방안이 아동저축계좌이다.

아동저축계좌에서는 정부가 빈곤아동의 은행계좌에 자금을 지급하고 있다. 이런 자금은 빈곤아동이 나중에 사용할 수 있는 종잣돈의 역할을 할 수 있다. 구체적으로 아동저축계좌에서는, 소득이 적은 가족에서 자라는 아동이 나중에 학교에 다니거나 취업하거나 창업하거나 주택을 마련할 때 필요한 초기 비용을 마련해 주고자 한다. 따라서 아동저축계좌에서는, 이런 비용을 준비하기 위한 자산을 형성하기 위해 아동을 적극적·장기적으로 지원하는 데 주목하고 있다. 그러므로 아동저축계좌는 빈곤층이 장기적으로 자산을 형성하도록 도와주기 위한 '사회투자 전략(social investment strategy)'의 하나라고 볼 수 있다(디딤씨앗통장, 2020b; Gilbert & Terrell, 2014).

일반적으로 아동저축계좌는 다음과 같은 효과가 있는 것으로 알려져 있다(Gilbert & Terrell, 2014).

① 교육받을 기회를 더 평등하게 제공하고 있다.
② 소득 차이를 줄이고 있다.
③ 서로 도와주는 지역사회를 형성하고 있다.
④ 경제가 더 잘 성장하도록 하고 있다.

우리나라에서 아동저축계좌에 해당하는 것은 '아동발달지원계좌(child development account)'이다. 우리나라에서는 아동발달지원계좌를 '디딤씨앗통장'이라고 부르고 있다. 디딤씨앗통장은 "저소득층 아동(보호자, 후원자)이 매월 일정 금액을 저축하면 국가(지방자치단체)에서 [...] 같은 금액을 적립해 줌으로써 아동이 준비된 사회인으로 성장할 수 있도록 도와주는 자산형성 지원 사업"을 말한다(디딤씨앗통장, 2020a).

POINT

- 빈곤아동·가족을 효과적으로 돕는 방안에서는 소득 측면과 서비스 측면에 주목하는 경향이 있다.
- 빈곤아동·가족에게 가장 효과적인 방안에서는 폭넓고 체계적인 서비스를 제공하는 경우가 많다.
- 빈곤아동에게 소득을 제공하거나 자산을 형성해 주는 방안으로 아동양육비 보장과 아동저축계좌가 있다. 아동양육비 보장은 한부모가족에서 사는 아동에게 적절한 소득을 보장해서 빈곤을 없애고자 하는 방안이다. 아동저축계좌는 빈곤아동에게 장기적으로 자산을 형성해 주기 위한 방안이다.

6. 조기개입 프로그램

1) 조기개입 프로그램의 정의와 목적 및 효과

조기개입 프로그램은 이미 발생한 문제를 해결하기 위해 가능하면 일찍 개입하는 프로그램을 말한다. 그러나 조기개입 프로그램은 다음과 같은 상태에 있거나 있을 가능성이 있는 초등학교 아동이나 그 이전 시기의 아동에게 제공하는 프로그램을 의미하는 경우가 많다(Harris & White, 2013; Kidsource, 2020).

① 장애가 있다.

② 발달에 영향을 미칠 수 있는 기타 특별한 욕구가 있다.

조기개입 프로그램의 목적은 다음과 같이 함으로써 문제가 심각해지는 것을 예방하는 데 있다(Harris & White, 2013).

① 아동과 가족의 강점을 더 키우고, 아동과 가족을 보호하는 요인을 더 늘린다.

② 때에 따라서는 아동과 가족에게 더 오랜 기간 지원한다.

그러므로 조기개입 프로그램에서는 아동에게만 주목할 수도 있고, 아동과 가족 모두에게 주목할 수도 있다. 그렇지만 조기개입 프로그램에서는 학습의 측면에 특히 관심을 가지고 있다. 따라서 조기개입 프로그램을 주장하는 사람은, 빈곤에서 벗어나기 위해서는 빈곤아동에게 어린 시기에 학습과 관련된 인지적 능력을 향상해 주어야 한다고 주장하고 있다. 아동기에 학습과 관련된 인지적 능력이 향상되면, 빈곤아동은 학교를 중간에 중단하지 않고 계속 다니게 된다. 그 결과, 빈곤아동이 나중에 일자리를 얻을 가능성은 더 커지고 빈곤을 겪을 가능성은 더 줄어든다(Kidsource, 2020; McLoyd, 2000).

조기개입 프로그램은 효과가 있는 것으로 나타나고 있다. 즉, 아동기 초기에 가정의 외부에서 체계적으로 개입하고 지원할 경우, 아동이 나중에 자라서 취약한 상태에 있을 가능성이 줄어드는 것으로 나타나고 있다. 무엇보다도, 어린 시기에 교육 영역에서 조기에 개입하여 인지적으로 자극하는 것은 긍정적 효과가 있는 것으로 나타나고 있다. 조기개입 프로그램의 효과를 구체적으로 제시하면 다음과 같다(Kidsource, 2020; Brooks-Gunn, 1995; Schorr, 1988).

① 단기적으로 볼 때, 학교 성적이 좋아지고, 사회의 가치에 어긋나는 행동을 하는 사례가 줄어들고, 학교를 퇴학하거나 자퇴하는 사례가 줄어들고 있다. 이것은 사회 전체적으로 보아도 비용 측면에서 유리하다.

② 장기적으로 볼 때, 아동에게 긍정적인 영향을 미치고 있다.

조기개입 프로그램은 태어나서부터 시작할 수도 있고, 학교에 다니는 시기의 어느 때고 시작할 수도 있다. 그러나 조기개입 프로그램은 일찍 시작할수록 아동과 가족과 사회에 더 긍정적인 영향을 미칠 가능성이 크다(Kidsource, 2020).

2) 선진국과 우리나라의 조기개입 프로그램

빈곤아동과 가족을 위해 선진국과 우리나라에서는 조기개입 프로그램을 실시하고 있다. 빈곤아동을 위해 실시하고 있는 조기개입 프로그램에서는 '스타트(Start)'라는 표현을 사용하는 경우가 많다. 조기개입 프로그램의 예로 미국의 헤드스타트(Head Start), 영국의 슈어스타트(Sure Start), 우리나라의 드림스타트(Dream Start)가 있다.

> **스타트(Start)**
>
> 'Start'는 여러 선진국에서 쓰고 있는 빈곤층 아동 지원사업의 일반 명칭이다. [...]
>
> 미국의 'Head Start(헤드스타트)', 캐나다의 'Fair Start(페어스타트)', 영국의 'Sure Start(슈어스타트)' 등 외국의 빈곤층 아동 지원 프로그램에는 'Start'란 말이 들어간다. 빈곤층 아이들에게 교육・복지 면에서 공정하고 확실한 출발선(start)을 마련해 줘 성인이 됐을 때 가난에서 벗어날 수 있게 한다는 게 기본 정신이다.
>
> [출처 : 중앙일보 특별취재팀(2004)] [원문 그대로 인용]

(1) 미국의 헤드스타트

헤드스타트는 미국의 조기개입 프로그램이다. 구체적으로 헤드스타트는 소득이 적은 가족에서 사는 어린 아동이 학교에서 더 잘하도록 도와주는 프로그램을 말한다(Office of Head Start, 2015).

헤드스타트는 존슨(Johnson) 대통령이 실시한 '빈곤과의 전쟁(War on Poverty)'의 한 부분으로 등장하였다. 처음에 헤드스타트는 몇 주 동안 실시하는 시범 프로그램이었다. 그 후, 헤드스타트는 여러 가지 서비스를 제공하는 프로그램이 되었다(Office of Head Start, 2015; McLoyd, 2000; Brooks-Gunn, 1995).

미국의 Head Start 프로그램

미국의 '헤드스타트(Head Start)'는 취학 전 빈곤아동에게 언어, 보건, 정서 등 다방면에 걸친 포괄적 서비스를 제공해 빈곤의 악순환을 끊겠다는 취지로 만들어진 아동 보육 프로그램이다. [...] 헤드스타트는 빈곤에 대한 '예방접종'의 성격을 갖고 있다. 빈곤아동은 일반 아동에 비해 인지발달이나 건강 상태 등에서 뒤처지는 경향이 있는데, 이는 청소년기의 학업 성취도 부진과 직결돼 결국 성인이 되었을 때도 가난을 면키 어려운 처지가 된다는 것이다. 따라서 어렸을 때 일반 아동과 빈곤아동 간의 격차를 최소화하는 게 빈곤을 막는 지름길이란 게 헤드스타트의 이론적 배경이다.

[출처 : 위스타트(2007)] [원문 그대로 인용]

헤드스타트에서는 보육시설, 아동의 가정, 기타 장소에서 어린 아동이 폭넓게 발달하는 것을 지원하고 있다. 이에 따라 헤드스타트에서 관심을 가지는 영역은 늘어나고 있다. 그러나 헤드스타트에서는 빈곤아동에게 교육 기회를 제공하는 데 크게 관심이 있다(Office of Head Start, 2015; Lein, 2011).

헤드스타트에서 제공하는 서비스의 예로 조기학습과 관련된 서비스, 건강과 관련된 서비스, 가족의 복리와 관련된 서비스가 있다. 구체적으로 헤드스타트는 다음과 같은 역할을 하고 있다(Administration for Children and Families, 2007; Office of Head Start, 2015).

① 아동과 가족에게 교육서비스, 건강서비스, 영양서비스, 사회서비스, 기타 서비스를 제공해 아동이 사회적·인지적으로 더 잘 발달하도록 함으로써, 아동이 학교생활을 더 잘하게 하고 있다.

② 부모가 아동의 학습 과정에 관여하게 하고 있다. 그리고 부모가 교육, 글 읽기, 고용과 관련해 정한 목표를 달성하도록 도와주고 있다.

그동안의 연구에서 헤드스타트는 아동이 학교에 다니는 동안 효과가 있는 것으로 나타나고 있다.[4] 그리고 미국의 정부에서 발간한 보고서에 따르면, 헤드스타트는 다음과 같은 효과가 있다(Weigel, 2011).

① 3~4세 아동의 경우, 헤드스타트는 인지적 영역, 건강 영역, 부모역할 영역에서 효과가 있다.

② 3세 아동의 경우, 헤드스타트는 사회적 영역과 정서적 영역에서 효과가 있다.

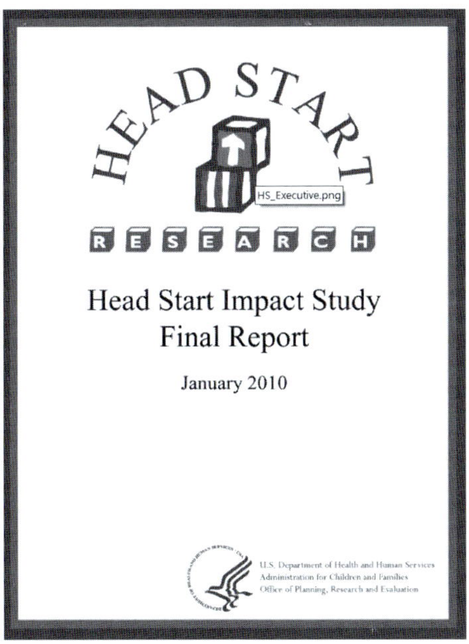

❙사진 6-5❙ 미국 정부의 헤드스타트 성과 보고서(표지)

헤드스타트는 효과가 있는 것으로 나타나고 있다. [출처 : Weigel(2011)]

4) 그러나 아동이 학년이 올라가면서도 헤드스타트가 계속해서 효과가 있는지에 대해서는 의견이 일치하지 않는다.

(2) 영국의 슈어스타트

슈어스타트는 영국의 조기개입 프로그램이다. 취약한 상태가 다음 세대로 되풀이되는 것을 인식한 영국 정부는 취약한 지역에 사는 아동에게 새로운 조치를 취할 것을 발표하였고, 1999년에 이런 조치를 실시하였다. 이런 조치가 바로 슈어스타트이다. 한마디로 슈어스타트는 모든 아동이 삶을 가장 잘 시작하도록 해주려는 정부 프로그램을 말한다(Statham & Eisenstadt, 2001; Roberts, 2001; Harris & White, 2013; The National Archives, 2009).

> **영국의 Sure Start 프로그램**
>
> "모든 아이들에게 공정한 출발을, 부모들에겐 일할 수 있는 의지를, 지역공동체에는 안정을"
>
> 영국의 슈어스타트는 가난하고 소외돼 있는 아이들을 위한 영국의 대표적인 복지정책이다. 1997년부터 논의돼 1999년부터 본격적으로 시작된 이 정책은 빈곤・소외지역의 아동들과 일반 아동과의 차이가 성인이 된 후에도 지속・확장된다는 문제의식으로부터 출발했다. 첫 단추를 잘못 끼우면 결국 사회로부터 소외될 수밖에 없다는 말이다.
>
> [출처 : 위스타트(2007)] [원문 그대로 인용]

슈어스타트의 대상은 가장 취약한 지역에서 살고 있는 부모와 어린 아동이다. 그리고 슈어스타트의 목적은 아동이 태어나기 이전과 그 이후에 아동과 가족이 더 나은 건강과 복리를 누리게 하는 데 있다. 왜냐하면 이렇게 되면, 아동이 학교에 갈 나이가 될 때 아동이 잘 성장할 수 있기 때문이다(Department of Education, 2020; Statham & Eisenstadt, 2001).

❙사진 6-6❙ 영국의 슈어스타트 아동센터

슈어스타트의 목적은 아동이 태어나기 전후에 아동·가족이 건강과 복리를 더 누리게 하는 것이다. [출처 : 영국에서 저자 촬영ⓒ]

그리고 슈어스타트에서는 다양한 프로그램을 제공하고 있다. 이런 프로그램은 보편적 프로그램과 지역의 특정한 구역이나 취약 집단을 대상으로 하는 선별적 프로그램을 모두 포함하고 있다. 이와 관련해 슈어스타트에서는 조기교육, 보육, 건강과 관련된 서비스, 가족과 관련된 서비스를 함께 제공하고 있다. 무엇보다도 슈어스타트에서는 보편적이고 무료의 조기교육 서비스와 질 좋은 보육서비스를 함께 제공하고 있다(Department of Education, 2020; Department for Children, Schools and Families, 2007; The National Archives, 2009).

구체적으로 슈어스타트에서는 다음과 같은 방법을 통해, 아동과 부모와 지역사회가 더 나은 방향으로 나아가고자 한다(Department for Children, Schools and Families, 2007).

① 모든 아동이 보육서비스를 받을 수 있는 기회를 늘린다.

② 어린 아동의 건강이 좋아지고, 어린 아동이 정서적으로 더 발달하게 한다.

③ 부모가 부모 역할을 잘하고, 일자리를 갖도록 지원한다.

(3) 우리나라의 드림스타트

우리나라에서는 선진국의 조기개입 프로그램과 비슷한 것으로 희망스타트(Hope Start)를 실시한 바 있다(희망스타트, 2007). 그러다가 우리나라에서는 드림스타트를 실시하고 있다. 드림스타트는 "취약계층 아동에게 맞춤형 통합 서비스를 제공하여 아동의 건강한 성장과 발달을 도모하고[5] 공평한 출발기회를 보장함으로써 건강하고 행복한 사회구성원으로 성장할 수 있도록 지원하는 사업"을 말한다(아동권리보장원, 2021).

우리나라의 아동복지법에 따르면, "국가와 지방자치단체는 아동의 건강한 성장과 발달을 도모하기 위하여 [...] 아동의 성장 및 복지 여건이 취약한 가정을 선정하여 그 가정의 지원대상아동과 가족을 대상으로 보건, 복지, 보호, 교육, 치료 등을 종합적으로 지원하는 통합서비스를 실시"하도록 되어 있다(국가법령정보센터, 2021).

| 사진 6-7 | 드림스타트 홈페이지 : 드림스타트는 우리나라의 조기개입 프로그램이다.

[출처 : 드림스타트 홈페이지]

5) 도모는 "어떤 일을 이루기 위하여 대책과 방법을 [세우는 것]"을 말한다(국립국어원 표준국어대사전, 2021).

우리나라에서 드림스타트를 실시한 이유는 다음과 같다(아동권리보장원, 2021).

① 가족이 불안정해지고 사회에서 소득 차이가 커짐에 따라 아동빈곤문제가 심각해지고 있기 때문이다.

② 사회에서 빈곤아동에게 투자하는 것은 큰 가치가 있기 때문이다.

드림스타트의 대상은 0세(임산부)부터 만 12세(초등학생 이하)까지의 아동과 가족이다. 그리고 드림스타트에서는 신체·건강 영역, 인지·언어 영역, 정서·행동 영역, 부모·가족 영역에서 여러 가지 서비스를 제공하고 있다. 드림스타트에서는 각 영역에서 이런 서비스를 위해 여러 가지 프로그램을 실시하고 있다.

POINT

- 일반적으로 조기개입 프로그램은 특별한 욕구가 있거나 있을 가능성이 있는 아동에게 제공하는 프로그램이다. 조기개입 프로그램은 효과가 있는 것으로 알려져 있다.
- 선진국과 우리나라에서는 빈곤아동과 가족을 위해 조기개입 프로그램을 실시하고 있는데, 이런 프로그램에서는 '스타트'라는 표현을 사용하는 경우가 많다.
- 조기개입 프로그램의 예로 미국의 헤드스타트, 영국의 슈어스타트, 우리나라의 드림스타트가 있다.

07 노인과 빈곤

CONTENTS

1. 노인빈곤에 대한 관심의 필요성

오늘날 인간의 수명이 길어짐에 따라서, 노년기에 경제적 자원을 충분하게 확보하는 것이 더욱 중요해지고 있다. 그러나 인간은 노년기에 이르면 자신이 젊은 시절에 하던 유급 일자리를 그만두는 경우가 많다. 그 결과, 노년기에는 소득이 크게 줄어들게 된다. 그리고 노년기에는 건강 상태가 좋지 않게 되는 경우가 많다. 그 결과, 노년기에는 의료비가 많이 들게 된다. 또한 노년기에는 저축하기가 어려워지게 된다.

이런 여러 가지 상황은 노인의 경제적 상태에 불리하게 작용하고 있다. 따라서 많은 국가에서 노인은 빈곤 상태에 있을 가능성이 큰 집단에 속하고 있다. 실제로, 많은 국가에서 전체적인 경제적 상황이 좋아질 때도 노인빈곤은 사라지고 있지 않다.

노년기에 빈곤 상태에 있는 것은 노인이 가진 기본적 욕구를 충족하는 데 부정적인 영향을 미치고 있다. 또한 노년기에 빈곤 상태에 있는 것은 경제적 영역에서 노인의 복리에 매우 부정적인 영향을 미치고 있다. 그러나 노년기에 빈곤 상태에 있는 것은, 경제적 영역 이외의 여러 영역에서도 노인의 복리에 매우 부정적인 영향을 미치고 있다. 그러므로 노인빈곤에 관심을 가질 필요가 있다.

POINT

- 노인은 빈곤 상태에 있을 가능성이 큰 집단이다.
- 노년기의 빈곤은 여러 영역에서 노인의 복리에 매우 부정적인 영향을 미친다. 따라서 노인빈곤에 관심을 가질 필요가 있다.

2. 노인빈곤의 실태

1) 노인빈곤의 실태

대부분의 선진국에서 노인의 빈곤율은 국민 전체의 빈곤율보다 더 높은 편이다. 이런 현상은 우리나라에서도 마찬가지이다. 또한 노인의 빈곤은 다른 집단의 빈곤보다 더 영구적으로 지속되는 경향이 있다(Cherchye, De Rock & Vermeulen, 2012).

일반적으로 남성노인에 비해서, 여성노인의 빈곤율은 더 높은 편이다. 따라서 빈곤 상태에 있는 노인은 여성노인인 경우가 많다.[1)]

2) 고려할 점

빈곤을 측정하는 방식은 빈곤 상태에 사는 사람의 수를 파악하는 데 영향을 미치고 있다(노병일, 2021a). 따라서 빈곤을 측정하는 방식을 바꿀 경우, 빈곤 상태에서 사는 노인이 더 많아지고 이에 따라 노인빈곤율이 더 높아질 수 있다.

1) 여기에 대해서는 뒤에서 자세히 설명한다.

이런 상황을 잘 보여주는 예로 노인빈곤을 측정할 때 의료비로 지출하는 측면을 고려하는 것이 있다. 사실, 노인의 의료비까지 고려할 경우, 노인빈곤의 정도는 실제로 발표되는 것보다 더 심각할 수 있다. 왜냐하면 빈곤을 측정하는 방식에서는 의료비를 많이 지출하는 측면을 고려하지 않는 경우가 많기 때문이다.

그러므로 미국의 국립학술원(National Academy of Sciences)은 노인의 빈곤율이 실제보다 더 낮게 평가될 가능성이 있다고 보고 있다. 이런 탓에, 미국의 국립학술원은 의료비 등을 고려하는 새로운 빈곤 측정 방식을 제안한 바 있다(Carr, 2010; Cubanski, Koma, Damico & Neuman, 2018).[2)]

결국, 노인의 실제 빈곤율은 일반 통계에 나타나는 수치보다 더 높을 가능성이 있다.

POINT

- 대부분의 선진국에서 노인빈곤율은 국민 전체의 빈곤율보다 더 높은 편이다.
- 노인의 실제 빈곤율은 일반 통계에 나타나는 수치보다 더 높을 수 있다.

3. 빈곤에 특히 취약한 노인집단

모든 노인집단이 빈곤을 똑같은 정도로 겪는 것은 아니다. 실제로 일부 노인집단은 빈곤을 더 겪는 경향을 보이고 있다. 빈곤을 더 겪는 노인집단으로 여성노인, 홀로 사는 노인, 나이가 많은 노인이 있다(노병일, 2018; Cubanski et al., 2018).

2) 미국의 국립학술원이 제시한 새로운 빈곤 측정 방법은 다음과 같은 특징이 있다(Wright, 2010). ① 빈곤을 정의할 때 식품비뿐만 아니라 의류와 관련된 비용, 주택과 관련된 비용, 개인이 지불하는 의료비도 고려하고 있다. ② 빈곤의 기준을 정할 때 전체적인 생활비가 지역에 따라 차이가 난다는 점을 고려하고 있다.

1) 여성노인

여성이 일생 동안 얻는 수입은 남성이 일생 동안 얻는 수입보다 더 적은 경우가 많다. 따라서 노년기에 남성과 여성은 빈곤을 겪는 정도에서 서로 차이가 나고 있다. 즉, 노년기에 빈곤한 사례는 남성노인보다는 여성노인에게서 더 나타나고 있다. 실제로 선진국의 경우, 빈곤한 노인 중에서 여성노인이 차지하는 비율은 매우 높은 것으로 나타난 바 있다.

그리고 여성노인의 수명이 남성노인의 수명보다 더 길어짐에 따라서, 여성노인이 경험하는 빈곤은 더 심각해지는 경향을 보이고 있다. 특히 여성은 남성 배우자가 사망한 후 빈곤 상태에 있을 가능성이 더 커질 수 있다. 이에 따라서 일부 학자는 노인을 고려할 때는 '빈곤의 여성화(feminization of poverty)' 경향이 더 심각하다고 주장하고 있다.[3)]

| 사진 7-1 | 물건을 파는 여성노인

여성노인에게서 빈곤한 사례가 더 나타난다. [출처 : 그리스에서 저자 촬영ⓒ]

3) '빈곤의 여성화'는 빈곤층에서 여성이나 여성가장 가구가 차지하는 비율이 상대적으로 더 높은 것을 말한다(노병일, 2018a). 빈곤의 여성화에 대해서는 여성과 빈곤을 다루는 장(제8장)에서 자세히 설명한다.

2) 홀로 사는 노인(독거노인)

일반적으로 노인이 홀로 살수록 노인의 경제적 상태는 더 좋지 않을 가능성이 크다. 따라서 홀로 사는 노인은 빈곤 상태에 있을 가능성이 더 크다. 이런 탓에, 홀로 사는 노인의 빈곤율은 다른 사람과 함께 사는 노인의 빈곤율보다 더 높은 경향이 있다. 예를 들어, 유럽에서 빈곤한 사례는 부부만 사는 노인보다는 홀로 사는 노인에게서 더 많은 것으로 나타난 바 있다.

3) 나이 많은 노인(고령노인)

일반적으로 노인이 나이가 많을수록 노인의 경제적 상태는 더 좋지 않을 가능성이 크다. 따라서 나이 많은 노인은 빈곤 상태에 있을 가능성이 더 크다. 이런 탓에, 나이 많은 노인의 빈곤율은 나이 적은 노인의 빈곤율보다 더 높은 경향이 있다.

예를 들어, 유럽에서 빈곤한 사례는 나이 적은 노인(65~74세 노인)보다는 고령인 노인(75세 이상 노인)에게서 더 많은 것으로 나타난 바 있다. 그리고 미국에서는 노인의 나이가 더 많을수록 빈곤율은 더 높아지는 것으로 나타난 바 있다.

4) 정리 및 고려할 점

정리하건대, 여성노인, 홀로 사는 노인, 나이 많은 노인은 빈곤 상태에 있을 가능성이 특히 크다. 그런데 이런 노인집단은 서로 중복되는 경우가 많다. 예를 들어, 노인은 홀로 살고 있고 나이 많은 여성일 수 있다. 이렇게 되면, 노인이 빈곤 상태에 있을 가능성은 더 커지게 된다.

| 사진 7-2 | 기도하는 할머니

홀로 살고 나이 많은 여성노인은 빈곤에 특히 취약하다. [출처 : 저자 촬영ⓒ]

POINT

- 여성노인, 홀로 사는 노인, 나이 많은 노인은 빈곤 상태에 있을 가능성이 더 크다.

4. 노인빈곤을 유발하는 요인

1) 노인빈곤을 유발하는 주요한 요인

노인빈곤을 유발하는 요인에는 여러 가지가 있다. 노인에게 빈곤을 유발하는 주요한 요인으로 고용과 관련된 요인, 건강과 관련된 요인, 지출과 관련된 요인이 있다(노병일, 2018).

(1) 고용과 관련된 요인

노년기에는 유급 일자리에서 일하다가 물러나는 경우가 많다. 또한 노년기에 유급 일자리에서 일한다 하더라도, 임금 수준은 젊은 시절에 받던 임금 수준에 크게 미치지 못하는 경우가 많다. 그리고 노인은 새로운 유급 일자리를 구하기 어려운 경우가 많다. 이런 상황은 노인의 경제적 상태에 매우 부정적인 영향을 미치고 있다.

그러므로 노년기에 고용 측면에서 불리한 것은, 노인에게 빈곤을 유발하는 요인이 되고 있다.

(2) 건강과 관련된 요인

노년기에는 신체적 건강과 정신건강이 좋지 않게 될 가능성이 크다. 그리고 노인의 건강은 앞으로 더 좋지 않게 될 가능성이 크다. 이런 상황은 노인의 경제적 상태에 부정적인 영향을 미치고 있다. 실제로 그동안의 연구에서, 노인의 좋지 않은 건강과 낮은 경제적 지위는 서로 밀접하게 관련되는 것으로 나타나고 있다.

그러므로 노년기에 건강 상태가 좋지 않은 것은, 노인에게 빈곤을 유발하는 요인이 되고 있다.

(3) 지출과 관련된 요인

노년기에는 새로운 지출을 하여야 하는 상황을 겪을 수 있다. 이런 지출의 예로 의료비가 있다.[4] 이런 상황은 노인의 경제적 상태에 부정적인 영향을 미치고 있다. 예를 들어, 노인은 의료비를 많이 지출하므로 빈곤 상태에 있거나 빈곤의 정도가 더 심해질 수 있다.

그러므로 노년기에 새롭게 많이 지출하는 것은, 노인에게 빈곤을 유발하는 요인이 되고 있다.

4) 여기에 대해서는 앞에서 이미 설명한 바 있다.

❙사진 7-3❙ 착한 사람을 애타게 기다리는 노인

여러 요인이 노인빈곤을 유발한다. [출처 : 오스트리아에서 저자 촬영ⓒ]

2) 여성노인에게 빈곤을 유발하는 요인

(1) 일반 여성노인에게 빈곤을 유발하는 요인

그동안 일반 여성노인에게 빈곤을 유발하는 요인으로 여러 가지 요인을 제시해 왔다. 여성노인에게 빈곤을 유발하는 주요한 요인으로 연금과 관련된 요인, 무급 가사 노동과 관련된 요인이 있다(노병일, 2021b).[5)]

(가) 연금과 관련된 요인

여성노인은 남성노인에 비해서 연금에서 불리할 가능성이 크다. 이런 상황은 여성노인에게 빈곤을 유발하는 요인이 될 수 있다. 이때, 연금을 공적연금과 민간연금으로 구분해 살펴보면 다음과 같다.

① 여성은 공적연금 영역에서 남성보다 불리한 경우가 많다. 무엇보다도 전체 생애에 걸쳐서 대부분의 여성은 다음과 같은 상황에 있기 때문에, 여성은 공적연금에서 불리할 수밖에 없다.

㉠ 남성에 비해서, 여성은 유급 일자리에서 일하는 경우가 더 적다.

5) 말할 것도 없이, 이런 요인들은 서로 관련되고 있다.

ⓛ 남성에 비해서, 여성은 파트타임 직이나 기타 비정규직으로 일할 가능성이 더 크다.

ⓒ 남성에 비해서, 여성은 임금이 적은 일자리에서 일할 가능성이 더 크다.

이런 탓에, 전체 생애에 걸친 수입은 남성과 여성 사이에 차이가 나는데, 공적연금 급여의 액수는 이런 수입을 근거로 해서 정하는 경우가 많다. 따라서 여성의 공적연금 급여는 남성의 공적연금 급여보다 더 적게 된다. 그 결과, 남성에 비해서 여성은 노년기에 빈곤 상태에 있을 가능성이 더 커지게 된다.

② 여성은 민간연금 영역에서도 남성보다 불리한 경우가 많다. 민간연금은 사회보장제도에서 제공하는 공적 급여를 중요하게 보충하는 역할을 하고 있다. 그러나 남성에 비해서, 여성은 민간연금을 받을 가능성이 더 적으므로 소득에서 불리할 가능성이 더 크다. 여성이 이런 상황에 있게 되는 이유를 몇 가지 살펴보면 다음과 같다.[6]

㉠ 남성에 비해서, 여성은 유급 일자리에서 계속 일하는 경우가 더 적기 때문이다.

ⓛ 여성은 파트타임 직이나 기타 비정규직으로 일하는 경우가 더 많기 때문이다.

ⓒ 여성은 사업장에서 제공하는 복지 급여가 더 적은 직종에서 일하는 경향이 있기 때문이다. 예를 들어, 여성이 유급 일자리에서 일할 때도, 여성은 직업연금(occupational pension) 제도를 통한 복지 혜택을 받을 가능성이 남성보다 더 적은 경우가 많다.

그 결과, 남성에 비해서 여성은 노년기에 빈곤 상태에 있을 가능성이 더 커지게 된다.

정리하건대, 노년기에 주요한 소득을 제공하는 공적연금과 민간연금 영역에서 여성은 불리하기 때문에, 여성노인은 빈곤 상태에 있을 가능성이 더 커지게 된다.

6) 이런 점은 앞에서 공적연금과 관련해 제시한 요인과 많이 중복되고 있다.

(나) 무급 가사 노동과 관련된 요인

여성은 가정에서 가족구성원을 돌보는 일(이른바, 돌봄 노동)을 하는 경우가 많다. 이런 상황은 여성노인에게 빈곤을 유발하는 요인이 될 수 있다. 실제로, 아동을 양육하는 일, 아픈 가족구성원을 돌보는 일, 장애가 있는 성인 가족구성원을 돌보는 일, 대부분의 집안일은 그동안 여성이 주로 담당해 왔다.

그러나 이런 가사 노동에 대해서는 경제적으로 잘 보상하지 않는 경우가 많다. 즉, 이런 가사 노동은 보수가 없는(무급, unpaid) 노동인 경우가 많다. 그리고 여성이 받을 연금급여의 액수를 계산할 때는, 여성이 하는 이런 가사 노동을 직접적으로 반영하지 않는 경우가 많다. 이런 상황은 여성이 노인이 되었을 때의 소득에 불리하게 작용하고 있다. 그 결과, 여성노인은 빈곤 상태에 있을 가능성이 커지게 된다.

정리하건대, 여성은 무급으로 돌봄 노동과 기타 가사 노동을 하는 탓에 경제활동에서 제약을 받기 때문에, 여성노인은 빈곤 상태에 놓일 가능성이 더 커지게 된다.

(2) 남성 배우자가 사망한 여성노인에게 빈곤을 유발하는 요인

남성 배우자가 있는 여성노인에 비해서, 남성 배우자가 사망한 여성노인은 빈곤 상태에 있을 가능성이 더 클 수 있다. 남성 배우자가 사망한 여성노인에게 빈곤을 유발하는 주요한 요인으로 소득의 출처와 관련된 요인, 수명과 관련된 요인, 의료비 지출과 관련된 요인이 있다.

(가) 소득의 출처와 관련된 요인

남성 배우자가 사망한 여성노인은 소득을 얻을 곳이 적을 가능성이 크다. 이런 상황은 남성 배우자가 사망한 여성노인에게 빈곤을 유발하는 요인이 될 수 있다.

일반적으로 남성 배우자가 사망한 여성노인은, 소득을 얻을 곳이 남성 배우자 이외에는 추가로 없을 가능성이 크다. 이런 상황에서 남성 배우자가 사망할 경우, 남성 배우자가 얻던 소득이나 수입이 없어지거나 줄게 된다. 이런 상황을 구체적으로 제시하면 다음과 같다.

① 남성 배우자가 유급 일자리에서 일하다가 사망한 경우, 여성은 남성 배우자가 유급 일자리에서 일하면서 얻던 소득을 더 이상 얻지 못하게 된다.

② 남성 배우자가 퇴직한 상태에서 사망한 경우, 여성은 남성 배우자의 연금소득을 받지 못하게 되거나, 유족연금으로 적은 양을 받게 된다.

앞에서와 같은 상황 때문에, 여성노인은 남성 배우자가 사망한 후 빈곤 상태에 있을 가능성이 크다.

(나) 수명과 관련된 요인

여성노인은 남성 배우자보다 더 오래 살 가능성이 크다. 이런 상황은 남성 배우자가 사망한 여성노인에게 빈곤을 유발하는 요인이 될 수 있다.

여성의 수명이 남성의 수명보다 더 길어짐에 따라서, 결혼한 여성은 남성 배우자보다 더 오래 살 가능성이 크다. 그러나 여성이 남성 배우자보다 더 오래 살 경우, 여성은 자신이 가진 자산을 더 오랜 시간에 걸쳐서 사용하여야 한다.

하지만 결혼한 부부는 여성이 남성 배우자보다 더 오래 사는 경향이 있다는 점을 심각하게 고려하지 못하는 경우가 적지 않다. 결혼한 여성이 남성 배우자보다 더 오래 산다는 점을 심각하게 고려하지 않을 경우, 결혼한 여성은 미래에 대비해 저축과 투자를 설계하는 데 크게 신경 쓰지 않을 가능성이 크다. 이렇게 되면, 남성 배우자가 사망한 여성노인은 노년기를 빈곤 상태에서 보낼 가능성이 커지게 된다.

(다) 의료비 지출과 관련된 요인

남성 배우자가 사망한 여성노인은 남성 배우자의 의료비로 많은 액수를 지출할 수 있다. 이런 상황은 남성 배우자가 사망한 여성노인에게 빈곤을 유발하는 요인이 될 수 있다. 이것은 남성 배우자가 크게 아프다가 사망한 때 특히 그렇다. 왜냐하면 남성 배우자가 크게 아프다가 사망한 여성노인은 남성 배우자를 치료하기 위해 청구된 많은 의료비를 지불하여야 하고, 또한 장례비를 지불하여야 하기 때문이다. 이런 비용 때문에, 이미 소득이 적고 저축이 적은 여성노인은 더 어려운 상태에 있을 가능성이 크다. 실제로 노인은 생애 말기에 의료 영역에서 많은 비용을 부담하는 것으로 알려져 있다.

그러므로 남성 배우자가 아프다가 사망할 경우, 여성 배우자에게 남겨진 재산이 더 적어지거나 빚이 더 많아질 수 있다. 이렇게 되면, 여성노인이 빈곤 상태에 있을 가능성은 더 커지게 된다.

노인빈곤이 증가하는 이유 : 미국의 경우

미국은 노인빈곤율이 높은 국가에 속하고 있다. 미국의 상황에서 노인빈곤이 증가하는 이유를 몇 가지 제시하면 다음과 같다(Walls, 2016).

① 사회구성원을 보호해 주는 프로그램이 줄기 때문이다. 이런 프로그램의 예로 사회보장 프로그램이 있다.
② 생활하는 데 더 많은 비용이 들기 때문이다. 이런 비용의 예로 자녀의 교육비, 장기요양과 관련된 비용, 의료서비스와 관련된 비용이 있다.
③ 수명이 늘기 때문이다.

POINT

- 노인빈곤을 유발하는 주요한 요인으로 고용과 관련된 요인, 건강과 관련된 요인, 지출과 관련된 요인이 있다.
- 여성노인에게 빈곤을 유발하는 주요한 요인으로 연금과 관련된 요인, 무급 가사 노동과 관련된 요인이 있다. 남성 배우자가 사망한 여성노인은 빈곤 상태에 있을 가능성이 더 클 수 있다.

5. 노인빈곤이 미치는 영향

1) 빈곤이 노인에게 미치는 영향

말할 것도 없이 빈곤은 모든 집단에게 매우 부정적인 영향을 미치고 있다(노병일, 2018). 그러나 노인은 경제적으로 더 나아질 가능성이 다른 인구집단보다 더 적기 때문에, 노인에게는 빈곤이 부정적으로 미치는 영향이 더 오랜 기간 계속될 가능성이 크다. 이런 탓에, 빈곤은 노인에게 특히 더 부정적인 영향을 미치고 있다.

사진 7-4 폐지를 나르는 노인

빈곤은 노인에게 매우 부정적인 영향을 미친다. [출처 : 저자 촬영ⓒ]

노인빈곤은 경제적 영역에서뿐만 아니라 다른 영역에서도 부정적인 영향을 미치고 있다. 따라서 노인빈곤은 노인에게 다양한 영역에서 부정적인 영향을 미치고 있다. 예를 들어, 노인이 빈곤하면 다음과 같은 상황에 있을 가능성이 더 커지게 된다(Kasper et al., 2008; Kahn & Pearlin, 2006).

① 건강에 불리하게 작용하는 신체적 · 사회적 어려움을 많이 경험하고 있다.
② 어떤 목표를 달성할 수 있는 기회가 제약되고 있다.
③ 적절한 의료서비스를 이용할 수 있는 기회가 줄고 있다.
④ 시간이 흐르면서 건강에 불리하게 작용하는 여러 가지 스트레스 요인을 경험하고 있다.

빈곤 상태에서 사는 노인은 빈곤 때문에 나타나는 상황을 피할 수 없다. 노인과 관련된 일을 하는 어느 활동가의 경우, 빈곤한 노인은 아침에 깨어날 때마다 이런 상황을 실감하고 있고, 또한 이런 상황을 매일 실감하고 있다고 주장한 바 있다(Walls, 2016).

그러므로 노인빈곤은 노인의 복리와 삶의 질에 매우 부정적인 영향을 미치고 있다.

임대주택에 거주하는 노인의 상황

임대주택에서 거주하는 노인은 경제적으로 어려운 경우가 많다. 따라서 임대주택에서 거주하는 노인의 상황은 노인빈곤이 미치는 영향을 잘 보여주는 사례가 될 수 있다.

일반적으로 임대주택에서 사는 노인은 여러 영역에서 일반 노인보다 더 좋지 않은 상황에 있는 경우가 많다. 예를 들어, 일반 노인에 비해서 임대주택에서 사는 노인은 다음과 같은 상황에 있을 가능성이 더 크다(Fox, Kenny, Day, O'Connell, Finnerty & Timmons, 2017).

① 경제적 복리 수준이 낮다.
② 건강이 좋지 않다.
③ 일찍 사망한다.

2) 관련 이론

일부 학자는 노인빈곤이 노인의 복리에 영향을 미치는 과정과 관련해 경제적 스트레스에 주목하고 있다. 이때는 노인이 겪는 경제적 스트레스와 관련시키면서, 빈곤이 노인의 건강과 복리에 부정적인 영향을 미친다는 식으로 설명하는 경우가 많다. 왜냐하면 인간이 일상생활에서 겪는 여러 가지 스트레스 요인 중에서 가장 중요한 것은 경제적 어려움이라고 볼 수 있기 때문이다.

이와 관련된 이론의 하나가 스트레스 확대(stress proliferation) 이론이다. 스트레스 확대 이론에서는, 어떤 영역(예컨대, 경제적 영역)의 스트레스는 건강에 부정적인 영향을 더 미치는 다른 스트레스를 유발한다고 주장하고 있다(Kahn & Pearlin, 2006; Kasper et al., 2008). 스트레스 확대 이론에 따르면, 빈곤한 상태에 있는 노인은 경제적 영역에서 스트레스를 더 겪게 되고, 이에 따라 삶의 여러 영역에서도 스트레스를 더 겪게 된다.

POINT

- 빈곤은 노인의 복리와 삶의 질에 매우 부정적인 영향을 미친다.
- 빈곤한 노인은 경제적 영역에서 스트레스를 더 겪게 되고, 이에 따라 삶의 여러 영역에서도 스트레스를 더 겪게 된다.

6. 노인빈곤을 줄이거나 없애기 위한 방안

1) 일반 노인의 빈곤을 줄이거나 없애기 위한 방안

(1) 사회보장과 관련된 방안

노인빈곤을 줄이거나 없애고자 할 때 가장 중요한 방안은, 노년기에 공적 소득을 더 보장하는 것이다. 공적 소득을 더 제공하는 것은 아동의 빈곤보다는 노인의 빈곤을 줄이는 데 훨씬 더 효과가 있는 것으로 알려져 있다. 실제로 선진국의 소득 자료를 분석한 결과, 공적 소득보장 프로그램을 더 잘 갖춘 국가에서는 그렇지 않은 국가에 비해서 노년기에 소득 불평등이 더 적은 것으로 나타난 바 있다(노병일, 2020a; Prus & Brown, 2006).

공적 소득을 제공하는 것은 사회보장제도를 통해 노인에게 공적 급여를 제공하는 것과 관련되고 있다. 따라서 노인이 경제적으로 취약한 상태에서 벗어나게 하기 위해서는, 노인에게 적절한 수준의 사회보장 급여를 제공할 필요가 있다. 실제로 사회보장제도의 프로그램은 노인이 빈곤 상태에 놓이는 것을 예방하는 것과 관련해 중요한 역할을 하고 있다(노병일, 2020a; Walls, 2016).

노년기에 사회보장 급여를 제공하는 것과 관련해 가장 중요한 제도는 공적연금 제도이다. 왜냐하면 공적연금 제도는 노년기에 소득을 보장하는 주요한 제도이기 때문이다(노병일, 2020a). 사실, 적절한 수준의 공적연금을 제공하는 것은 노인빈곤을 줄이거나 없애기 위한 지름길이다. 실제로 선진국의 소득 자료를 분석한 연구에 따르면, 공적연금과 관련된 정책은 노년기의 소득 불평등을 줄이는 데 있어 중요한 역할을 하고 있다.

그러므로 노인빈곤을 줄이거나 없애기 위해서는, 노년기에 적절한 수준의 공적연금을 제공할 필요가 있다.

| 사진 7-5 | 일본의 연금 상담 안내 포스터

노인빈곤을 줄이는 데 있어 중요한 제도는 공적연금 제도이다. [출처 : 일본에서 저자 촬영©]

(2) 유급 일자리와 관련된 방안

노인이 생활하는 데 충분한 급여를 사회보장제도에서 제공하는 것이 바람직하지만, 현실적으로 이것은 어려운 경우가 많다. 그러므로 일할 수 있는 노인에게는 자기 능력을 살릴 수 있는 일자리를 제공해 소득을 얻게 할 필요가 있다(노병일, 2021b; 문명숙 · 노병일, 2020).[7] 이것은 빈곤한 노인에게 특히 해당하고 있다.

| 사진 7-6 | 노인취업 상담소(안내문)

빈곤노인에게는 자신의 능력을 살릴 수 있는 일자리를 제공해 소득을 얻게 할 필요가 있다.
[출처 : 일본에서 저자 촬영ⓒ]

2) 여성노인의 빈곤을 줄이거나 없애기 위한 방안

앞에서 이미 설명한 바와 같이, 여성노인은 젊은 시절에 가정에서 무급 노동을 하느라 유급 일자리에서 일할 기회를 갖지 못하였기 때문에, 소득에서 불리

7) 노인이 일하는 것에는, 실제로 일하는 측면뿐만 아니라 노인이 사회에서 가치 있는 존재로 인정받는 측면도 많이 포함되어 있다(노병일, 2021b).

한 경우가 많다. 그러므로 여성노인이 가정에서 보수를 받지 않고 하였던 노동에 대해서, 사회보장제도나 일반 사회복지제도에서 양육수당이나 돌봄수당과 같은 것을 제공하는 방식으로 보상할 필요가 있다. 이런 수당은 여성이 노년기에 빈곤 상태에 있지 않게 하는 데 큰 도움을 줄 수 있다.

그리고 남편이 사망한 여성노인에게는 최저 소득을 보장할 필요가 있다. 이런 제도는 소득이 매우 적은 노인이나 재산이 매우 적은 노인이 빈곤 상태에서 벗어나는 데 도움을 줄 수 있다.

연금제도에서 여성노인의 빈곤율을 줄이기 위한 조치

남성노인에 비해서 여성노인이 빈곤 상태에 있을 가능성이 더 큰 상황을 없애거나 줄이기 위해서는, 연금제도에서 나름의 조치를 취할 수 있다. 이런 조치를 몇 가지 제시하면 다음과 같다(노병일, 2014; Vothknecht, 2015).

① 여성이 가족구성원을 돌본 기간을 연금 보험료를 납부한 기간으로 인정한다.
② 최저 연금을 제공한다.
③ 유족연금을 관대하게 제공한다.

3) 정리

정리하건대, 사회복지제도(특히 사회보장제도)와 일자리와 관련된 제도를 통한 여러 가지 방안은 빈곤 상태에서 사는 노인의 비율을 낮추는 데 크게 이바지할 수 있다. 실제로, 노인에게 크게 주목하는 연금제도와 기타 사회복지제도를 갖춘 국가에서는 빈곤 상태에서 사는 노인의 비율이 더 낮은 것으로 나타난 바 있다(Smeeding, Gao, Saunders & Wing, 2008).

그러므로 노인빈곤을 줄이거나 없애기 위해서는 사회복지제도(특히 공적연금제도)와 일자리와 관련된 제도를 잘 갖출 필요가 있다.

POINT

- 노인빈곤을 줄이거나 없애기 위해서는 사회복지제도(특히 공적연금제도)와 일자리와 관련된 제도를 잘 갖출 필요가 있다.

08 여성과 빈곤

CONTENTS

1. 여성빈곤에 대한 관심의 필요성

그동안 남성에 비해서 여성은 여러 영역에서 어려움을 더 겪어 왔다. 그러나 여성이 겪는 어려움은 소득과 관련된 영역에서 특히 두드러지게 나타나고 있다. 따라서 남성에 비해서 여성은 빈곤을 더 겪고 있다. 어느 학자는, 빈곤은 임의로 누구에게나 발생하는 것이 아니라 특정한 집단에게 더 자주 발생한다는 점을 지적하면서, 특정한 집단의 대표적인 예로 여성을 꼽은 바 있다.

그러나 역사적으로 볼 때, 여성빈곤은 최근 들어서 갑자기 등장한 현상이 아니다. 그리고 빈곤을 겪는 남성보다 빈곤을 겪는 여성이 더 많은 상황도 최근 들어서 나타난 것이 아니다. 하지만 최근 들어서 여성빈곤은 심각해지고 있다. 특히 오늘날에는 홀로 지내는 여성노인이 더 늘어나고 있고, 또한 가족이 불안정한 사례가 많아지므로 한부모가족이 늘어나고 있다. 이에 따라서 혼자 사는 여성노인과 여성 한부모가 전체 빈곤층에서 차지하는 비율이 높아지고 있다(노병일 · 노대겸, 2017; Smeeding, Gao, Saunders & Wing, 2008).

그러므로 오늘날 여성은 빈곤과 크게 관련있는 집단이 되고 있다. 이런 상황은 선진국을 포함한 모든 세계에서 나타나고 있다(UN Women, 2022; Andrews, 2021).

여성빈곤은 여러 영역에서 여성의 복리에 매우 부정적인 영향을 미치고 있다. 그리고 여성빈곤은 자녀에게도 부정적인 영향을 미치는 경우가 많다. 또한 여성빈곤이 여성의 삶에 미치는 영향은 오랜 기간 지속되는 경우가 많다. 그러므로 여성빈곤에 관심을 가질 필요가 있다.

POINT

- 오늘날 여성은 빈곤과 크게 관련이 있다.
- 여성빈곤은 여러 영역에서 여성의 복리에 부정적 영향을 미친다. 따라서 여성빈곤에 관심을 가질 필요가 있다.

2. 여성빈곤의 실태

많은 국가에서 여성은 남성보다 빈곤 상태에 있는 경우가 더 많다. 따라서 남성빈곤에 비해서, 여성빈곤은 더 널리 나타나고 있다.

그리고 오늘날, 여성빈곤은 남성빈곤보다 더 심각한 경우가 많다. 세계의 대부분 지역에서, 심각한 빈곤 상태에서 살고 있는 사람 중에서 여성이 차지하는 비율은 높은 편이다. 또한 남성에 비해서, 여성은 빈곤 때문에 생기는 어려움을 더 많이 겪고 있다(UN Women, 2022; Spicker, Leguizamón & Gordon, 2007; Andrews, 2021; Bleiweis, Boesch & Gaines, 2020).

| 사진 8-1 | 구걸하는 여성

여성은 남성보다 빈곤 상태에 있는 경우가 더 많다. [출처 : 오스트리아에서 저자 촬영ⓒ]

POINT

• 여성빈곤은 남성빈곤보다 더 널리 나타나고, 더 심각한 경우가 많다.

3. 빈곤에 특히 취약한 여성집단

일부 여성집단은 빈곤을 겪을 가능성이 특히 크다. 이런 여성집단으로 가장인 여성, 모자가족 여성, 노인여성이 있다.

1) 가장 여성과 모자가족 여성

(1) 가장 여성

여성이 가장인 가족은 빈곤 상태에 있는 경우가 많다(Andersen, 2000).

(2) 모자가족 여성

선진국과 우리나라에서 한부모가족은 증가하고 있다. 하지만 한부모가족은 유급 일자리에서 일하는 데 불리한 경우가 많다. 따라서 다른 형태의 가족에 비해서, 한부모가족의 빈곤율은 더 높은 경우가 많다(노병일 · 노대겸, 2017; Rank, 2011).

그리고 한부모가족은 모자가족인 경우가 많다. 일반적으로 다른 형태의 가족에 비해서, 모자가족은 경제적으로 안정되지 않은 상태에 있는 경우가 더 많다. 따라서 다른 형태의 가족에 비해서, 모자가족은 빈곤을 겪는 경우가 더 많다. 또한 다른 형태의 가족에 비해서, 모자가족은 빈곤을 더 심각하게 겪는 경우가 많다(노병일 · 노대겸, 2017).

2) 노인여성

노인여성은 빈곤을 겪는 경우가 많다.[1] 이 중에서도 홀로 사는 노인여성은 빈곤을 겪는 경우가 특히 많다(노병일, 2020a).

POINT

• 일부 여성집단은 빈곤에 특히 취약하다. 이런 집단의 예로 가장 여성, 모자가족 여성, 노인여성이 있다.

4. 빈곤의 성별 측면에 대한 관심과 관련 현상

1) 빈곤의 성 차원에 대한 관심

과거에도 여성이 남성보다 빈곤을 겪을 가능성이 더 컸지만, 과거에는 성별과 빈곤 사이의 관계를 체계적으로 살펴본 연구는 많지 않은 편이었다. 따라서 여성주의자는 빈곤에 대해 살펴볼 때 성별 측면에 주목하라고 요구해 왔다(Alcock, 1997).

그 결과, 오늘날에는 빈곤을 성별 측면과 관련해 살펴보는 경우가 많아지고 있다. 이에 따라서, 여성이 겪는 빈곤에 관심을 더 가지는 방향으로 나아가고 있다.

1) 노인여성의 빈곤에 대해서는 노인과 빈곤을 다루는 장(제7장)에서 설명한 바 있다.

2) 빈곤의 성별 측면과 관련된 주요한 현상

일부 현상은 빈곤의 성별 측면과 관련해 중요한 의미를 지니고 있다. 이 중에서 특히 주목하여야 할 현상으로 남성과 여성의 역할이 서로 분리되어 있는 것, 여성에게서 빈곤이 상대적으로 더 많이 나타나는 것이 있다. 이와 관련된 용어가 '성별 분업(gender division of labor)'과 '빈곤의 여성화(feminization of poverty)'이다.

(1) 성별 분업

성별 분업은 남성과 여성의 주요한 역할이 서로 구분되는 것을 말한다. 구체적으로 성별 분업은 여성의 주요한 역할은 가정에서 하는 역할이고, 남성의 주요한 역할은 유급 일자리에서 하는 역할이라고 보는 것을 말한다. 성별 분업은 문화를 반영하는 경우가 많다. 왜냐하면 문화에는 여성에 대한 뿌리 깊은 편견과 차별이 들어가 있는 경우가 많기 때문이다(노병일, 2010; Organisation for Economic Co-operation and Development, 2001; Spicker, Leguizamón & Gordon, 2007).

여성주의자는 성별 분업이 여성과 남성에게 미치는 영향을 살펴보고 있다. 성별 분업이 미치는 영향을 몇 가지 제시하면 다음과 같다(Spicker, Leguizamón & Gordon, 2007).

① 여성이 가정에서 보수를 받지 않고 일할 경우, 여성은 자신이 독자적으로 얻은 소득이 없게 된다. 이에 따라서, 여성은 남성이나 국가에 경제적으로 의존하게 된다. 그러므로 성별 분업은 여성이 경제적으로 독립하는 데 부정적인 영향을 미치고 있다. 그 결과, 여성이 빈곤 상태에 있는 사례가 많아진다.

② 여성이 결혼해서 남성과 함께 살고 있는 경우, 여성이 가정에서 집안일과 가족구성원을 돌보는 일을 하기 때문에 남성은 유급 일자리에서 일할 수 있게 된다. 그러므로 성별 분업은 남성의 고용 기회에 긍정적인 영향을 미치고 있다.

③ 여성이 가정에서 보수를 받지 않고 하는 노동에 대해서는, 유급 일자리에서 제공되는 복지 혜택이 제공되지 않는 경우가 많다. 그리고 여성이 유급 일자리에서 일하지 않을 때, 여성은 기여금(보험료)을 납부하는 방식의 연금을 받지 못하는 경우가 많다. 그러므로 성별 분업은 여성이 사회보장제도를 통해 노년기에 소득을 확보하는 데 부정적인 영향을 미치고 있다.

성별 분업에 주목하는 관점에서는 여성이 남성에게 경제적으로 의존한다고 가정하고 있다. 따라서 성별 분업은 여성이 현재와 미래에 주도적으로 소득을 확보하는 데 부정적인 영향을 미치고 있다. 그 결과, 성별 분업은 여성에게 빈곤을 유발하는 주요한 요인이 되고 있다. 이런 탓에, 근본적으로 볼 때, 여성빈곤은 성별 분업과 크게 관련되고 있다.

가구 측면을 고려할 경우의 여성빈곤

전통적인 빈곤 연구에서는 남성이 유급 일자리에서 일해서 얻은 소득을 가족구성원이 평등하게 나누어 갖는다고 가정하고 있다.

그러나 가구에도 주목하는 연구에서는, 가족구성원들 사이에 권력에서 차이가 나기 때문에 가구의 자원은 가족구성원들 사이에 평등하게 나누어질 수 없다고 보고 있다. 그러므로 이런 연구에 따르면, 여성은 가구에서 자원을 남성과 평등하게 갖지 못하는 경우가 많다(Spicker, Leguizamón & Gordon, 2007).

(2) 빈곤의 여성화

성별 분업과 관련되는 현상은 빈곤의 여성화이다. 빈곤의 여성화는 여성빈곤이 심각해짐에 따라 1970년대에 등장한 용어이다. 피어스(Pearce)는 남성과 여성 사이에 경제적 불평등이 계속되는 것에 주목하면서 빈곤의 여성화라는 용어를 처음으로 사용하였다. 피어스의 연구에 따르면, 미국을 포함한 많은 국가에서 여성과 아동은 소득이 적은 층에 더 많이 속하고 있다.

그 후, 1990년대 초에 빈곤의 여성화라는 용어는 널리 퍼지게 되었다. 이때, 유엔(UN)의 기관에서 실시한 연구 덕분에 빈곤의 여성화라는 용어가 널리 퍼지게 된 측면도 있다(Christensen, 2019; Medeiros & Costa, 2008).

빈곤의 여성화는 여러 가지 의미를 지니고 있다. 그동안 빈곤의 여성화에 대해 정의한 것을 몇 가지 제시하면 다음과 같다(Spicker, Leguizamón & Gordon, 2007; Eitzen, Zinn & Smith, 2011; Christensen, 2019).

① 스픽커(Spicker) 등의 경우, 빈곤의 여성화는 경제 상황이 나빠지고 공공 지출이 줄어듦에 따라서 세계의 빈곤층에서 여성이 차지하는 비율이 점점 높아지는 관점이라고 보고 있다.

② 에이쯘(Eitzen) 등의 경우, 빈곤의 여성화는 모든 나이층에서 성인 여성이 빈곤 상태에서 살 가능성이 성인 남성이 빈곤 상태에서 살 가능성보다 훨씬 큰 현상이라고 보고 있다.

③ 크리스틴슨(Christensen)의 경우, 빈곤의 여성화는 남성에 비해서 여성과 아동이 빈곤 상태에 있는 사례가 더 많은 것이라고 보고 있다.

결국, 실제적으로 빈곤의 여성화는 다음과 같은 현상의 하나를 의미한다고 볼 수 있다(Medeiros & Costa, 2008).

① 여성과 남성 사이에 빈곤의 정도에서 큰 차이가 나고 있다.

② 남성이 가장인 가구(또는 부부 모두가 가장 역할을 하는 가구)와 여성이 가장인 가구 사이에 빈곤의 정도에서 큰 차이가 나고 있다.

그러므로 빈곤의 여성화는 빈곤층에서 여성이나 여성 가장 가구가 차지하는 비율이 상대적으로 더 높은 것을 일컫는다고 볼 수 있다.

한편 빈곤의 여성화는 도덕적으로 받아들일 수 없는 두 가지 현상을 포함하고 있다. 이때, 두 가지 현상은 빈곤이라는 현상과 성별 불평등이라는 현상을 말한다. 따라서 빈곤의 여성화라는 용어는 성별에 따른 불평등 때문에 빈곤이 증가하는 것을 의미하기 위해 사용될 수도 있다(Medeiros & Costa, 2008; Daly, 2000).

POINT

- 오늘날 빈곤을 성별 측면과 관련해 살펴보는 경우가 많아짐에 따라서 여성빈곤에 관심을 더 가진다.
- 빈곤의 성별 측면과 관련된 주요한 현상은 '성별 분업'과 '빈곤의 여성화'이다.
- 성별 분업은 남성과 여성의 주요한 역할이 서로 구분되는 것이다. 근본적으로 볼 때, 여성빈곤은 성별 분업과 크게 관련된다.
- 빈곤의 여성화는 빈곤층에서 여성이나 여성 가장 가구가 차지하는 비율이 상대적으로 더 높은 것이다.

5. 여성빈곤을 유발하는 요인

여성에게 빈곤을 유발하는 요인에는 여러 가지가 있다. 여성에게 빈곤을 유발하는 요인은 근본적 요인과 구체적 요인으로 구분할 수 있다.

1) 근본적 요인

앞에서 이미 설명한 바와 같이, 여성에게 근본적으로 빈곤을 유발하는 요인은 성별 분업이다. 따라서 여성주의자는 여성에게 근본적으로 빈곤을 유발하는 요인을 이해하고자 할 때 성별 분업은 매우 중요하다고 주장해 왔다.

성별 분업과 관련된 관점으로 가족 임금(family wage)에 근거한 관점이 있다. 가족 임금에 근거한 관점은, 일반 가족을 제대로 돌보기에 충분한 임금을 주어야 한다는 견해를 말한다(Spicker, Leguizamón & Gordon, 2007).

가족 임금은 성별 분업의 바탕이 되고 있다. 왜냐하면 가족 임금은 다음과 같은 측면을 포함하고 있기 때문이다(Spicker, Leguizamón & Gordon, 2007).

① 여성은 가구에 경제적으로 이바지하지 않아도 된다.

② 여성이 우선적으로 관심을 두어야 할 것은 가정에서 집안일을 하고 가족 구성원을 돌보는 것이다.

가족 임금에 주목하는 관점에서는, 남성과 여성이 가정과 유급 일자리에서 하는 역할은 서로 다르다고 보고 있다. 즉, 남성의 임금은 전체 가족을 돌보기에 충분한 양이어야 하고, 여성의 임금은 남성의 임금을 보조하는 정도이거나 성인 한 명만을 돌보기에 충분한 양이면 된다는 인식이 가족 임금의 바탕에 깔려 있다. 그러므로 가족 임금에 주목하는 관점은 여성에게 근본적으로 빈곤을 유발하는 요인과 밀접하게 관련되어 있다.

2) 구체적 요인

여성이 빈곤 상태에 있지 않기 위해서는, 경제적 자원을 충분히 확보하기 위한 방안을 젊은 시기에 잘 계획하고 실행할 수 있어야 한다. 그러나 모든 여성이 자신을 위한 경제적 자원을 확보하기 위한 방안을 젊은 시기에 충분히 계획하고 실행할 수 있는 것은 아니다(Smeeding, Gao, Saunders & Wing, 2008).

이런 상황 때문에, 여성에게 빈곤을 유발하는 구체적 요인에는 여러 가지가 있다. 이때, 여성에게 빈곤을 유발하는 구체적 요인으로 돌봄과 관련된 요인, 유급 일자리와 관련된 요인, 가족 구조의 변화와 관련된 요인을 꼽을 수 있다.

(1) 돌봄과 관련된 요인

(가) 여성의 아동 · 성인 돌봄과 빈곤

오늘날 많은 사람은 유급 일자리에서 보수를 받고 일[이른바, 유급(paid) 노동]을 함으로써 소득을 확보하고 있다. 따라서 개인이 유급 일자리에서 일하는지는 개인과 가족이 사용할 수 있는 경제적 자원의 양에 큰 영향을 미치고 있다.

그러나 여성은 가족을 돌보는 일을 주로 맡아서 하는 경우가 많다. 따라서 여성이 유급 일자리에서 일할 수 있는 기회는 남성보다 훨씬 더 제약되어 있다. 그 결과, 여성이 빈곤 상태에 있을 가능성은 남성이 빈곤 상태에 있을 가능성보다 더 커지게 된다. 즉, 여성이 어린 자녀나 아프거나 장애가 있는 성인 가족구성원을 보수를 받지 않고 돌보는 것은, 여성에게 빈곤을 더 유발하는 요인이 될 수 있다. 예를 들어, 여성이 젊은 시기에 가족구성원을 돌보는 역할을 하는 것은, 여성의 미래 소득에 부정적인 영향을 미칠 가능성이 크다.

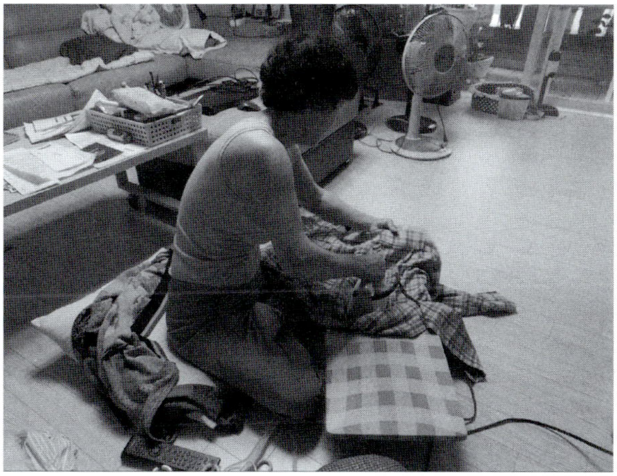

| 사진 8-2 | 가족구성원을 위한 일을 하는 여성

여성이 젊은 시기에 가족구성원을 돌보는 역할을 하는 것은 여성의 미래 소득에 부정적인 영향을 미칠 수 있다. [출처 : 저자 촬영ⓒ]

이런 측면에서 볼 때, '빈곤'과 '돌봄'은 여성에게 동전의 앞뒤와 같다. 여성이 가족구성원을 돌보는 상황을 몇가지 제시하면 다음과 같다(국가법령정보센터, 2021; 노병일, 2010; Alcock, 1997; Andersen, 2000; Wakabayashi & Donato, 2006).

① 여성은 아동(자녀)을 돌보는 일을 맡는 경우가 많다. 가정에서 돌봄이 가장 필요한 사람은 아동이다. 따라서 부모는 아동 양육을 책임지도록 되어 있다. 대부분의 국가에서는 이런 점을 법에서 밝히고 있다. 하지만 여성은 아동을 보살피고 교육하는 일의 대부분을 맡는 경우가 많다. 적절한 보육시설과 사회적 지지망이 부족한 상태에서 여성이 아동 양육을 맡을 경우, 여성은 유급 일자리에서 전혀 일하지 못하게 되거나 유급 일자리에서 보조하는 상태로 일하게 된다. 이런 상황에서 여성이 사회적 위험을[2)] 겪을 경우, 여성이 빈곤 상태에 있을 가능성은 커지게 된다.

② 여성이 아동을 주로 돌보는 것만이 여성에게 빈곤을 유발하는 것은 아니다. 오늘날에는 과거에 비해서 자녀가 더 적고, 보육시설이 잘 갖추어져 있다. 따라서 오늘날에는 여성이 아동을 돌보는 것과 관련된 부담이 줄어

2) 사회적 위험은 사회적으로 겪는 어려운 사건을 말한다. 사회적 위험의 예로 일자리를 잃는 것, 심각한 질병에 걸리는 것, 장애가 있는 것, 가족의 가장이 사망하는 것이 있다(노병일, 2020b).

들 수 있다. 그러나 오늘날에는 여성이 성인 가족구성원을 돌보아야 하는 경우가 많아질 수 있다. 여성이 성인 가족구성원을 돌보는 것은, 여성이 유급 일자리에서 일할 기회를 가지는 것에 부정적인 영향을 미치고 있다. 이렇게 되면, 성인 가족구성원을 돌보는 여성이 빈곤 상태에 있을 가능성은 커지게 된다.

실제로 그동안의 연구에 따르면, 여성이 성인 가족구성원을 돌보는 것은 여성에게 경제적으로 큰 영향을 미치고 있다. 이것을 단기적 측면과 장기적 측면으로 나누어 살펴보면 다음과 같다(Wakabayashi & Donato, 2006).

① 단기적으로 볼 때, 여성이 성인 가족구성원을 돌보는 것은 여성의 고용에 부정적인 영향을 미칠 가능성이 크다. 구체적으로, 여성이 성인 가족구성원을 돌보는 것은 여성이 유급 일자리에서 일하는 시간과 수입에 불리하게 작용할 가능성이 크다.

② 장기적으로 볼 때, 여성이 성인 가족구성원을 돌보는 것은 오랜 기간 계속될 수 있다. 이런 상황은 여성의 노년기에 경제적으로 불리하게 작용할 가능성이 크다.[3)]

결국, 앞에서 제시한 단기적 · 장기적 상황 때문에, 여성이 빈곤 상태에서 생활할 가능성은 커지게 된다.

(나) 여성의 돌봄 제공과 빈곤과 건강 사이의 관계

그동안의 연구에 따르면, 젊은 시기에 가족구성원을 돌보는 것, 건강이 좋지 않은 것, 빈곤 상태에 있을 가능성은 서로 복잡하게 연관되어 있다. 이런 것과 관련된 이론으로 누적 취약 이론(cumulative disadvantage theory)이 있다. 누적 취약 이론에서는 젊은 시기와 노년 시기의 불평등에 주목하고 있고, 또한 젊은 시기와 노년 시기 사이를 연결하는 과정에 주목하고 있다(Wakabayashi & Donato, 2006).

3) 이런 사실은 누적 취약 이론에서 주장하는 바와 같다. 누적 취약 이론에 대해서는 아래에서 자세히 설명한다.

누적 취약 이론에서는, 가족구성원을 돌보는 여성이 노년기에 어려운 상태에 있게 되는 과정을 다음과 같이 제시하고 있다(Wakabayashi & Donato, 2006).

① 여성이 가족구성원을 돌보는 역할을 맡을 경우, 여성은 다음과 같은 상황에 있을 수 있다.

㉠ 유급 일자리에서 일하는 시간을 줄이거나 일하지 못하고 있다.

㉡ 자신이 얻던 수입의 일부를 얻지 못하고 있다.

㉢ 사업장에서 제공하는 복지 혜택을 받지 못하고 있다.

② 그리고 시간이 흐르면서, 가족구성원을 돌보는 여성은 자신의 저축과 기타 자원을 가족구성원을 돌보는 데 사용할 수 있다. 이렇게 되면, 가족구성원을 돌보는 여성은 자신의 노년기에 대해 적절하게 대비하지 못할 수 있다.

③ 이렇게 되면, 가족구성원을 돌보는 여성은 건강이 더 좋지 않게 되고 또한 유급 일자리에서 일하지 못할 가능성이 커지게 된다. 이후, 이런 상황은 가족구성원을 돌보는 여성이 빈곤 상태에 있을 가능성을 더 크게 하는 요인으로 작용하게 된다.

(2) 유급 일자리와 관련된 요인

여성의 유급 일자리 상황은 여성의 부(wealth)나 빈곤의 정도를 결정하는 데 크게 영향을 미치고 있다. 여성이 유급 일자리에서 일한다고 할지라도, 여성이 유급 일자리에서 겪는 불리함은 여성에게 빈곤을 유발하는 요인이 될 수 있다.

| 사진 8-3 | 여성 근로자

여성이 유급 일자리에서 겪는 불리함은 여성에게 빈곤을 유발하는 요인이 된다. [출처 : 이탈리아에서 저자 촬영ⓒ]

남성에 비해서, 여성은 유급 일자리에서 더 불리한 경우가 많다. 여성이 유급 일자리에서 더 불리한 경우가 많은 이유를 몇 가지 제시하면 다음과 같다 (노병일, 2021a; Spicker, Leguizamón & Gordon, 2007).

① 여성이 가정에서 하는 무급 노동은 일차적 노동이고, 여성이 유급 일자리에서 하는 노동은 이차적 노동이라고 보기 때문이다. 여성은 가정에서 아내와 엄마의 역할과 노인 가족구성원을 돌보는 역할을 하는 경우가 많다. 여성이 가정에서 하는 이런 역할은 여성이 유급 일자리에서 일할 수 있는 정도에 영향을 미치고 있다. 예를 들어, 이런 여성은 유급 일자리에서 일하지 않거나 파트타임으로 일하는 경우가 많다.

② 여성이 얻는 수입은 남성이 얻는 수입을 보조하는 것으로 인식되기 때문이다. 이런 상황은 여성의 경제적 능력을 약화시키는 방향으로 작용하는 경우가 많다.

③ 남성의 노동에 비해서, 여성의 노동은 유급 일자리에서 덜 중요한 것으로 인식되는 경우가 많기 때문이다. 따라서 여성의 일자리는 파트타임이고, 단기적이고, 일시적이고, 기술 수준이 낮은 경우가 많다. 그리고 여성의 일자리는 서비스 산업과 관련된 경우가 많다.

결국, 여성은 유급 일자리에서 여러 가지로 불리한 경우가 많다. 이런 모든 상황은 여성에게 빈곤을 유발하는 요인이 되고 있다.

실제로 여성 근로자와 남성 근로자는 근무 환경에서 큰 차이가 있어 왔다. 예를 들어, 남성에 비해서 여성은 유급 일자리에서 임금이 더 적고 근무 형태와 복지 혜택에서 더 불리한 경우가 많다. 이런 상황은 여성에게 빈곤을 더 유발하는 요인이 되고 있다(노병일, 2021b).

특히 여성 근로자가 받는 임금이 적은 것은 여성의 경제적 상태에 부정적인 영향을 미치고 있다. 그 결과, 여성은 빈곤 상태에 있을 가능성이 커지게 된다. 이것은 가장 역할을 하는 여성 근로자에게 더욱 그렇다. 이런 탓에, 여성의 노동에 대해 낮은 수준의 임금을 주는 것은 여성에게 빈곤을 유발하는 주요한 요인에 속하고 있다.[4]

(3) 가족 구조의 변화와 관련된 요인

(가) 결혼과 빈곤

결혼한 여성의 경우, 남성 배우자와의 관계는 여성이 빈곤을 겪는 정도에 영향을 미칠 수 있다. 일반적으로 남성 배우자가 가장 역할을 할 경우, 여성은 남성 배우자를 통해서 정기적으로 수입을 얻게 된다. 여성이 유급 일자리에서 일할 때도, 여성이 유급 일자리에서 받는 임금은 남성이 받는 임금보다 더 적은 경우가 많다. 따라서 이런 상황에서는, 여성이 남성 배우자의 소득을 함께 나누는 것은 여성에게 경제적으로 유리할 수 있다. 이것은 여성에게 자녀가 있을 때 특히 그렇다. 그러므로 결혼은 여성이 경제적으로 안정된 생활을 하는 데 유리하게 작용할 수 있다(노병일, 2010; Cheal, 1999).

4) 유급 일자리에서 일함에도 불구하고 빈곤 상태에 있는 층을 근로빈곤층(working poor)이라고 부르고 있다. 근로빈곤층에게도 여성의 빈곤율은 남성의 빈곤율보다 더 높은 경향이 있다. 이런 상황 역시, 여성 근로빈곤층이 얻는 임금이 남성 근로빈곤층이 얻는 임금보다 더 적기 때문에 나타나고 있다(Andersen, 2000).

| 사진 8-4 | 신혼 부부와 가족 · 친구들

결혼은 여성의 경제적 안정에 유리하게 작용할 수 있다. [출처 : 러시아에서 저자 촬영ⓒ]

또한 앞에서 이미 설명한 바와 같이, 여성은 남성보다 임금이 더 적고 근무 상황이 더 좋지 않은 상태에서 일하는 경우가 많다. 따라서 결혼한 여성은 남성 배우자의 노동을 주요한 노동으로 인식하고 자신의 유급 노동을 보조 노동으로 인식하는 경우가 많다. 그 결과, 결혼한 여성은 남성 배우자에게 경제적으로 의존할 가능성이 더 커지게 된다. 이런 상황에서는, 부부 관계가 불안정할 때는 여성이 빈곤 상태에 있을 가능성이 더 커질 수 있다.

(나) 가족 구조의 변화

오늘날에 이혼이나 별거 등이 증가함에 따라서, 가족 구조가 크게 변하고 있다. 이렇게 가족 구조가 변하는 것은 여성의 복리에 매우 부정적인 영향을 미치고 있다(노병일 · 노대겸, 2017). 예를 들어, 이혼이나 별거 때문에 여성이 남성 배우자의 수입을 이용하지 못하는 상태에서 가장 역할을 할 경우, 여성은 경제적으로 큰 어려움을 겪을 수 있다.

특히 이혼은 여성에게 빈곤을 유발하는 주요한 요인이 될 수 있다. 실제로 여성은 이혼한 후 경제적 수준이 크게 낮아지는 경우가 많다(노병일 · 노대겸, 2017).

POINT

- 여성에게 근본적으로 빈곤을 유발하는 요인은 성별 분업이다.
- 성별 분업과 관련된 관점은 가족 임금에 근거한 관점이다. 가족 임금은 여성에게 근본적으로 빈곤을 유발하는 요인과 밀접하게 관련된다.
- 여성에게 빈곤을 유발하는 구체적 요인으로 돌봄과 관련된 요인, 유급 일자리와 관련된 요인, 가족 구조의 변화와 관련된 요인이 있다.

6. 여성빈곤이 미치는 영향

여성빈곤은 여성의 삶에 매우 부정적인 영향을 미치고 있다. 이때, 여성빈곤은 다양한 영역에서 부정적인 영향을 미치고 있다. 빈곤한 여성의 상황을 몇 가지 제시하면 다음과 같다(Organisation for Economic Co-operation and Development, 2001).

① 일반 여성에 비해서, 빈곤한 여성은 덜 소비하고 공적 서비스를 덜 이용하는 경우가 많다.

② 일반 여성에 비해서, 빈곤한 여성은 가정에서 폭력을 당할 가능성이 더 크다.

③ 빈곤한 남성에 비해서, 빈곤한 여성은 지역사회에서 정치적·사회적으로 배제될 가능성이 더 크다.

여성이 빈곤 상태에 있으면, 자녀도 빈곤 상태에 있을 가능성이 크다. 무엇보다도, 빈곤한 여성은 유급 일자리와 관련해 불리한 상황에 있는 경우가 많기 때문에, 자녀도 빈곤 상태에 있을 가능성이 커진다. 따라서 여성이 겪는 빈곤은 아동에게 대물림될 가능성이 크다(Andersen, 2000).

POINT

- 여성빈곤은 여성의 삶에 매우 부정적인 영향을 미친다.
- 여성의 빈곤은 아동에게 대물림될 가능성이 크다.

7. 여성빈곤을 줄이거나 없애기 위한 방안

1) 일반적 방안

여성빈곤을 줄이거나 없애기 위해서는, 국가와 사회의 자원을 분배하는 데 있어 성별 측면을 고려하여야 한다. 그러므로 정책결정자는 '성별 분업' 측면과 '빈곤의 여성화' 측면에 특히 관심을 가질 필요가 있다.

그리고 빈곤 상태에서 생활하는 여성에게는 경제적으로 안정된 상태를 장기적으로 유지할 수 있는 맞춤형 방안이 필요하다(Medeiros & Costa, 2008; Bleiweis, Boesch & Gaines, 2020).

2) 구체적 방안

(1) 유급 일자리와 관련된 방안

빈곤여성이 빈곤 상태에서 벗어나게 해주기 위해 가장 좋은 방안은, 빈곤여성이 유급 일자리에서 일할 수 있는 길을 열어주는 것이다. 이것은 모자가족에서 사는 여성에게 특히 그렇다. 그러므로 빈곤여성에게 유급 일자리를 찾아주거나 일자리를 제공할 필요가 있다.

| 사진 8-5 | 사과농장에서 일하는 여성들

빈곤 상태에서 벗어나게 해주기 위해
가장 좋은 방안은 일할 수 있는 길을 열어주는 것이다.
[출처 : 저자 촬영ⓒ]

(2) 사회보장제도와 관련된 방안

빈곤을 줄이거나 없애기 위해서는, 빈곤한 여성에게 사회보장제도를 통해 보편적 급여를 제공하는 것이 유리하다. 실제로, 모자가족에게 보편적 프로그램을 통해 급여를 제공하는 유럽과 선별적 프로그램을 통해 급여를 제공하는 미국을 비교한 결과, 보편적 프로그램을 활용하는 것이 모자가족의 경제적 상황을 개선하는 데 더 도움을 주는 것으로 나타난 바 있다(Wong, Garfinkel & McLanahan, 1993).

특히, 국가는 돌봄에 대한 가치를 인정하고 이를 보상하는 보편적 사회보장 급여를 제공할 필요가 있다. 이런 급여의 예를 몇 가지 제시하면 다음과 같다(노병일, 2020b; Bradshaw, 1999; Wakabayashi & Donato, 2006).

① 아동수당(가족수당)이 있다. 아동수당은 아동양육비를 부담하는 사람에게 아동을 양육하는 비용의 일부를 보상하기 위해 사회보장제도에서 제공하는 아동급여의 하나이다.

② 부양수당(보상수당)이 있다. 부양수당은 가족구성원을 돌보는 역할을 하는 여성에게 금전적으로 보상하는 급여를 말한다. 예를 들어, 가정에서 성인을 돌보는 여성에게 부양수당을 제공할 수 있다.

물론, 많은 국가에서 아동수당이나 보상수당과 같은 제도를 실시하고 있다. 그러나 이런 수당의 양을 충분히 제공할 필요가 있다. 왜냐하면 이런 수당을 충분하게 제공하지 않는 것은 빈곤에서 벗어나는 데 큰 도움이 되지 않을 수도 있기 때문이다.

(3) 기타 방안

앞에서 제시한 방안 이외에도, 여성빈곤을 줄이거나 없애기 위한 방안에는 여러 가지가 있다. 이런 방안을 몇 가지 제시하면 다음과 같다(노병일, 2020c; Organisation for Economic Co-operation and Development, 2001; Andersen, 2000; Andrews, 2021).

① 여성에게 대출 기회를 더 많이 제공하고, 여성이 기타 재정적 자원을 더 잘 이용할 수 있게 한다. 여성에게 대출 및 기타 재정서비스를 더 제공할 경우, 여성은 소득을 더 얻을 수 있게 된다.

② 질 좋은 보육서비스를 제공한다. 사실, 여성은 자녀의 보육 때문에 유급 일자리에서 일하지 못하는 경우가 많다. 질 좋은 보육서비스를 제공할 경우, 여성은 유급 일자리에서 더 일할 수 있게 되고, 이에 따라 소득을 더 얻을 수 있게 된다.

POINT

- 여성빈곤을 줄이거나 없애기 위해서 정책결정자는 '성별 분업' 측면과 '빈곤의 여성화' 측면에 특히 관심을 가질 필요가 있다.
- 여성빈곤을 줄이거나 없애기 위해서는 빈곤여성에게 유급 일자리를 찾아주거나 일자리를 제공하고, 빈곤여성에게 사회보장제도를 통해 보편적 급여를 제공하고, 여성에게 대출 및 기타 재정서비스를 더 제공하고, 질 좋은 보육서비스를 제공할 필요가 있다.

09 장애인과 빈곤

CONTENTS

1. 장애인빈곤에 대한 관심의 필요성

오늘날에는, 한편으로는 장애인의 권리에 대해 더 주목하고 있지만, 다른 한편으로는 장애인을 차별하고 배제하고 있다. 그 결과, 오늘날에도 장애인이 사는 상황은 크게 개선되지 않고 있다. 이에 따라 오늘날 장애인은 가장 취약한 집단에 속하고 있다(노병일, 2018).

장애인의 취약한 상황은 소득과 관련된 영역에서 가장 두드러지게 나타나고 있다. 특히 장애인은 고용 영역에서 불리하기 때문에, 빈곤 상태에 있을 가능성이 비장애인보다 더 크다.

개인에게 장애가 있으면, 장애인 개인뿐만 아니라 장애인 가족도 빈곤 상태에 있을 수 있다. 예를 들어, 장애인이 있는 가족은 장애가 있는 가족구성원을 보살피기 위해 추가로 비용이 들 수 있다. 이런 상황은 장애인 가족의 경제적 상태를 더 나쁘게 할 수 있다. 그 결과, 장애인 가족 전체가 빈곤 상태에 있을 수 있다. 이런 탓에, 장애인이 있는 가족은 겉으로 드러난 것보다 더 빈곤한 상태에 있을 수 있다(Platt, 2007).

장애인빈곤은 장애인에게 부정적인 영향을 미치고 있다. 특히 장애인빈곤은 장애를 제때 효과적으로 치료하고 재활하는 데 부정적인 영향을 미칠 수 있다. 따라서 장애인빈곤은 여러 영역에서 장애인 개인과 가족의 삶의 질 수준을 낮추는 요인으로 작용하고 있다. 그러므로 장애인빈곤에 관심을 가질 필요가 있다.

POINT

- 장애인은 빈곤 상태에 있을 가능성이 크다.
- 장애인빈곤은 여러 영역에서 장애인 개인·가족의 삶의 질에 부정적인 영향을 미친다. 따라서 장애인빈곤에 관심을 가질 필요가 있다.

2. 장애인빈곤의 실태

많은 국가에서 장애인의 소득은 비장애인의 소득보다 더 적은 편이다. 따라서 장애인은 비장애인보다 빈곤 상태에서 생활하는 경우가 더 많다. 예를 들어, 미국에서 장애인은 비장애인보다 빈곤 상태에 있을 가능성이 더 큰 것으로 나타난 바 있다(Fessler, 2015; Disability Rights UK, 2020; Vallas & Fremstad, 2014).

장애인이 비장애인보다 빈곤 상태에 있는 경우가 더 많은 상황은, 모든 나이에서 나타나고 있다. 그리고 장애가 심각한 사람은 빈곤 상태에 있을 가능성이 더욱더 큰 것으로 알려져 있다(Lustig & Strauser, 2004; She & Livermore, 2007; National Council on Disability, 2017; Fessler, 2015; United Nations, 2019).

POINT

- 장애인이 비장애인보다 빈곤 상태에 있는 경우가 더 많은 상황은 모든 나이에서 나타난다.

3. 장애에 대한 모델과 장애인빈곤에 대한 인식

1) 장애에 대한 모델의 분류

장애에 대한 모델을 분류하는 방식에는 여러 가지가 있을 수 있다. 그러나 장애에 대한 모델을 분명하게 분류할 수 있는지에 대해서는 학자들 사이에 의견이 완전히 일치하고 있지 않다. 하지만 일반적으로 장애에 대한 모델은 의료적(개인적) 모델과 사회적 모델로 분류하는 경우가 많다(Tidd, 2021).

장애에 대한 의료적 모델은 장애와 관련된 전통적 모델이다. 장애에 대한 의료적 모델에서는 장애를 의료적 현상으로 이해하는 경우가 많다. 장애에 대한 의료적 모델에서는 장애인은 정상적이지 않다고 보고 있다.

이에 비해서, 장애에 대한 사회적 모델에서는 장애를 개인의 능력과 관련시키지 않으려 하고 있다. 따라서 장애에 대한 사회적 모델에서는 장애는 사회에서 장애인이 겪는 사회적 배제의 한 형태라고 보고 있다. 그러므로 장애에 대한 사회적 모델에 따르면, 장애는 물리적 제약과[1] 사회적 제약 때문에, 다른 사람과 평등하게 지역사회의 일반적 생활에 참여할 기회를 가지지 못하거나 이런 기회를 제대로 활용하지 못하는 것을 말한다.

2) 장애인빈곤에 대한 각 모델의 인식

장애에 대해 취하는 관점은 장애인빈곤에 대해 인식하는 방식에 영향을 미치고 있다. 따라서 장애에 대한 모델은 장애인빈곤과 관련되고 있다. 무엇보다도, 장애에 대한 모델은 장애인빈곤을 줄이거나 없애기 위한 접근방식이나 조치에 큰 영향을 미치고 있다.

(1) 의료적 모델에서의 인식

장애에 대한 의료적 모델에서는 장애와 빈곤 사이의 관계를 다음과 같은 두 가지 측면에서 살펴보고 있다(Spicker, Leguizamón & Gordon, 2007).

---

1) 이때, 물리적 제약의 예로 휠체어를 타고 건물에 들어갈 수 없는 것이 있다.

① 빈곤은 장애를 유발할 수 있다. 빈곤이 장애를 유발하는 과정을 예로 들면 다음과 같다.

㉠ 지역사회 수준과 개인 수준에서 자원이 부족할 경우, 주거 공간이 적절하지 않고, 위생시설이 부족하고, 영양 있는 음식을 충분히 먹지 못하고, 근로 환경이 좋지 않을 가능성이 크다.

㉡ 그 결과, 신체적 장애나 심리적 장애를 겪을 가능성이 있다.

② 장애는 빈곤을 유발할 수 있다. 장애 상태에 있을 경우, 가족의 경제적 자원이 감소할 수 있다. 때에 따라서는 가족의 경제적 자원이 빠르게 줄어들 수 있다. 따라서 장애는 빈곤을 유발하는 주요한 요인에 속하고 있다.

(2) 사회적 모델에서의 인식

장애에 대한 사회적 모델에서는, 장애인은 사회에서 비장애인과 평등하게 생활할 수 없기 때문에 빈곤 상태에 있게 된다고 보고 있다. 이에 따라서 장애에 대한 사회적 모델에서는 빈곤을 줄이기 위해 사회 수준에서 개입하는 방안에 주목하고 있다(Spicker, Leguizamón & Gordon, 2007).

▌사진 9-1▐ 나들이 나온 장애인

장애에 대한 사회적 모델에서는, 장애인은 사회에서 비장애인과 평등하게 생활할 수 없기 때문에 빈곤 상태에 있다고 본다. [출처 : 오스트리아에서 저자 촬영ⓒ]

POINT

- 장애에 대한 의료적 모델에서는 장애인은 정상적이지 않다고 보고, 사회적 모델에서는 장애는 사회에서 장애인이 겪는 사회적 배제의 한 형태라고 본다.
- 장애에 대한 의료적 모델에서는 빈곤은 장애를 유발할 수 있고 또한 장애는 빈곤을 유발할 수 있다고 본다. 사회적 모델에서는 장애인은 사회에서 비장애인과 평등하게 생활할 수 없기 때문에 빈곤 상태에 있다고 본다.

4. 장애인빈곤을 유발하는 요인

1) 일반적 요인

장애인에게 빈곤을 유발하는 요인에는 여러 가지가 있다. 우선, 장애인을 포용하지 못하는 사회에서 장애 자체는 장애인에게 빈곤을 유발하는 요인이 될 수 있다. 왜냐하면 장애인을 포용하지 못하는 사회에서 장애 상태에 있는 것은, 소득이나 고용과 관련된 영역에 참여하는 데 불리하게 작용할 가능성이 크기 때문이다. 실제로 여러 연구에서 장애는 경제적으로 어려운 상황을 유발하는 주요한 요인으로 나타나고 있다(Braithwaite & Mont, 2008).

그리고 장애인의 개인적 상황, 장애인의 가족과 관련된 상황, 장애인을 둘러싸고 있는 여러 가지 사회적 상황은 장애인에게 빈곤을 유발하는 구체적 요인이 될 수 있다. 이런 구체적 요인은 다양할 수밖에 없다. 따라서 여러 학자와 기관은 장애인에게 빈곤을 유발하는 요인을 다양하게 제시해 왔다.

장애인에게 빈곤을 유발하는 구체적 요인을 몇 가지 제시하면 다음과 같다(노병일, 2018; Platt, 2007; DiNitto, 2007; She & Livermore, 2007; Elwan, 1999; National Council on Disability, 2017).

① 장애인은 일자리를 가질 가능성이 적고 또한 장애인을 돌보는 사람도 일자리를 가질 가능성이 적은 것과 관련된 요인이 있다. 예를 들어, 장애인이 유급 일자리에서 일하지 못할 경우, 장애인이 빈곤 상태에 있을 가능성은 커지게 된다.

② 장애인의 교육 수준이 낮은 것과 관련된 요인이 있다. 비장애인에 비해서 장애인은 교육 수준이 더 낮은 경우가 많다. 오늘날 전문 교육은 소득을 결정하는 데 중요한 요소가 되고 있다. 따라서 장애인의 교육 수준이 낮은 것은 장애인이 적절한 소득을 얻는 데 매우 부정적인 영향을 미칠 수 있다. 이렇게 되면, 장애인이 빈곤 상태에 있을 가능성은 커지게 된다.

③ 장애인에 대해 차별하는 것과 관련된 요인이 있다. 예를 들어, 장애인에 대해 차별하는 정책과 관습이 있을 경우, 장애인이 빈곤 상태에 있을 가능성은 커지게 된다.

④ 장애인은 기본적 욕구를 충족하기 위해 더 많은 비용과 자원이 필요한 것과 관련된 요인이 있다. 예를 들어, 장애인의 소득이 적은 상황에서 비용을 추가로 지출할 경우, 장애인이 빈곤 상태에 있을 가능성은 커지게 된다.

⑤ 장애인에 대해 소득을 공적으로 보장해주는 프로그램이 없거나 부족한 것과 관련된 요인이 있다. 예를 들어, 장애인이 일할 수 없을 때 적절한 소득을 보장해주지 않을 경우, 장애인이 빈곤 상태에 있을 가능성은 커지게 된다.

⑥ 장애인이 지역사회에서 서비스를 받지 못하거나 지역사회 활동에 참여하지 못하는 것과 관련된 요인이 있다. 예를 들어, 장애인이 지역사회에서 사회서비스와 사회적 지지를 받지 못할 경우, 장애인이 빈곤 상태에 있을 가능성은 커지게 된다.

2) 고용 취약 및 추가 비용과 관련된 요인

장애인에게 빈곤을 유발하는 요인 중에는 장애인이 장애 상태에 있는 것과 관련된 요인이 많다.[2] 이와 관련된 주요한 측면을 구체적으로 제시하면 다음과 같다.

2) 이에 대해서는 일반적 요인을 다루는 부분에서 설명한 바 있다.

① 장애 때문에 유급 일자리에서 일하기가 더 어려운 탓에, 장애인은 소득을 얻는 데 있어 일반인보다 더 불리할 수 있다.
② 장애 때문에 추가 비용이 필요한 탓에, 장애인은 소득을 얻는 데 있어 일반인보다 더 불리할 수 있다.

그러므로 장애인에게 빈곤을 유발하는 것과 관련해 특히 중요한 요인으로 고용이 취약한 점, 추가 비용이 드는 점이 있다.

(1) 고용이 취약한 것과 관련된 요인

오늘날 대부분의 사람에게 임금은 개인생활이나 가정생활에서 주요한 소득이 되고 있다. 따라서 유급 일자리에서 일해서 임금을 얻는 것은, 빈곤 상태에서 벗어나는 데 있어 가장 중요한 방법이 되고 있다. 당연하게도, 이런 상황은 장애인에게도 그대로 해당한다. 따라서 장애인이 유급 일자리에서 일할 수 있는 정도는, 장애인의 경제적 상태를 결정하는 중요한 요인이 되고 있다(노병일, 2021b; Alcock, 1997; Barnes, 1999; United Nations, 2019).

그러나 장애를 겪으면 고용 측면에서 불리한 경우가 많다. 예를 들어, 비장애인에 비해서 장애인은 유급 일자리에서 일하는 비율이 더 낮다. 또한 비장애인에 비해서, 장애인은 자발적 실업 상태나 자발적이지 않은 실업 상태에 있을 가능성이 훨씬 더 크다. 따라서 비장애인에 비해서 장애인은 일할 가능성이 더 적은 편이다. 특히, 장애 정도가 더 심한 장애인이나 두 가지 이상의 장애 형태를 가진 장애인은 유급 일자리에서 일할 가능성이 훨씬 더 적다(International Labor Organization, 2020a; International Labor Organization, 2020b).

장애인이 유급 일자리에서 일하는 데 불리하게 작용하는 요인에는 여러 가지가 있다. 장애인이 유급 일자리에서 일하는 데 불리하게 작용하는 요인을 몇 가지 제시하면 다음과 같다(노병일, 2021b).

① 장애인에 대해 차별하고 편견을 가지는 것과 관련된 요인이 있다. 장애인 주위의 사람이 장애인에 대해 잘못 인식하고 차별하는 것은, 장애인이 유급 일자리에서 일하는 데 걸림돌이 될 수 있다. 사실, 고용주가 장애인을

차별하기 때문에, 장애인은 사업장에서 일하면서 소득을 얻을 수 있는 기회를 갖지 못하는 경우가 적지 않다.

② 교육·훈련을 받을 기회가 부족한 것과 관련된 요인이 있다. 장애인은 인적 자본이 적거나 없으므로, 유급 일자리에서 일하는 것과 관련해 불리할 수 있다. 그리고 장애인의 교육 수준이 상대적으로 낮은 것은 장애인이 유급 일자리에서 일할 기회에 부정적인 영향을 미칠 뿐만 아니라, 장애인 근로자가 사업장에서 담당하는 업무나 임금 등에도 부정적인 영향을 미칠 가능성이 크다.

| 사진 9-2 | 일본 정신보건센터의 작업실

장애인이 교육·훈련을 받을 기회가 부족한 것은 유급 일자리에서 일하는 데 걸림돌이 될 수 있다. [출처 : 일본에서 저자 촬영ⓒ]

③ 사업장의 물리적 환경이 불리한 것과 관련된 요인이 있다. 장애인은 물리적 환경에 접근하는 데 어려움을 겪는 경우가 많다. 이런 예로 차량으로 이동하는 것, 주택이나 건물에 오고가는 것, 사업장에 오고가는 것과 관련해 어려움을 겪는 것이 있다.

그리고 장애인이 유급 일자리에서 일하더라도, 장애인 근로자의 근무 상황은 비장애인 근로자의 근무 상황보다 더 불리한 경우가 많다. 예를 들어, 장애인 근로자는 단순하고 급여가 적은 업무를 하는 경우가 많다. 또한 장애인 근로자가 사업장에서 일하는 직종은 지위가 낮고 임금이 적은 직종인 경우가 많다. 그리고 일반 근로자에 비해서, 장애인 근로자는 자신의 교육 수준에 미치지 못하는 직종에서 일할 가능성이 더 크다(노병일, 2021b; Disability Rights UK, 2020).

정리하건대, 장애인은 유급 일자리에서 일하지 못하는 경우가 많고, 유급 일자리에서 일한다 해도 임금이 적은 직종에 근무하는 경우가 많다. 그 결과, 장애인은 빈곤 상태에 있을 가능성이 크다.

(2) 추가 비용과 관련된 요인

장애인은 장애와 관련해 추가적인 욕구를 충족하여야 하는 경우가 많다(노병일, 2017). 특히 장애인은 건강과 재활 영역에서 추가적으로 비용을 지출할 가능성이 크다. 이런 상황에서 장애인에게 추가 소득이 없을 경우, 이미 적은 소득으로 생활하고 있는 장애인의 경제적 상태는 더 좋지 않게 될 수밖에 없다. 즉, 장애인이 추가 비용을 지출하여야 하는 상황은, 장애인의 경제적 상태에 부정적인 영향을 미칠 수밖에 없다(She & Livermore, 2007; Barnes, 1999; Alcock, 1997; Elwan, 1999; National Council on Disability, 2017).

이런 상황 때문에, 장애인은 빈곤 상태에 있을 가능성이 더 커지게 된다. 실제로 어느 기관이 조사한 바에 따르면, 장애 상태에서 살면 추가 비용이 필요하므로, 장애인과 그 가족은 빈곤 상태에서 사는 경우가 많다(Ervin, 2009).

장애인에게 비용이 추가로 필요한 상황에는 여러 가지가 있다. 장애인에게 추가로 필요한 비용을 몇 가지 제시하면 다음과 같다(Elwan, 1999, Ervin, 2009).

① 집에서 생활하는 데 필요한 보조기구를 구입하는 것과 관련된 비용이 있다. 이런 보조기구의 예로 휠체어가 있다.

② 이동 서비스와 관련된 비용이 있다. 장애인은 적절한 이동 서비스를 이용하기 어려우므로, 비용을 더 지불하여야 하는 상황을 겪을 수 있다. 이런

예로 장애인이 버스와 같은 대중교통을 이용할 수 없기 때문에 택시를 이용하는 것이 있다.

③ 집에서 장애인을 보살피는 사람에 대한 인건비와 관련된 비용이 있다.

④ 치료비를 지불하고 의약품을 구입하는 것과 관련된 비용이 있다.

⑤ 추가 난방비와 관련된 비용이 있다. 일부 장애인은 대부분의 시간을 집에서 생활하고 또한 운동을 많이 하지 않거나 전혀 하지 않기 때문에 추위를 더 느낄 수 있다. 이런 상황에서는 난방이 더 필요하다.

⑥ 장애인에게 특별히 필요한 옷이나 음식을 구입하는 것과 관련된 비용이 있다.

| 사진 9-3 | 장애인 체육대회의 모습

장애인은 보조기구를 구입하기 위해 추가 비용이 필요하기 때문에 빈곤 상태에 있을 수 있다.
[출처 : 저자 촬영ⓒ]

장애인이 장애와 관련해 추가로 지출하여야 하는 비용의 양은 적지 않은 편이다. 실제로, 일할 수 있는 나이의 장애인이 개인적으로 매년 지출하는 평균 의료비는 일반인이 지출하는 의료비보다 훨씬 더 많은 것으로 알려져 있다(She & Livermore, 2007).

그러나 장애인에게 필요한 추가 비용을 계산하는 것은 쉬운 일이 아니다. 따라서 기관에 따라 추가 비용의 양에서 차이가 크게 날 수도 있다.

그리고 장애인에게 필요한 추가 비용은 장애의 형태, 장애의 특성, 장애의 정도에 따라 차이가 나고 있다(Spicker, Leguizamón & Gordon, 2007).

POINT

- 장애인을 포용하지 못하는 사회에서는 장애 자체가 장애인에게 빈곤을 유발하는 요인이 될 수 있다.
- 장애인에게 빈곤을 유발하는 구체적 요인에는 여러 가지가 있다.
- 장애인에게 빈곤을 유발하는 것과 관련해 특히 중요한 요인은 고용이 취약한 점, 추가 비용이 드는 점이다.

5. 장애인 돌봄에 따른 가족빈곤

1) 장애인 돌봄과 가족구성원 빈곤

복지 영역의 공공기관과 민간기관은 장애인에게 돌봄 서비스를 제공하는 경우가 많다. 그러나 장애인과 함께 살거나 가까이에서 사는 가족구성원이 장애인을 돌보는 경우도 적지 않다. 이때는 장애인의 배우자나 자녀가 장애인을 돌보는 경우가 많다. 특히 이때는 여성 가족구성원이 장애인을 돌보는 경우가 많다(Barnes, 1999; Alcock, 1997; Elwan, 1999).

그러나 가족구성원이 장애인을 돌보는 상황은, 가족구성원의 경제적 상태에 부정적인 영향을 미칠 수 있다. 예를 들어, 이런 상황 때문에 가족구성원도 소득이 적거나 빈곤 상태에 있을 수 있다. 이렇게 되는 이유를 몇 가지 제시하면 다음과 같다(Barnes, 1999; Alcock, 1997; Elwan, 1999).

① 장애인을 보살피는 데 크게 관여하는 가족구성원 자신이 유급 일자리에서 일할 수 없게 되는 경우가 많기 때문이다. 이렇게 되면, 가족구성원 자신도 빈곤 상태에 있을 가능성이 커지게 된다.

② 유급 일자리에서 일할 수 있는 가족구성원은 시간, 장소, 경력 기회 등에서 제약받을 수 있기 때문이다. 이렇게 되면, 가족구성원 자신도 소득이 적거나 빈곤 상태에 있을 가능성이 커지게 된다.

그러므로 장애인을 돌보는 가족구성원은 유급 일자리에서 안정되게 일하는 것이 어려울 수 있다. 이렇게 되면, 가족구성원의 소득 수준은 더 낮아질 가능성이 크다. 이런 탓에, 가족구성원이 장애인을 돌보는 것도 빈곤 상태를 유발하는 요인이 될 수 있다(Barnes, 1999; Alcock, 1997; Elwan, 1999).

2) 장애아동과 가족빈곤

일반 가족에 비해서, 장애아동이 있는 가족은 빈곤 상태에 있을 가능성이 더 크다. 장애아동이 없는 가족에 비해서 장애아동이 있는 가족의 빈곤율이 더 높은 이유를 구체적으로 제시하면 다음과 같다(노병일, 2020c; Elwan, 1999).

① 장애아동을 양육하는 데 비용이 더 들기 때문이다. 예를 들어, 선진국에서 조사한 결과, 장애 정도가 심한 아동을 양육하는 비용은 장애가 없는 아동을 양육하는 비용보다 훨씬 더 많은 것으로 나타난 바 있다. 따라서 장애아동이 없는 가족에 비해서, 장애아동이 있는 가족은 자산을 모으기가 더 어려울 가능성이 크다.

② 장애아동을 돌보는 여성은 유급 일자리에서 일하는 것이 제약되기 때문이다. 우선, 장애아동이 있는 가족의 엄마는 정규직으로 유급 일자리에서 일할 가능성이 훨씬 더 적다. 그리고 장애아동이 성장함에 따라서, 장애아동의 엄마가 유급 일자리에서 다시 일할 가능성은 더 줄어든다. 이런 상황은 장애아동이 있는 가족의 경제적 상태에 부정적인 영향을 미칠 가능성이 크다.

POINT

- 가족구성원이 장애인을 돌보는 것도 빈곤 상태를 유발하는 요인이 될 수 있다.
- 장애아동이 있는 가족은 빈곤 상태에 있을 가능성이 더 크다.

6. 장애인빈곤이 미치는 영향

장애인빈곤은 장애인과 가족의 여러 생활 영역에서 영향을 미치고 있다. 무엇보다도, 장애인이 빈곤 상태에 있을 경우, 장애인이 장애에서 완전히 벗어나거나 장애 정도를 줄이기 위한 재활서비스를 받는 데 어려움을 겪을 수 있다.

물론, 공공기관과 공공시설에서는 장애인에게 비용을 부담시키지 않고 재활서비스를 제공하는 경우가 많다. 그러나 오늘날 과학기술과 의학이 빠르게 발달함에 따라서, 장애와 관련된 새로운 재활 방법과 약물과 기구 등이 많이 등장하고 있다. 이때, 새로운 재활 방법이나 약물이나 기구 등을 사용하거나 구입하는 비용의 많은 부분을 장애인이 부담하게 될 수도 있다. 이렇게 되면, 빈곤한 장애인은 새로운 재활 방법이나 약물이나 기구 등을 때에 맞춰 제대로 이용하거나 구입하기 어려울 가능성이 크다. 그러므로 장애인빈곤은 장애인의 재활과 치료에 부정적인 영향을 미칠 가능성이 크다. 이것은 장애인의 재활과 치료가 시간이 오래 걸린다는 점을 고려할 때 특히 그렇다.

그리고 장애인이 빈곤을 겪을 경우, 장애인은 다음과 같은 상황에 있을 수 있다(Vallas & Fremstad, 2014).

① 건강에 좋지 않을 수 있는 환경에서 살 가능성이 커진다.

② 건강에 좋지 않을 수 있는 환경에서 일할 가능성이 커진다.

한편 빈곤 상태에 있는 장애인은 장애와 빈곤이라는 두 가지 불리함을 겪고 있다. 따라서 장애인빈곤은 장애인의 정신건강에 매우 부정적인 영향을 미칠 수 있다. 그리고 이런 상황 때문에, 장애인빈곤은 장애인의 상태를 더 악화시킬 수 있다. 예를 들어, 장애인이 빈곤 상태에 있을 경우, 장애인은 스트레스를 더 겪을 가능성이 크다. 또한 장애인이 빈곤 상태에 있을 경우, 장애인은 새로운 형태의 스트레스를 겪을 수도 있다. 이런 상황은 장애인의 건강에 부정적인 영향을 미치게 된다. 그 결과, 장애인빈곤은 장애인에게 새로운 형태의 장애를 유발하거나 현재의 장애를 더 악화시키는 식으로 영향을 미칠 수도 있다.

장애와 빈곤 사이의 관계

장애와 빈곤은 서로 관련되고 있다. 그러나 장애와 빈곤 사이의 관계는 단순하지 않다.

세계에서 실시한 여러 연구에 따르면, 장애와 빈곤 사이의 관계는 양방향적(bidirectional) 관계이다(Pinilla-Roncancio, 2015). 즉, 장애와 빈곤 사이의 관계는 서로 영향을 주고받는 관계이다.

이를 구체적으로 살펴보면 다음과 같다.[3)]

① 장애는 빈곤을 유발하는 요인이 되고 있다. 즉, 장애와 관련된 요인은 직접적·간접적으로 장애인에게 빈곤을 유발하고 있다.

② 빈곤은 장애를 유발하는 요인이 되고 있다. 즉, 장애는 빈곤의 결과로 나타날 수 있다. 예를 들어, 빈곤 상태에 있을 경우, 신체적 건강과 정신건강이 좋지 않게 될 가능성이 커진다. 그 결과, 빈곤은 장애를 유발할 수 있다.

그러나 장애와 빈곤 사이의 관계는 더 복잡할 수 있다. 예를 들어, 장애와 빈곤 사이의 관계는, 장애 상태에 있으면 빈곤 상태에 있을 가능성이 커지고, 또한 빈곤 상태에 있으면 장애 상태에 있을 가능성이 커지는 식이 될 수 있다(Morgon, Pinilla-Roncancio, Walsham, Van Minh, Neupane & Mai, 2021).

POINT

- 장애인빈곤은 장애인의 재활·치료에 부정적인 영향을 미칠 가능성이 크다.
- 장애인빈곤은 새로운 장애를 유발하거나 현재의 장애를 악화시킬 수 있다.
- 장애와 빈곤 사이의 관계는 양방향적 관계이다.

3) 장애에 대한 의료적 모델을 다루는 부분에서도 장애와 빈곤 사이의 관계를 설명한 바 있다.

7. 장애인빈곤을 줄이거나 없애기 위한 방안

1) 일반적 방안

장애에 대한 의료적 모델에 따르면, 장애는 장애인에게 빈곤을 유발하는 요인이 될 수 있다. 실제로, 장애 상태에 있는 것 자체는 장애인에게 빈곤을 유발하는 요인이 될 수 있다.

그러나 장애인이 빈곤 상태에 있는 더 근본적인 이유는, 사회가 장애를 폭넓게 포용하지 못하기 때문인 경우가 많다. 그러므로 장애인빈곤을 줄이거나 없애기 위해서는, 장애에 대한 사회적 모델에 근거한 방안에 더 주목할 필요가 있다. 이때, 장애인이 교육 영역과 고용 영역에서 비장애인과 평등하게 참여할 수 있는 기회를 더 많이 갖게 하기 위해, 사회에 있는 여러 가지 제도적 차별과 걸림돌을 없앨 필요가 있다.

2) 사회보장과 관련된 방안

(1) 장애수당의 제공

장애인의 빈곤을 줄이는 방안의 하나는, 사회보장제도에서 장애인에게 급여를 제공하는 것이다(노병일, 2020b). 이를 위해서 사회보장제도에서는 장애수당을 제공할 수 있다. 장애수당은 장애인의 소득 수준에 상관없이 모든 장애인에게 제공하는 현금과 같은 것을 말한다. 장애수당은 장애인의 경제적 상태를 더 낫게 하는 데 도움이 되고 있다. 그러나 장애인이 빈곤 상태에서 벗어나기 위해서는 장애인이 생활하는 데 충분한 양의 급여를 제공하는 것이 중요하다. 그러므로 장애인의 빈곤을 줄이거나 없애기 위해서는, 장애인과 가족에게 적절한 수준의 장애수당을 제공할 필요가 있다(노병일, 2018).

(2) 근로 의욕 향상을 위한 급여의 제공

장애인이 유급 일자리에서 일해서 얻는 소득이 적을 경우, 장애인은 유급 일자리에서 일하는 것을 꺼릴 수 있다. 이렇게 되면, 장애인은 빈곤 상태에 계속 있게 될 수 있다. 그러므로 일할 능력이 있는 장애인이 일하려는 동기를 계속 가지게 하기 위해서, 유급 일자리에서 받는 급여가 적은 장애인에게 소득을 추가로 제공할 필요가 있다(노병일, 2018).

이런 예의 하나가 영국에서 실시한 바 있는 장애근로수당 제도이다. 영국에서는 장애인이 유급 일자리에서 일하는 것을 장려할 목적으로 장애근로수당이라는 사회보장 급여를 제공한 바 있다. 장애근로수당의 목적은 장애인 근로자가 임금을 적게 받는 것을 보충하는 데 있다(Barnes, 1999; Alcock, 1997).

3) 고용과 관련된 방안

(1) 일자리의 제공

장애인이 일자리를 찾는 것은 일반인보다 훨씬 더 어려운 경우가 많다. 그러므로 장애인에게 적절한 일자리를 찾아 주거나 장애인이 일자리를 찾는 것을 제도적으로 도와줄 필요가 있다. 이때, 사회적 기업이나 창업을 통해 일자리를 제공하는 방안도 고려할 필요가 있다(노병일, 2018).

(2) 고용 능력의 향상

장애인이 좋은 유급 일자리에서 일하기 위해서는, 장애인에게 능력을 키워주어야 한다. 그러므로 사업장에서 필요한 교육과 직업훈련을 받을 수 있는 기회를 장애인에게 더 제공할 필요가 있다(노병일, 2018).

❙사진 9-4❙ 일본의 장애인 자립 지원센터

장애인의 능력을 키워주기 위해서, 장애인이 교육과 직업훈련을 받을 수 있는 기회를 더 제공할 필요가 있다. [출처 : 일본에서 저자 촬영ⓒ]

(3) 사업장의 걸림돌 제거

장애인이 사업장에서 일하기 위해서는 사업장에 걸림돌이 없어야 한다. 이것은 능력이 있는 장애인에게 특히 그렇다. 그러므로 장애인이 일하려 할 때 사업장에 있는 걸림돌을 파악해 없앨 필요가 있다.

그러나 장애인이 일할 환경을 제대로 갖추지 못한 사업장도 적지 않다. 따라서 장애인이 빈곤에서 벗어나기 위해 유급 일자리에서 일하게 할 때 특히 중요한 것은, 사업장이 장애인을 포용하는 것이다. 장애인이 일하고자 할 때, 장애인을 포용하지 않는 것만큼 큰 걸림돌은 없을 것이다. 사업장에서 장애인을 포용하는 방법에는 여러 가지가 있다. 이런 예로 장애인 근로자에게는 업무를 융통성 있게 조정해 주는 것, 사업장의 환경을 장애인 근로자에 맞게 개선하는 것이 있다(노병일, 2018; 노병일, 2021b).

POINT

- 장애인빈곤을 줄이거나 없애기 위해서는 장애에 대한 사회적 모델에 근거한 방안에 더 주목할 필요가 있다.
- 장애인빈곤을 줄이거나 없애기 위해서는 장애인·가족에게 적절한 수준의 장애수당을 제공하고, 유급 일자리에서 받는 급여가 적은 장애인에게 소득을 추가로 제공할 필요가 있다.
- 장애인빈곤을 줄이거나 없애기 위해서는 장애인에게 적절한 일자리를 찾아 주거나 일자리를 찾는 것을 도와주고, 사업장에서 필요한 교육과 직업훈련을 받을 수 있는 기회를 더 제공하고, 사업장에 있는 걸림돌을 없앨 필요가 있다.

PART 04

주거 취약과 빈곤

제10장 노숙인

10 노숙인

CONTENTS

1. 노숙인에 대한 관심의 필요성

오늘날 모든 국가에서 도시가 매우 빠르게 성장하고 있다. 그리고 앞으로도 도시에서 사는 사람의 비율은 더 높아질 것으로 보인다. 이에 따라서 오늘날에는 빈곤이 주로 도시에서 나타나는 현상이 되고 있다. 이런 현상은 '빈곤의 도시화'라고 부를 수도 있다.

그러나 오늘날의 도시에서는 취약층이 충분한 소득을 확보하면서 생활하기 어려운 경우가 많다(노병일, 2018). 따라서 오늘날의 도시에는 다양한 형태의 빈곤층이 존재하고 있다. 이 중에서 노숙인(홈리스, homeless)은 도시의 빈곤을 가장 극단적으로 보여주는 층에 속하고 있다.

오늘날 노숙(homelessness)은 세계의 대도시에서 자주 볼 수 있다. 그리고 도시에 거주하는 사람들 중에는 노숙 상태에 있을 가능성이 큰 사람이 많다.

오늘날, 도시의 노숙인 문제는 일시적인 사회문제가 아니라 계속해서 나타나는 사회문제가 될 가능성이 크다(노병일, 2018; Eitzen, Zinn & Smith, 2011; Editors of Encyclopaedia Britannica, 2021).

| 사진 10-1 | 대도시의 노숙인

도시빈곤을 극단적으로 보여주는 층의 하나가 노숙인이다. [출처 : 핀란드에서 저자 촬영ⓒ]

노숙은 단지 주거지가 없는 것 이상의 문제를 유발하고 있다. 예를 들어, 노숙은 신체적 건강이 좋지 않은 것, 정신건강이 좋지 않은 것, 약물을 잘못 사용하는 것을 포함한 여러 문제와 관련되어 있다. 사실, 여러 가지 사회문제 중에서, 노숙문제만큼 어려움이 겉으로 두드러지게 보이는 사회문제는 드문 편이다(노병일, 2018; Crisis UK, 2021; Editors of Encyclopaedia Britannica, 2021).

그러므로 도시의 노숙인에 관심을 가질 필요가 있다.

POINT

- 노숙인은 도시빈곤을 가장 극단적으로 보여주는 층에 속한다.
- 노숙은 주거지가 없는 것 이상의 문제를 유발한다. 따라서 도시의 노숙인에 관심을 가질 필요가 있다.

2. 노숙인의 실태[1)]

1) 실태

미국과 유럽에서는 1980년대에 경제적 위기를 겪음에 따라서 노숙인이 증가하기 시작하였다. 오늘날, 미국과 영국에서는 적지 않은 사람이 노숙 생활을 하는 것으로 알려져 있다(홍세영, 2018; 노병일, 2018; Yim, Leung, Chan, Lam & Lim, 2015; Green Doors, 2018; Crisis UK, 2021).

그리고 우리나라에서는 1990년대 말에 국제 금융위기를 겪던 시기에 노숙인이 크게 증가하였다. 우리나라에서 노숙인은 양적으로 늘어나고 있고, 이와 더불어 노숙인의 상황은 질적으로 변화하고 있다(홍세영, 2018).

2) 고려할 점

노숙인의 수는 파악하는 사람이나 기관에 따라 큰 차이가 나고 있다. 따라서 노숙인의 실태를 정확하게 파악하는 것은 쉽지 않다(Crisis UK, 2021).

노숙인의 수를 정확하게 파악하기 어려운 이유에는 여러 가지가 있다. 노숙인의 수를 정확히 파악하기 어려운 이유를 몇 가지 제시하면 다음과 같다(DiNitto, 2007; Ginzler & Cauce, 2000).

① 일부 노숙인은 다리 아래에서 자거나 홀로 있을 수 있기 때문이다.

② 노숙에 대한 정의가 분명하지 않거나 일치하지 않기 때문이다.

POINT

- 외국과 우리나라에서는 적지 않은 사람이 노숙 생활을 하는 것으로 알려져 있다.
- 노숙인의 실태를 정확하게 파악하는 것은 쉽지 않다.

1) 노숙인의 구체적 상황에 대해서는 노숙인의 상황을 다루는 부분에서 자세히 설명한다.

3. 노숙과 노숙인의 정의

노숙이라는 용어는 약간 모호할 수 있다. 그러나 여러 기관과 학자는 노숙에 대해 정의해 왔다(노병일 · 윤경아, 2004). 그동안 노숙에 대해 정의한 것을 몇 가지 제시하면 다음과 같다(Barker, 2003; Editors of Encyclopaedia Britannica, 2021; Johnson, 1995; Hahn et al., 2006).[2)]

① 미국의 전국사회복지사협회에서 발간한 사전의 경우, 노숙은 집이 없는 상태라고 보고 있다.

② 브리태니커(Britannica) 백과사전의 경우, 노숙은 집이 없거나 영구히 거주할 장소가 없는 상태라고 보고 있다.

③ 존슨(Johnson)의 경우, 노숙은 어떤 형태의 정상적인 거주지가 없는 것이라고 보고 있다.

④ 한 등(Hahn et al.)의 경우, 노숙은 야외, 응급 쉼터, 주거로 적절하지 않은 장소에서 밤을 보내는 것이라고 보고 있다.

정리하건대, 노숙은 일반적 형태의 거주지가 없는 상태라고 볼 수 있다. 여기에 근거할 경우, 노숙인은 일반적 형태의 거주지가 없는 사람이라고 볼 수 있다.

한편 우리나라의 「노숙인 등의 복지 및 자립지원에 관한 법률(노숙인복지법)」에 따르면, '노숙인 등'은 다음의 하나에 해당하는 사람을 말한다(국가법령정보센터, 2021).[3)]

① 상당한 기간 동안 일정한 주거 없이 생활하는 사람이 있다.

② 노숙인시설을 이용하거나 상당한 기간 동안 노숙인시설에서 생활하는 사람이 있다.

③ 상당한 기간 동안 주거로서의 적절성이 현저히 낮은 곳에서 생활하는 사람이 있다.

2) 노숙인의 한문 표현은 露宿人이다. 따라서 단어의 뜻만 놓고 볼 때, 노숙인은 길에서 자는 사람을 가리키는 것이 아니라 이슬을 맞으며 자는 사람을 가리킨다(노병일, 2018).

3) 우리나라의 법에서는 '노숙인'보다는 '노숙인 등'의 용어를 사용하고 있다. 아무래도 '노숙인 등'은 '노숙인'보다 적용되는 사람의 범위가 더 넓을 수밖에 없다.

┃사진 10-2┃ 세계 노숙 깃발

'세계 노숙 깃발(Homeless International Flag)'은 노숙인과 노숙인을 돕는 사람들을 위한 상징이다. 세계 노숙 깃발은 노숙인과 빈곤층을 위해 세계에서 최초로 만든 국제적인 깃발이다.
[출처 : Wikimedia Commons(2018)]

POINT

• 노숙은 일반적 형태의 거주지가 없는 상태이고, 노숙인은 일반적 형태의 거주지가 없는 사람이다.

4. 노숙인의 형태

노숙인에는 여러 가지 형태가 있다. 그러나 노숙인의 형태를 분류하는 방식에 대해서는 의견이 일치하고 있지 않다(노병일, 2018). 노숙인의 형태를 분류하는 방식을 몇 가지 제시하면 다음과 같다(이태진, 2002; Pierson, 2002; Johnson, 1995).

① 피어슨(Pierson)은 노숙인집단을 다음과 같이 세 가지로 구분하고 있다.

㉠ 주변 거주인(displaced people)이 있다. 이것은 자신이 사는 집에서 주요한 거주자가 아닌 사람을 말한다. 이런 사람의 예로 누구의 방에 붙어사는 사람이 있다.

㉡ 시설(shelter) 거주인이 있다. 이것은 어떤 종류의 임시시설에서 사는 사람을 말한다. 임시시설의 예로 쉼터, 교회, 병원이 있다.

㉢ 거리 거주인이 있다. 이것은 거리에서 생활하면서, 거주 목적이 아닌 공공 장소에서 사는 사람을 말한다. 공공 장소의 예로 역, 주차장, 좁은 길, 공원이 있다. 거리 노숙인은 노숙인들 중에서 가장 취약한 층이다. 거리 거주인은 거주지뿐만 아니라 다양한 여러 형태의 도움도 필요한 경우가 많다.

② 존슨(Johnson)은 노숙인의 형태를 다음과 같이 세 가지로 구분하고 있다.

㉠ 실제적 노숙인(literally homeless)이 있다. 이것은 쉼터나 길거리에서 자고 있는 노숙인을 말한다.

㉡ 숨겨진 노숙인(hidden homeless)이 있다. 이것은 친척과 친구의 집에 더불어 사는 사람이나 차나 방치된 건물에서 자는 사람을 말하는 경우가 많다.

㉢ 반복적 노숙인(episodically homeless)이 있다. 이것은 노숙 상태에 놓이고 벗어나는 것을 반복하는 사람을 말한다.

③ 이태진은 우리나라 상황에서 정책 대상으로서의 노숙인을 다음과 같이 세 가지 유형으로 구분하고 있다.

㉠ 거리 노숙인이 있다. 이것은 "글자 그대로 홈리스로 비닐하우스나 쪽방, 쉼터에도 머무르지 못하고 거리로 나와 숙식을 해결하는 계층"을 말한다.

㉡ 쉼터 노숙인이 있다. 이것은 "노숙인의 임시거주시설에 거주하는 계층"을 말한다.

㉢ 쪽방생활자가 있다.[4] 이것은 "아직 주거를 상실하지 않았으나 임시의 불안정한 쪽방에 거주하고 예비노숙인으로 간주될 수 있는 주거 취약계층"을 말한다.[5]

---

4) 쪽방생활자는 노숙인이 될 가능성이 있고, 일부 학자는 쪽방생활자를 노숙인의 한 형태로 분류하고 있다. 따라서 본 장에서는 쪽방생활자도 노숙인에 포함해 살펴본다.

5) 우리나라에서 쪽방이라는 용어가 어떻게 등장하였는지에 대해서는 확실하게 알려져 있지 않다. 다만 "'쪽'이라는 말이 '어떤 물건을 쪼갰을 때의 한 부분, 혹은 물건의 쪼개진 부분을 세는 단위[...]로 쓰이고 있는 것으로 미루어 쪽방은 방을 쪼개어 나눈 매우 작은 방의 일종"으로 볼 수 있다고 최지훈과 이준호(1999 : 24)는 설명한 바 있다.

그러므로 노숙인의 형태를 분류하는 것은 학자마다 차이가 나고 있다.[6] 그러나 정리하건대, 노숙인은 거리 노숙인, 쉼터 노숙인, 기타 노숙인으로 크게 구분할 수 있다(노병일, 2018).

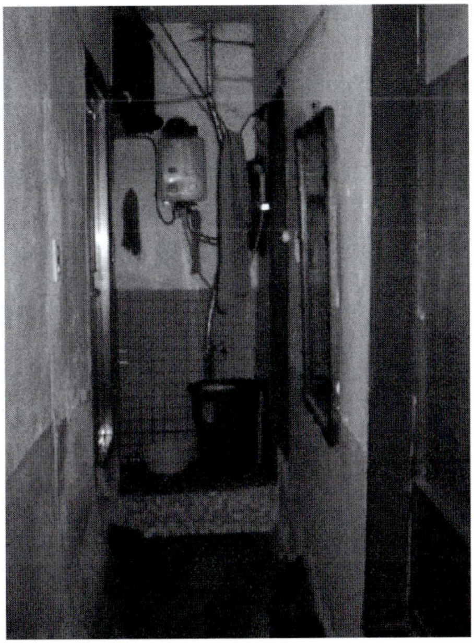

| 사진 10-3 | 쪽방의 입구

쪽방생활자는 예비노숙인이 될 가능성이 있다. [출처 : 저자 촬영ⓒ]

POINT

- 노숙인은 크게 거리 노숙인, 쉼터 노숙인, 기타 노숙인으로 구분할 수 있다.

6) 어느 전문가는 노숙인의 형태를 만성적(chronic) 노숙인, 반복적(episodic) 노숙인, 과도적(transitional) 노숙인, 숨겨진(hidden) 노숙인으로 분류하기도 한다(Unite, 2019). 그러나 각 노숙인의 형태는 앞에서 제시한 내용과 비슷하다.

5. 노숙을 유발하는 요인과 과정

1) 노숙을 유발하는 요인

노숙을 유발하는 요인(또는 상황)에는 여러 가지가 있다. 따라서 노숙인과 관련된 연구에서는 노숙을 유발하는 요인을 나름대로 제시해 왔다. 노숙을 유발하는 여러 요인들은 서로 밀접하게 관련되는 경우가 많다(노병일 · 윤경아, 2004; Editors of Encyclopaedia Britannica, 2021).

(1) 노숙인과 관련된 기관이 제시하는 요인

노숙인과 관련된 기관의 경우, 노숙을 유발하는 요인을 다음과 같이 제시하고 있다(전국실직노숙인대책 종교시민단체 협의회, n.d.; Social Exclusion Unit, 2004a; National Coalition for the Homeless, 2003).

① 영국의 사회적 배제국은 노숙을 유발하는 요인을 다음과 같이 제시하고 있다.

㉠ 구조적 요인이 있다. 구조적 요인의 예로 주택이 부족한 것, 실업 상태에 있는 것, 불평등한 상태에 있는 것, 관계가 없어지는 것이 있다.

㉡ 위험 요인이 있다. 위험 요인과 관련이 있는 것으로 가족의 상황, 시설에 있은 경험, 사회경제적 특성, 건강과 관련된 특성이 있다.

㉢ 유발 계기(trigger) 요인이 있다. 유발 계기 요인은 노숙 상태에 놓일 가능성을 크게 증가시키는 상황을 말한다. 유발 계기 요인의 예로 교도소에서 나오는 것, 지역기관의 보호에서 벗어나는 것이 있다.

② 미국의 전국노숙인연대(National Coalition for the Homeless)는 노숙인이 더 늘어나게 되는 상황을 다음과 같이 제시하고 있다.

㉠ 소득 수준이 좋아지지 않고 있다.

㉡ 보수가 적고 고용이 안정되지 않은 일자리에서 일하고 있다.

| 사진 10-4 | 미국의 '전국노숙인연대'의 로고

노숙을 유발하는 요인에는 여러 가지가 있다. [출처 : 홈페이지]

③ 우리나라 조직인 전국실직노숙인대책 종교시민단체 협의회는 노숙을 유발하는 요인과 관련된 상황을 다음과 같이 제시하고 있다.

㉠ 성장한 환경이 좋지 않다.

㉡ 직업이 안정되지 않다.

㉢ 가족 구성이 취약하다.

㉣ 특정한 사건을 겪고 있다.

어떻게 노숙인이 되었는가?

○ **불우한 성장 배경** : 부모가 재혼했거나 이혼한 가정에서 성장한 경우가 많고 친척집에서 성장하거나 고아로 자란 사람도 있습니다. 물론 정상적인 가정에서 성장한 경우도 있으나 어려운 가정형편 때문에 정상적인 학교 교육보다는 일찍 취업을 하는 경우가 대부분입니다.

○ **안정되지 않은 직업** : 교육 수준과 직업 기술이 낮은 상태에서 취업을 해야 하기 때문에 경력이 쌓인다고 해서 임금이 크게 향상되지는 않습니다. 또한 대부분이 불안정한 고용 상태인 임시직이기 때문에 이들의 전반적인 생활까지도 불안정하게 되고 예측불가능한 상태로 빠뜨립니다.

○ **취약한 가족구성** : 성인이 되어서 안정적인 가정을 형성하는 경우는 극히 드물며 독신으로 지내는 비율이 높습니다. 결혼을 해도 이혼과 별거, 가출 등의 가족 해체 현상이 나타나 가족관계와 직업의 불안정성이 중복됨으로써 안정된 가정을 이루지 못하는 경우가 많습니다.

○ **외부의 충격 · 사고** : 가족이 해체되거나 실직, 사업실패 등 특정한 사건을 겪게 될 경우 주거 공간의 변화를 겪게 되고 이러한 문제는 서로 부정적인 상승 작용을 일으킵니다. 결국 위와 같은 과정이 계속되면 노숙인으로 전락할 가능성이 매우 높아지는 것입니다.

[출처 : 전국실직노숙인대책 종교시민단체 협의회(n.d.)] [원문을 그대로 옮김]

(2) 학자가 제시하는 요인

일부 학자는 노숙을 유발하는 요인을 다음과 같이 제시하고 있다(Eitzen, Zinn & Smith, 2011; Stretch, 2003; Washington, 2002; DiNitto, 2007).

① 에이쯘(Eitzen) 등은 미국에서 노숙인이 더 늘어나는 요인과 관련된 상황을 다음과 같이 제시하고 있다.

㉠ 자기 소득 중에서 너무 높은 비율을 집세로 지불하고 있다.

㉡ 공공부조를 받을 수 있는 조건이 더 까다로워진다.

② 워싱턴(Washington)은 노숙인이 계속 존재하는 요인과 관련된 상황을 다음과 같이 제시하고 있다.

㉠ 빈곤한 상태에 있다.

㉡ 비용을 부담할 만한 주택이 부족하다.

㉢ 실업 상태에 있거나 고용과 관련해 어려움을 겪고 있다.

㉣ 약물을 잘못 사용하고 있다.

㉤ 가정에서 학대나 폭력을 경험하고 있다.

③ 스트레치(Stretch)는 그동안의 여러 연구에서는 노숙을 유발하는 요인으로 다음의 두 가지를 가장 많이 제시한다고 정리하고 있다.

㉠ 비용을 부담할 만한 주택이 없다.

㉡ 유급 일자리에서 받는 보수가 적다.

④ 일부 학자는 노숙을 더 유발하는 요인을 다음과 같이 제시하고 있다.

㉠ 사회적 요인이 있다. 이런 요인의 예로 가족 유대와 지역사회 유대가 느슨해지는 것이 있다.

㉡ 경제적 요인과 구조적 요인이 있다. 이런 요인의 예로 실업 상태에 있는 것, 일자리와 관련된 상황이 더 경쟁적으로 되는 것, 임금 수준이 낮은 것이 있다.

㉢ 정치적 요인이 있다. 이런 요인의 예로 공공부조와 사회서비스를 줄이는 것이 있다.

(3) 정리

노숙을 유발하는 요인은 다양하다. 그러나 노숙을 유발하는 여러 요인은 크게 다음과 같이 정리할 수 있다(노병일 · 윤경아, 2004; Green Doors, 2018).

① 주택과 관련된 요인이 있다. 구체적으로 이것은 주택의 부족, 주택비의 상승, 빈곤층을 위한 주택의 감소와 같은 요인을 말한다.

② 빈곤 및 고용과 관련된 요인이 있다. 구체적으로 이것은 빈곤의 증가, 실업의 증가, 임금 또는 소득의 감소, 고용 상황의 불리함과 같은 요인을 말한다.

③ 정신건강과 관련된 요인이 있다. 구체적으로 이것은 약물남용과 같은 요인을 말한다.

④ 가족과 관련된 요인이 있다. 구체적으로 이것은 학대와 가정폭력, 가족환경의 불리함과 같은 요인을 말한다.

결국, 노숙을 유발하는 주요한 요인은 소득이 적은 것과 집값이 비싼 것이다. 그리고 가정폭력도 노숙을 유발하는 요인이 되고 있다.

노숙을 유발하는 요인

젊은 시절에 실제로 미국에서 노숙인으로 생활한 적이 있는 어느 여성활동가는 노숙을 유발하는 요인으로 다음과 같은 상황에 있는 것을 제시한 바 있다(노병일, 2017).

① 생활하는 데 적절한 임금이 부족하다.
② 실업 상태에 있거나, 자기 능력보다 더 낮은 수준의 일을 하고 있다.
③ 발달장애가 있거나, 정신건강문제가 있다.
④ 신체적으로 아프거나, 사고를 경험한 적이 있다.
⑤ 이념적으로 갈등하고 있다. 이와 관련되는 이념의 예로 종교가 있다.
⑥ 신체적 · 정서적 · 성적 학대를 당한 적이 있다.

2) 노숙을 유발하는 요인과 관련된 관점

(1) 관점의 분류

노숙 상태에 있게 된 과정이 어찌되었든 간에, 노숙인에게 노숙을 유발하는 요인과 관련된 관점은 개인적 관점과 구조적 관점으로 구분할 수 있다.

(가) 개인적 관점

개인적 관점은 노숙을 유발하는 요인으로 개인적 특성을 강조하는 관점을 말한다. 개인적 관점에서는 노숙 상태에 있을 가능성을 커지게 하는 개인적 특성이 있다고 보고 있다.

그러므로 개인적 관점에서는, 노숙문제를 해결하는 것과 관련해 노숙인 개인에게 주목하고 있다. 이때, 노숙인이 겪는 문제 중에서 가장 자주 제시되는 문제는 정신건강문제와 약물남용문제이다(Ginzler & Cauce, 2000).

(나) 구조적 관점

구조적 관점은 노숙을 유발하는 요인으로 구조적 특성을 강조하는 관점을 말한다. 구조적 관점은 노숙인의 개인적 특성에 주목하는 관점에 반대하면서 등장한 관점이다. 구조적 관점에서는 사회의 구조적 문제 때문에 노숙 상태에 있게 된다고 보고 있다(Ginzler & Cauce, 2000).

그러므로 구조적 관점에서는 노숙 상태와 관련된 사회 구조의 측면에 주목하고 있다. 이런 측면의 예로 빈곤 상태에 있는 것, 노숙인을 대상으로 하는 사회서비스가 적절하지 못한 것, 주택이 부족한 것이 있다(Ginzler & Cauce, 2000; DiNitto, 2007).

| 사진 10-5 | 고베의 노숙인(왼쪽)과 도쿄의 노숙인(오른쪽)

노숙을 유발하는 요인과 관련된 관점으로 개인적 관점과 구조적 관점이 있다.
[출처 : 일본에서 저자 촬영ⓒ]

(2) 고려할 점

개인적 관점과 구조적 관점 중에서 어느 관점을 취하느냐는 개인과 기관과 시대에 따라 차이가 날 수 있다(노병일 · 윤경아, 2004).

노숙인에 대한 편견과 진실 : 노숙 생활은 비난받을 만한 개인의 책임이다?

노숙이라는 한계 상황으로 내몰린 원인은 무척 다양합니다. 하지만 가장 주된 원인은 불평등한 사회구조에서 찾을 수 있습니다. 고용상태가 불안정한 노동자들은 빈약한 사회보장제도, 높은 주거비로 조금씩 사회로부터 내몰리고 있습니다. 여기에 개인의 취약함도 있지만, 그 취약함 역시 빈곤의 연결고리인 면이 많습니다.

[출처 : 전국실직노숙인대책 종교시민단체 협의회(n.d.)] [원문을 그대로 옮김]

3) 노숙 상태에 놓이는 과정

노숙을 유발하는 여러 가지 요인 때문에 노숙 생활을 하게 되는 과정은 다양하다. 예를 들어, 미국에서 이전에 주택에서 거주하던 사람들을 조사한 결과, 다음과 같은 두 가지 유형이 나타난 바 있다(Ginzler & Cauce, 2000).

① 좋지 않은 사건 때문에, 안정된 거주 상태를 유지하다가 노숙 상태에 놓이는 유형이 있다. 이런 과정은 빠르게 짧은 기간에 걸쳐 진행되고 있다.

② 안정된 거주 상태를 유지하다가, 그 후 몇 달이나 몇 년 동안 친구나 가족에 붙어살다가, 결국 노숙 상태에 놓이는 유형이 있다. 이런 과정은 서서히 오랜 기간에 걸쳐 진행되고 있다.

POINT

- 노숙을 유발하는 주요한 요인은 주택과 관련된 요인, 빈곤·고용과 관련된 요인, 정신건강과 관련된 요인, 가족과 관련된 요인이다.
- 노숙을 유발하는 요인과 관련된 관점은 개인적 관점과 구조적 관점으로 구분할 수 있다.
- 노숙인이 노숙 생활을 하게 되는 과정은 다양하다.

6. 노숙인의 상황[7)]

1) 일반적 상황

일반적으로 노숙인은 다음과 같은 상황에 있는 경우가 많다(Barker, 2003).

① 빈곤한 상태에 있다.

② 머무르는 곳을 자주 옮기고 있다.

③ 자신의 상황을 개선하는 데 필요한 사회적 기술이나 정서적 안정이 부족하다.

2) 신체적 건강과 관련된 상황

(1) 신체적 건강

일반인에 비해서, 노숙인은 신체적 건강이 좋지 않을 가능성이 더 크다. 따라서 일반인에 비해서, 노숙인은 질병에 더 잘 걸리는 경우가 많다. 특히 노숙인이 길거리에서 잠을 잘 때는 건강이 더 나빠질 수 있다(Yim et al., 2015; NewsRx Health, 2013; Crisis UK, 2021).

7) 노숙인의 상황은 노숙이 미치는 영향과 크게 관련되고 있다.

일반적으로, 노숙 상태에 있는 것과 건강이 좋지 않은 것은 서로 관련되는 것으로 알려져 있다. 즉, 질병에 걸린 사람은 노숙 상태에 있을 가능성이 크고, 노숙 상태에 있으면 질병에 걸릴 가능성이 크다는 것이다(Hwang, 2002).

그리고 노숙인에게는 일반인에게 흔하게 나타나는 질병이 더 자주 나타나는 경향이 있다. 일반인에게 흔하게 나타나는 질병의 예로 혈관과 관련된 질병, 암이 있다. 또한 노숙인은 외상(trauma), 신체적 폭력, 성적 폭력, 에이즈, 결핵과 같은 것을 더 자주 경험하는 경향이 있다. 그리고 일반인에 비해서 노숙인은 뇌에 문제가 있을 가능성이 더 크다(Turnbull & Podymow, 2002; NewsRx Health, 2013; Crisis UK, 2021).

또한 일반적으로 노숙인은 다음과 같은 상황에 있는 경우가 많은 것으로 알려져 있다(Perry & Craig, 2015; NewsRx Health, 2013).

① 건강 상태가 매우 좋지 않다.
② 의료서비스를 받아야 할 때 비용이 많이 든다.
③ 병원에 더 오랜 기간 입원한다.

(2) 사망률

신체적 건강은 수명과 관련되고 있다. 따라서 일반인에 비해서, 노숙인이 사망하는 비율은 더 높은 편이다(Yim et al., 2015; Perry & Craig, 2015; Crisis UK, 2021).

그리고 일부 노숙인은 사망할 가능성이 더 큰 것으로 알려져 있다. 이런 노숙인으로 에이즈(AIDS)에 걸린 노숙인, 신장이나 간에 문제가 있는 노숙인, 맥박이 규칙적이지 않은 노숙인, 이전에 교도소와 같은 곳에서 지낸 경험이 있는 노숙인, 계속해서 노숙 상태에 있는 노숙인이 있다(Hwang, 2002).

일부 학자의 경우, 노숙 상태에 있으면 다음과 같이 될 수 있기 때문에 사망할 가능성이 커진다고 보고 있다(Hwang, 2002).

① 다른 사람에게 죽임을 당할 가능성이 커진다. 왜냐하면 노숙 상태에 있으면 폭력을 자주 경험하는 환경에서 생활할 가능성이 더 커지기 때문이다.
② 자살할 가능성이 커진다. 왜냐하면 노숙 상태에 있으면 우울할 가능성과 희망을 가지지 않을 가능성이 더 커지기 때문이다.

3) 정신건강 및 알코올 사용과 관련된 상황

(1) 정신건강

일반인에 비해서 노숙인은 심각한 정신건강문제를 더 경험하고 있다. 실제로 성인 노숙인을 조사한 여러 연구에서, 노숙인은 일반인보다 정신건강문제를 더 겪는 것으로 나타나고 있다. 사실, 노숙인에게는 신체적 건강과 관련된 문제보다도 정신건강과 관련된 문제가 더 심각할 수 있다(서동우, 2002; Perry & Craig, 2015; National Coalition for the Homeless, 2009; Green Doors, 2018; Crisis UK, 2021).

특히 일반인에 비해서 노숙인은 다음과 같은 상황에 있을 가능성이 더 큰 것으로 알려져 있다(Perry & Craig, 2015).

① 성격을 잘 조절하지 못하고 있다.

② 자신을 해치려 하고 있다.

③ 자살을 시도하고 있다.

| 사진 10-6 | 지하철에서 자는 노숙인

노숙인은 신체적 건강과 정신건강이 좋지 않다.
[출처 : 저자 촬영ⓒ]

(2) 알코올 사용

일반인에 비해서, 노숙인은 알코올문제를 겪을 가능성이 더 크다. 실제로 노숙인 중에는 알코올 중독자가 특히 많은 것으로 알려져 있다(DiNitto, 2007; Straussner & Isralowitz, 2011; Best Drug Rehabilitation, 2015; Crisis UK, 2021).

노숙 상태에 있는 것과 알코올중독 상태에 있는 것은 서로 원인도 되고 결과도 될 수 있다. 즉, 노숙 상태에 있기 때문에 알코올에 중독될 수도 있고, 알코올중독 때문에 노숙 상태에 있을 수도 있다.

4) 삶의 질과 관련된 상황

앞에서 나타난 바와 같이, 노숙인의 상황은 매우 좋지 않다. 따라서 노숙인의 전체적인 삶의 질은 낮은 편이다. 실제로 우리나라에서 노숙인들을 대상으로 조사한 결과, 노숙인의 삶의 질 수준은 낮은 것으로 나타난 바 있다(윤경아 · 노병일, 2005).

POINT

- 노숙인은 신체적 건강이 더 좋지 않을 가능성이 크고, 사망하는 비율이 더 높은 편이다.
- 노숙인은 심각한 정신건강문제를 더 경험하고, 알코올문제를 겪을 가능성이 더 크다.
- 노숙인의 전체적인 삶의 질은 낮은 편이다.

7. 노숙인을 위한 방안

1) 일반적 방안

(1) 노숙인복지에 대한 관심의 증대

노숙인은 가장 취약한 집단에 속하고 있고, 일반인은 노숙인에 대해 부정적으로 인식할 수도 있다. 따라서 노숙인을 위한 복지에는 관심을 덜 가질 수도 있다.

그러나 노숙인도 사회의 당당한 구성원이고, 노숙인이 노숙 상태에 있게 된 원인이 노숙인 자신에게만 있는 것도 아니다. 그러므로 사회와 정부는 노숙인을 위한 복지에 더 관심을 가질 필요가 있다.

(2) 폭넓은 프로그램의 실시

노숙인에게 효과적으로 개입하기 위해서는 노숙인의 전체적인 삶의 질의 측면에 주목하여야 한다(윤경아 · 노병일, 2005). 그러므로 노숙인에게 여러 영역에서 폭넓게 프로그램을 제공할 필요가 있다.

| 사진 10-7 | 노숙인과 상담하는 사회복지사와 노숙인을 위한 무료진료소

노숙인에게는 여러 가지 폭넓은 서비스를 제공할 필요가 있다. [출처 : 저자 촬영ⓒ]

(3) 프로그램의 꾸준한 실시

노숙인은 매우 좋지 않은 상황에서 오랫동안 생활해 온 경우가 많다. 그리고 노숙인은 여러 가지 장애나 질병이 있는 경우가 많다. 그러므로 집이 없는 사람들과 주거 상황이 좋지 않은 사람들을 치료하고 보호하는 프로그램을 계속해서 실시할 필요가 있다.

2) 구체적 방안

(1) 안정된 주거지의 제공

노숙인이 노숙 상태에서 벗어나기 위해서는, 우선 노숙인이 거주할 공간이 있어야 한다. 따라서 노숙인에게 무엇보다도 중요한 것은 안정된 주거 공간이다. 그러므로 노숙인이 노숙 상태에서 벗어나게 해주기 위해서는, 노숙인에게 안정된 주거지를 제공할 필요가 있다.

(2) 고용을 위한 직업 교육 기회의 제공

노숙인이 노숙 상태를 벗어나기 위해서는 안정된 일자리에서 일하는 것이 중요하다. 따라서 노숙인의 직업 기술을 향상해 고용될 가능성을 키우는 것이 중요하다. 그러므로 노숙인에게 직업훈련이나 기타 관련 서비스를 제공할 필요가 있다.

(3) 의료서비스의 제공

노숙인은 거주 환경이 좋지 않기 때문에 신체적 영역에서 취약할 가능성이 매우 크다. 그러나 노숙인은 의료서비스를 이용하려고 할 때 어려움을 겪는 경우가 많다(Crisis UK, 2021). 그러므로 노숙인에게는 적절한 의료서비스를 제공할 필요가 있다. 이와 관련해, 노숙인이 많은 곳에 건강 진료소와 같은 것을 설치해서, 노숙인이 건강서비스를 항상 편하게 받게 할 필요가 있다.

또한 노숙인은 정신건강문제로 어려움을 겪을 가능성이 매우 크다. 그러므로 정신건강문제를 경험하는 노숙인에게 정신건강서비스를 제공할 필요가 있다.

그리고 노숙인은 알코올문제로 어려움을 겪을 가능성이 매우 크다. 그러므로 알코올문제로 어려움을 겪는 노숙인에게 알코올과 관련된 전문적 서비스를 제공할 필요가 있다. 예를 들어, 노숙인이 알코올에 덜 의존하게 하기 위해서 노숙인에게 알코올과 관련해 교육하고 상담할 필요가 있다.

노숙인을 위한 '주거 우선' 접근 방식

미국의 일부 대도시에서는 다양한 '주거 우선(housing first)' 접근방식을 취하고 있다. 이런 접근방식을 취하면, 노숙인에게 '안전한' 쉼터와 가격이 싼 주택을 제공할 수 있다.

이런 접근방식에서는 쉼터에 들어오는 사람에게 자세를 먼저 갖추라고 요구하지 않는 경우가 많다. 즉, 이런 접근방식에서는, 쉼터에 들어오기 위해서 알코올이나 기타 약물을 끊으라고 요구하는 것도 아니고, 정신건강이나 약물남용과 관련된 서비스를 받으라고 요구하는 것도 아니다. 물론 쉼터에 들어온 노숙인은 이런 서비스를 이용할 수 있고, 노숙인이 이런 서비스를 이용하는 것을 장려하고는 있다(DiNitto, 2007).

이런 접근방식에서 추구하는 바를 구체적으로 제시하면 다음과 같다(DiNitto, 2007).

① 노숙인에게 쉼터를 조건 없이 우선적으로 제공함으로써, 약물문제와 정신건강문제가 있는 노숙인이 정신건강이나 약물과 관련된 서비스를 이용할 가능성을 높이고자 한다.
② 노숙인이 안정된 주거 환경을 유지하는 데 도움을 주고자 한다.

POINT

- 노숙인을 위해서는 노숙인복지에 관심을 더 가지고, 폭넓은 프로그램을 제공하고, 프로그램을 꾸준히 실시할 필요가 있다.
- 노숙인을 위해서는 안정된 주거지를 제공하고, 고용을 위한 직업 교육을 받을 기회를 제공하고, 의료 서비스를 제공할 필요가 있다.

PART
05

빈곤을 줄이거나 없애기 위한 방안

11 공공부조

CONTENTS

1. 공공부조의 정의

1) 공공부조와 유사한 용어

공공부조(public assistance)는 빈곤층을 위한 대표적인 사회복지 프로그램이다(노병일, 2020b). 공공부조를 사회부조(social assistance)라고 부르는 경우도 많다. 그리고 국가에 따라 공공부조를 국가부조, 사회연금 등으로 부르는 경우도 있다. 또한 미국에서는 공공부조를 '복지(welfare)'라고 부르는 경우가 많다(노병일, 2021a; Barker, 2003; Rejda, 1999; DiNitto, 2007; International Labor Organization, 2014; Social Security Administration, 2015).

2) 공공부조의 정의

문자 그대로 볼 때, 공공부조는 공적으로 도와주는 것을 말한다(노병일, 2020b). 그러나 여러 기관과 법에서는 공공부조(사회부조)에 대해 더 구체적으로 정의해 왔다. 그동안 공공부조에 대해 정의한 것을 몇 가지 제시하면 다음과 같다(국가법령정보센터, 2021; Barker, 2003; International Labor Organization, 2014; Rejda, 1999; Pieters, 2006).

① 미국의 전국사회복지사협회에서 발간한 사전의 경우, 공공부조는 자신을 부양할 수단이 없는 사람들에게 정부가 최소로 경제적으로 도와주는 것이라고 보고 있다.

② 국제노동기구의 경우, 사회부조는 사회의 취약한 층에게 급여를 제공하는 제도라고 보고 있다.

③ 레이더(Rejda)의 경우, 공공부조는 노령, 질병, 장애, 이혼, 가족 불안정, 개인적으로 통제할 수 없는 기타 요인 때문에 개인이 생활 필수품을 구하기 어려울 때, 빈곤한 개인과 가족이 자기 생활과 관련된 기본적 욕구를 충족하도록 도와주기 위해 현금, 의료서비스, 기타 서비스를 제공하는 프로그램이라고 보고 있다.

④ 피터스(Pieters)의 경우, 부조(assistance)는 사회구성원에게 적절한 생활을 할 수 있는 수단을 제공하는 것을 주요한 목적으로 삼는 제도라고 보고 있다.

⑤ 우리나라의 「사회보장기본법」의 경우, 공공부조는 "국가와 지방자치단체의 책임 하에 생활 유지 능력이 없거나 생활이 어려운 국민의 최저생활을 보장하고 자립을 지원하는 제도"라고 보고 있다.[1)]

정리하건대, 공공부조는 경제적으로 생활이 어려운 사람을 국가가 도와주는 제도라고 볼 수 있다(노병일, 2020b).

POINT

- 국가에 따라 공공부조를 사회부조, 국민부조 등으로 부르기도 한다. 미국에서는 공공부조를 '복지'라고 부르는 경우가 많다.
- 공공부조는 경제적으로 생활이 어려운 사람을 국가가 도와주는 제도이다.

1) 우리나라에서는 「사회보장기본법」을 만들기 전에는 '공공부조'라는 용어보다는 '공적부조'라는 용어를 더 사용하였다. 그러나 '공공'이나 '공적'은 영어의 'public'을 옮긴 것이므로, 그 의미에는 아무런 차이가 없다.

2. 공공부조의 필요성과 목적 및 의의

1) 공공부조의 필요성

공공부조가 필요한 이유에는 여러 가지가 있다. 공공부조가 필요한 이유를 몇 가지 제시하면 다음과 같다(Rejda, 1999).

① 사회에는 사회보험이나 기타 관련 제도를 통해 급여를 받지 못하는 어려운 사람이 있기 때문이다. 따라서 사회보험이나 기타 공적 제도를 통해 급여를 받을 자격이 없는 빈곤한 개인과 가족에게 현금급여, 의료서비스, 사회서비스를 제공할 필요가 있다.

② 일부 층에게는 경제적 자원이나 관련 서비스가 필요하기 때문이다. 예를 들어, 다음과 같은 상황에 있는 사람에게는 경제적 자원이나 서비스를 제공할 필요가 있다.

㉠ 경제적 자원이 적거나 없다.

㉡ 특별한 욕구 때문에 소득을 보조받을 필요가 있거나 또는 이와 관련된 서비스가 필요하다.

③ 어떤 개인과 가족은 신체적 문제나 심리적 문제나 정서적 문제가 있으므로 최저 생활 수준을 누리지 못할 수 있기 때문이다. 따라서 이런 사람이 자기 힘으로는 해결하기 어려운 신체적·심리적·정서적 문제와 경제적 문제에 대처하도록 도와줄 필요가 있다.

2) 공공부조의 목적

공공부조에 대한 정의에서도 알 수 있듯이, 공공부조의 목적은 사회구성원이 적절하게 생활할 수 있는 수단을 제공하는 데 있다. 더 구체적으로 볼 때, 공공부조의 목적은 상황이 좋지 않은 사회구성원이 최저 생활을 할 수 있게 하는 데 있다. 따라서 공공부조는 특정한 욕구를 충족하는 것을 목적으로 삼고 있다(Pieters, 2006; Premier Reseau Ouvert sur les Services Publics en Europe, 2006).

3) 공공부조의 의의

공공부조는 빈곤을 줄이거나 없애는 것과 밀접하게 관련되어 있다. 따라서 공공부조는 빈곤을 줄이거나 없애는 정책에서 주요한 역할을 하고 있다(Stoesz, 2007). 이런 측면에서 공공부조는 중요하다.

그리고 빠르게 변하는 현대 사회에서 예기치 않은 사회적 위험이 많이 발생함에 따라서, 공공부조는 더 중요해지고 있다. 사실, 베버리지 보고서를 발간할 당시에, 베버리지는 공공부조에 의존하는 사람이 줄어들 것이라고 예측한 바 있다. 하지만 그 후의 현실은 베버리지가 예측한 바와는 다르게 진행되어 왔다(Alcock, 1997).

무엇보다도 오늘날 실업자가 많아지고 있고 한부모가족이 증가하고 있고 결혼이 불안정해지는 탓에, 빈곤 상태에서 사는 사람이 많아지고 있다. 그 결과, 오늘날 공공부조의 역할은 커지고 있다. 특히 공공부조는 한부모가족과 관련해 중요하다. 왜냐하면 한부모가족이 되면 경제적 자원이 적어지는 경우가 많기 때문이다(노병일, 2020b; 노병일 · 노대겸, 2017). 또한 공공부조는 실업과 관련해 특히 중요하다. 이런 점은 실업률이 높아지면 공공부조에 의존하는 사람이 많아진다는 사실에서 잘 드러나고 있다.

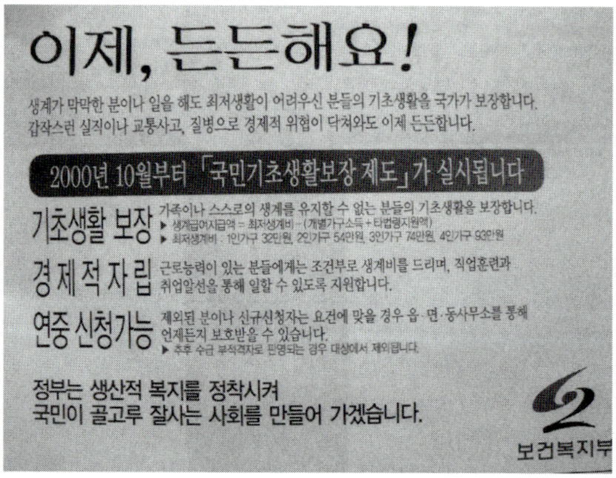

| 사진 11-1 | 우리나라의 공공부조인 국민기초생활보장 제도의 안내문

공공부조는 빈곤을 줄이거나 없애는 것과 밀접하게 관련된다. [출처 : 신문의 홍보문]

앞에서 제시한 여러 가지 측면에서 볼 때, 사회의 경제 영역에서 제외되는 사람이 많아질수록, 공공부조는 더 중요해진다(노병일, 2020b; Walz & Tracy, 1994).

이 외에, 공공부조의 중요한 측면을 몇 가지 더 제시하면 다음과 같다(Walker, 2005; Premier Reseau Ouvert sur les Services Publics en Europe, 2006).

① 공공부조는 역사가 깊다. 일반적으로 공공부조는 사회보장의 형태를 갖추고 도입한 첫 번째 제도인 경우가 많다.

② 공공부조는 경제가 위기를 맞이할 때 취약층을 도와주는 역할을 하고 있다.

③ 공공부조는 사회의 기본적 연대를 보여주고 있다. 일반적으로 공공부조는 가장 취약한 층에 대해서 국가가 연대감을 표시한 것이라고 볼 수 있다.

POINT

- 공공부조는 사회보험이나 기타 제도를 통해 급여를 못 받는 어려운 사람이 있고, 일부 층에게는 경제적 자원이나 서비스가 필요하고, 일부 개인과 가족은 신체적·심리적·정서적 문제를 가진 탓에 최저 생활 수준을 누리지 못하기 때문에 필요하다.
- 공공부조의 목적은 상황이 좋지 않은 사회구성원이 최저 생활을 할 수 있게 하는 것이다.
- 공공부조는 빈곤을 줄이거나 없애는 정책에서 중요하다. 사회의 경제 영역에서 제외되는 사람이 많아질수록, 공공부조가 더 중요해진다.

3. 공공부조의 특징

1) 공공부조의 일반적 특징

공공부조는 나름의 특징을 지니고 있다. 공공부조의 일반적 특징을 몇 가지 제시하면 다음과 같다(Social Security Administration, 2015; Rejda, 1999; Premier Reseau Ouvert sur les Services Publics en Europe, 2006).

① 공공부조에서는 소득, 자산, 경제적 가치가 있는 기타 소득이 공식적 수준보다 적은 층에게 여러 가지 급여를 제공하고 있다. 따라서 공공부조 급여를 받을 수 있는 대상은 소득이 적은 층이나 빈곤층으로 제한되는 경우가 많다.

② 앞에서 이미 설명한 바와 같이, 공공부조의 목적은 특정한 욕구를 충족하는 데 있다. 따라서 공공부조에서는 급여를 신청하는 사람의 개인적 상황과 재정적 상황을 고려하고 있다. 이런 탓에, 공공부조 급여를 신청하는 사람은 자산조사를 거쳐야 한다. 구체적으로, 공공부조 급여를 신청하는 사람은 자신이 가진 소득과 자산이 공식적 기준보다 적다는 것을 보여주어야 한다. 그러므로 공공부조 급여는 타고난 권리(earned right)에 토대를 두어 자동으로 제공하는 급여가 아니다.

③ 일반적으로 공공부조는 정부의 일반 수입(세금)에서 재정을 대부분 확보하고 있다.

④ 자산조사에는 임의적 측면이 있고, 공공부조 급여를 받을 수 있는 자격조건은 엄격하다. 따라서 공공부조에서 제공하는 현금급여의 양은 미리 예측하기 어려운 경우가 많다.

2) 사회보험과 공공부조의 차이점

사회보험과 공공부조는 사회보장제도를 구성하는 두 개의 주요한 기둥이다. 그러나 사회보험과 공공부조는 다음과 같은 점에서 서로 차이가 나고 있다(Pieters, 2006; Rejda, 1999; Kingson, 2011; Gilbert & Terrell, 2014).

① 사회보험과 공공부조는 급여의 양을 예측할 수 있는 정도에서 차이가 나고 있다. 사회보험에서는 일반적으로 급여의 양을 예측할 수 있다. 그러나 공공부조에서는 급여의 양을 예측하기가 더 어렵다. 왜냐하면 공공부조에서 제공하는 급여의 양은 급여를 받는 사람의 욕구에 따라 달라지기 때문이다.

② 사회보험과 공공부조는 욕구를 보여주어야 하는지에서 차이가 나고 있다. 사회적 위험이 발생한 경우, 사회보험에 가입한 사람은 자산조사를 신청할 필요가 없이 사회보험 급여를 받을 자격을 가지고 있다. 따라서 사회보험에 가입한 사람은 자신이 사회보험 급여가 실제로 필요한지에 상관없이 사회보험 급여를 받을 자격이 있다. 이와는 반대로, 공공부조와 관련된 행정기관은 공공부조 급여를 신청한 사람에 대해서, 이 사람이 공공부조 급여를 신청하는 것이 적절한지를 평가하여야 한다. 이때, 공공부조 급여를 신청한 사람이 이용할 수 있는 자산을 항상 따져보고 있다. 그러므로 공공부조에서는 자산조사가 항상 필요하다. 즉, 공공부조 급여를 신청한 사람은 자기 소득과 자산이 어떤 정해진 수준보다 적다는 것을 보여주어야 한다.

③ 사회보험과 공공부조는 재정을 확보하는 방식에서 차이가 나고 있다. 일반적으로 사회보험에서는 특정한 목적세(사회보장세)나 기여금(일종의 보험료)을 통해서 재정을 확보하고 있다. 그러나 공공부조에서는 정부의 일반수입에서 재정을 확보하고 있다. 또한 공공부조의 경우, 급여를 받는 사람은 자신이 공공부조 급여를 받을 자격을 갖추기 전에 공공부조 프로그램에 별도로 기여금을 납부하지 않고 있다.

④ 사회보험과 공공부조는 참여자의 수에서 차이가 나고 있다. 사회보험 프로그램에 참여하는 사람은 사회보험에 가입한 사람이다. 그러나 공공부조 프로그램에 직접 참여하는 사람은 급여를 받는 사람뿐이다. 따라서 공공부조에 비해서, 사회보험에 더 많은 사람이 참여하고 있다.

⑤ 사회보험과 공공부조는 급여에 오명이[2] 따라붙는지에서 차이가 나고 있다. 사회보험 급여를 받는 것에는 어떤 오명도 따라붙지 않고 있다. 왜냐하면 사회보험 급여를 받을 수 있는 조건을 충족할 때는, 욕구를 보여주지 않고서도 사회보험 급여를 받을 수 있는 법적 권리를 가지기 때문이다. 그러나 공공부조 급여를 받는 것에는 오명이 따라붙고 있다. 왜냐하면 공공부조 급여를 받기 위해서는 자산조사를 거쳐야 하는데, 여기에는

2) 오명에 대해서는 뒤에서 자세히 설명한다.

오명이 따라붙기 때문이다. 이런 탓에, 공공부조 급여를 받을 자격이 있는 사람이 공공부조 급여를 신청하지 않는 경우도 있다.

⑥ 사회보험과 공공부조는 주목하는 측면에서 차이가 나고 있다. 사회보험에서는 경제적 어려움을 예방하고자 한다. 이에 비해서, 공공부조에서는 경제적으로 크게 어려운 문제에 대해 즉시 도와주고자 한다.

3) 오명

(1) 오명의 의미

앞에서 이미 설명하였듯이, 공공부조는 오명(낙인감, stigma)과 관련이 있다. 그러나 오명은 다양하게 인식되고 있다. 오명에 대해 인식하는 바를 몇 가지 제시하면 다음과 같다(Spicker, Leguizamón & Gordon, 2007).

① 오명은 수치스러운 감정이라고 볼 수 있다. 이런 감정 때문에 사람들은 복지와 관련된 급여를 신청하는 것을 꺼리게 된다.

② 오명은 지위를 잃는 것이라고 볼 수 있다.

③ 오명은 사회적으로 거부되는 것이라고 볼 수 있다. 이때, 오명은 배제와 비슷한 의미를 지니게 된다.

(2) 공공부조와 오명

정서적 측면에 초점을 둘 때, 공공부조의 특징으로 오명이 따라붙는다는 점을 꼽을 수 있다. 사회보장 급여를 선별적으로 제공할수록 급여에는 오명이 더 따라붙게 되고, 이에 비해서 사회보장 급여를 보편적으로 제공할수록 급여는 권리로 인식되고 있다(노병일, 2021a; Bryson, 1992; Gilbert & Terrell, 2014). 따라서 급여를 선별적으로 빈곤층에게 제공하는 공공부조에 오명이 따라붙는 것은 어쩔 수 없는 현상이다. 아마도 일반인이 자신의 생계를 꾸리는 대책에 공공부조 급여를 받을 수 있는 가능성을 포함시키지 않는 주요한 이유의 하나는, 공공부조에 따라붙는 오명 때문일 수 있다.

공공부조에서 오명과 관련된 역사는 길다. 이런 예를 몇 가지 제시하면 다음과 같다(Mashaw, 1997; Keithley, 1989; Alcock, 1997; Bryson, 1992).

① 영국의 엘리자베스(Elizabeth) 시대에 「빈곤법」을 통해서 도움을 받는 빈곤층에게는 오명이 따라붙었다.

② 베버리지는 자산조사를 널리 실시하는 것을 반대하였는데, 그 이유의 하나는 자산조사에 오명이 따라붙기 때문이었다.

③ 보편주의를 추구하는 경향이 있는 스웨덴에서도, 사회부조(공공부조) 자체와 사회부조 급여를 받는 사람에 대해서는 부정적으로 인식하는 것으로 밝혀진 바 있다.

▎사진 11-2▎ 국가의 도움이 필요한 빈곤층

국가가 제공하는 공공부조에는 오명이 따라붙는다. [출처 : 저자 촬영ⓒ]

공공부조 급여를 받을 수 있는 조건이 까다로울수록, 오명은 더 따라붙는 경향이 있다. 우선, 공공부조 급여를 받고자 하는 사람은 자산조사를 거쳐야 하는데, 이것이 오명을 유발하는 첫 번째 요인이 되는 경우가 많다. 그리고 공공부조에서는 신청자 본인의 소득이나 재산에 대한 정보뿐만 아니라, 배우자와 자녀를 포함한 다른 사람들의 소득이나 재산에 대한 정보까지 요구하는 경우가 많다. 이렇게 되면, 자산조사는 개인과 가족에 대한 조사를 포함하는 셈이 된다. 이런 상황에서는, 개인과 가족의 사생활이 드러나게 되고, 더 나아가서 기본적 인권에 문제가 생길 가능성이 있다(Rimlinger, 1971; Pieters, 1993).

이런 문제는 사회보험에서도 나타날 수 있지만, 공공부조에서 훨씬 더 심각하게 나타나고 있다. 생활이 어려운 사람에게는 공공부조 급여가 그냥 포기하기에는 너무 큰 양이므로, 빈곤층은 공공부조 급여를 받기 위해 자신의 개인정보가 드러나는 것을 받아들일 수밖에 없고, 이에 따라 빈곤층이 느끼는 수치감은 커질 수 있다. 그 결과, 공공부조 급여를 받는 개인과 가족은 오명을 경험할 가능성이 크다(노병일, 2020b).

벤담의 주장

벤담(Bentham)은 사람은 즐거운 것은 하지만 즐겁지 않은 것은 하지 않는 경향이 있다고 주장하고 있다. 따라서 벤담은 사람이 빈곤층을 위한 급여를 신청하지 않게 하려면, 빈곤층을 위한 급여를 신청하는 것이 즐겁지 않게 만들어야 한다고 보고 있다(Spicker, Leguizamón & Gordon, 2007).

그러므로 공공부조에 의존하는 것을 꺼리게 하기 위해서, 대상자에게 의도적으로 오명이 따라붙게 하는 측면도 있을 수 있다(노병일, 2020b).

POINT

- 공공부조는 대상을 소득이 적은 층이나 빈곤층으로 제한하고, 특정한 욕구를 충족하고자 하기 때문에 자산조사를 실시하고, 재정을 정부의 일반 수입으로 확보하고, 현금급여의 양을 미리 예측하기 어렵다는 특징이 있다.
- 사회보험과 공공부조는 급여의 양을 예측할 수 있는 정도, 욕구를 보여주어야 하는 것, 재정을 확보하는 방식, 참여자의 수, 급여에 오명이 따라붙는 것에서 차이가 난다.
- 공공부조 급여를 받는 개인과 가족은 오명을 경험할 가능성이 크다.

4. 공공부조의 원칙과 원리

1) 공공부조의 원칙

그동안 공공부조의 영역에서는 원칙과 원리를 몇 가지 제시해 왔다. 이런 원칙과 원리는 공공부조와 관련된 제도나 법에 반영되고 있다.

(1) 일반적 원칙

일부 학자는 경제협력개발기구(OECD)에 속한 국가들의 사회부조(공공부조)와 관련된 정책 목표들을 종합한 결과를 토대로 해서, 다음과 같은 공공부조 원칙을 제시하고 있다(Eardley et al., 1996).

① 공공부조는 소득이 충분하지 못한 층에게 최저 생활 수준을 보장하여야 한다.

② 공공부조의 대상자는 다른 수단이나 자원을 통해 자신을 적절히 보호할 능력이 없어야 한다.

③ 공공부조는 의존심을 길러주지 말아야 하고, 자립과 독립심을 키우는 조치를 포함하여야 한다.

(2) 열등 처우의 원칙

공공부조와 관련된 주요한 원칙으로 열등 처우의 원칙(principle of less eligibility)이 있다(노병일, 2020b).[3] 열등 처우의 원칙은 빈곤한 사람에게는 그 사회에서 임금이 가장 적은 근로자가 받는 임금보다 더 많은 양의 급여를 제공하지 말아야 하는 원칙을 말한다. 즉, 열등 처우의 원칙은 빈곤층을 도와주기 위해 국가가 제공하는 원조의 양은, 임금이 가장 적은 근로자가 받는 임금의 양보다 더 적어야 한다는 것을 의미한다.

열등 처우의 원칙에 대해서는 오래전부터 관심을 가져 왔다. 열등 처우의 원칙에 관심을 가진 사례를 몇 가지 제시하면 다음과 같다(노병일, 2021a; Alcock, 1997;

3) 우리나라에서는 '열등 처우의 원칙'을 '열등 수급의 원칙'이라고 번역하기도 한다.

Gordon, 1994; Beveridge, 1942; Ridge, 2004; Spicker, Leguizamón & Gordon, 2007).

① 영국에서 1834년에 개정한 빈곤법의 특징들 중에서 열등 처우의 원칙 가장 중요한 특징에 속하고 있다.

② 베버리지는 열등 처우의 원칙을 지지하고 있다. 예를 들어, 베버리지는 국가부조(공공부조)에서 제공하는 급여는 사회보험을 통해 제공하는 급여보다 덜 바람직한 것으로 인식되어야 한다고 주장하고 있다.

③ 세계에서 실시하는 대부분의 사회보장제도에서는 열등 처우의 원칙을 적용하고 있다.

공공부조에서 열등 처우의 원칙을 적용하는 목적은, 국가의 원조에 의존하는 것은 바람직하지 않다는 것을 강조하는 데 있다. 즉, 공공부조에서 열등 처우의 원칙을 적용하는 목적은, 일하지 않는 것이 불리하다는 것을 보여주는 데 있다. 따라서 많은 사람은 공공부조 급여가 적절하지 않은 수준이어야 한다고 주장하고 있다. 왜냐하면 그렇지 않을 때는 사람이 일하지 않거나 일을 적게 하려는 동기가 강해질 것이라고 보기 때문이다. 그러므로 열등 처우의 원칙은 사회복지정책의 사회적 가치 중에서 형평(비례적 평등, equity)과 관련되고 있다(노병일, 2021a).

(3) 잔여적 관점에 따른 공공부조 원칙[4)]

공공부조에 대해 잔여적(residual) 관점을[5)] 취하는 학자나 전문가는, 공공부조를 제공하는 것과 관련해 다음과 같이 주장하는 경우가 많다(Zastrow, 2010).

① 공공부조를 이용하는 것을 꺼리게 하기 위해서, 가능하다면 공공부조 급여를 불쾌한 방식으로 제공하여야 한다. 이렇게 하기 위해 사용하는 방법을 몇 가지 제시하면 다음과 같다.

㉠ 현금급여보다는 현물급여로 제공한다. 예를 들어, 현금보다는 음식이나 의류로 제공한다.

4) 이 부분은 앞에서 설명한 일반적 원칙 및 열등 처우의 원칙과도 관련되고 있다.

5) 잔여적 관점은 취약한 사람에게 우선적으로 관심을 가지는 관점을 말한다(노병일, 2021a).

㉡ 욕구를 계속해서 다시 조사한다.
㉢ 급여를 일시적으로만 제공한다.
㉣ 부정행위가 있을 때는 급여를 중단하거나 법적으로 고발하겠다고 협박한다.

② 공공부조를 받는 사람이 급여를 받는 대가로 의무적으로 일하게 함으로써, 공공부조를 불쾌한 방식으로 제공하여야 한다.
③ 급여의 양을 매우 적게 제공함으로써, 공공부조를 신청하는 것을 꺼리게 하여야 한다. 왜냐하면 급여를 근로자의 최저 임금보다 더 많은 양을 주면, 하찮은 일을 하는 근로자의 대부분은 유급 일자리에서 일하는 대신에 공공부조 급여를 받으려 할 것이기 때문이다.
④ 자기 일자리에서 계속해서 일하게 하거나 다시 일하게 하여야 한다. 이렇게 하기 위해서는, 자발적으로 일자리를 그만둔 사람에게는 공공부조 급여를 제공하지 말아야 한다.

2) 공공부조법과 관련된 원리와 원칙

(1) 공공부조법의 기본적 원리

공공부조와 관련된 법의 규정은 국가마다 차이가 나고 있다. 하지만 생존권을 보장하는 사상에 토대를 둔 공공부조법의 원리로서, 다음과 같은 기본적 원리를 끄집어낼 수 있다(조추용 · 조석연 · 신창식 · 변보기 · 노병일 · 김준환, 2011).

① 생존권 보장의 원리가 있다. 이 원리는 국민에게 보호를 받을 권리를 보장하는 것을 말한다. 구체적으로 이 원리는 국가가 생활이 어려운 국민에게 어려운 정도에 따라 보호함으로써, 국민의 최저 생활을 보장하는 생존권 보장의 이념을 실현하는 것을 말한다.
② 국가 책임의 원리가 있다. 이 원리는 생활이 어려운 모든 국민에게 공공부조와 관련된 법을 통해서 국민의 생존권을 실현하는 것을, 국가가 최종적으로 책임지는 것을 말한다.

┃사진 11-3┃ 인도의 정부 건물

국가 책임의 원리는 공공부조법과 관련된 기본 원리에 속한다.
[출처 : 인도에서 저자 촬영ⓒ]

③ 최저 생활 보호의 원리가 있다. 이 원리는 최저 생활을 모든 국민에게 똑같이 보장하는 것을 말한다. 이때, 최저 생활은 건강하고 문화적인 수준을 유지할 수 있는 생활을 말한다.

④ 무분별 평등의 원리가 있다. 이 원리는 공공부조와 관련된 법이 정한 조건을 충족할 때는, 보호받게 된 이유, 인종, 믿음, 성별, 사회적 신분에 상관없이, 모든 국민은 공공부조와 관련된 법에서 차별 없이 보호받는 것을 말한다.

⑤ 보족성의 원리가 있다. 이 원리는 생활의 어려움과 관련해 보호받아야 할 국민에 대해서는, 개인적으로 이용할 수 있는 모든 수단을 찾아본 후에도 최저 생활을 유지할 수 없을 때만, 국가가 최종적으로 부족한 부분을 보충하는 것을 말한다. 따라서 공공부조와 관련된 법을 통해서 국가로부터 보호를 받을 경우, 국민은 자신이 이용할 수 있는 모든 수단을 사용해 생계를 유지하도록 노력하여야 한다.

⑥ 자립 성장의 원리가 있다. 이 원리는 국민이 가진 가능성을 장려함으로써, 국민이 자신의 힘으로 사회생활에 적응할 수 있게 하는 것을 말한다.

즉, 이 원리는 경제생활을 할 때 다른 사람의 도움을 받지 않고도 자기 힘으로 정상적인 사회인으로 생활할 수 있도록 도와주는 것과 관련되고 있다.

보족성의 원리

경제적 안정을 추구하는 프로그램에서 근본적으로 등장하는 문제의 하나는, 정부(국가)가 얼마나 책임져야 하고 개인이 얼마나 책임져야 하는지를 결정하는 것이다. 즉, 사회는 현재의 사회문제를 정부가 해결하여야 하는지 또는 개인이 해결하여야 하는지를 결정하여야 한다. 이때, 앞에서와 같은 문제에 대한 지침으로 보족성의 원리(principle of subsidiarity)를 적용할 수 있다. 보족성은 대상자와 가장 가까운 개인이나 기관이 대상자에게 복지와 관련해 우선적으로 도와주는 것을 말한다(Rejda, 1999; Alcock, Erskine & May, 1999).

구체적으로 보족성의 원리는 다음과 같은 것을 의미한다(Rejda, 1999).

① 경제적 안정의 영역에서는, 정부는 사회구성원 개인이 효율적으로 할 수 없는 업무만을 하여야 한다.
② 정부가 개입할 필요가 있을 때, 정부는 처음에는 지역사회의 수준에서 개입하고, 그러고 나서 지방정부의 수준에서 개입하고, 마지막으로 중앙정부의 수준에서 개입하여야 한다.

(2) 공공부조법의 기본적 원칙

공공부조와 관련된 법에서는, 앞에서 제시한 기본 원리에 토대를 두어 법을 실시할 때 실제로 근거가 되는 원칙으로 다음과 같은 기본적 원칙을 제시하고 있다(조추용 외, 2011).

① 신청 보호의 원칙이 있다. 이 원칙은 공공부조와 관련된 사업을 실시하는 기관이 마음대로 보호를 시작하는 것이 아니라, 보호가 필요한 사람의 신청에 의해 보호를 시작하는 것을 말한다.

② 기준 및 정도의 원칙이 있다. 이 원칙은 국민의 생활이 어렵다는 것을 나타내는 기준을 결정하는 것을 말한다. 그러나 이때, 생활이 어려운 것을 판단하는 기준과 더불어, 자산의 범위와 관련된 기준도 함께 있어야 한다.

③ 필요 즉응(卽應)의[6] 원칙이 있다. 이 원칙은 빈곤선이 보호를 제공하는 기준이기는 하지만, 구체적으로 제공하는 보호는 보호가 실제로 필요한 정도에 따라 개인 각각에게 맞추는 것을 말한다.

6) 즉응은 "그때그때의 상황마다 곧바로 응(하는 것)"을 말한다(국립국어원 표준국어대사전, 2021).

④ 세대 단위의 원칙이 있다. 이 원칙은 보호가 필요한 정도를 세대를 단위로 해서 결정하는 것을 말한다. 이 원칙은 생활의 단위를 이루는 것은 현실적으로 세대라는 점에 근거하고 있다.

⑤ 금전부조(金錢扶助)의 원칙이 있다. 이 원칙은 현금으로 도와주는 것을 말한다. 현물급여에 비해서 현금급여는 여러 가지 장점을 가지기 때문에, 여러 국가에서는 이 원칙을 공공부조와 관련된 법의 원칙으로 정하고 있다.

⑥ 거택(居宅)[7] 보호의 원칙이 있다. 이 원칙은 보호가 필요한 사람이 거주하는 곳에서 보호를 제공하는 것을 말한다.

POINT

- 공공부조의 원칙으로 소득이 충분하지 못한 층에게 최저 생활 수준을 보장하고, 대상자는 다른 수단・자원을 통해 자신을 적절히 보호할 능력이 없어야 하고, 자립과 독립심을 키우는 조치를 포함하여야 하는 것이 있다.
- 공공부조와 관련된 주요한 원칙은 열등 처우의 원칙이다. 열등 처우의 원칙은 빈곤층에게는 임금이 가장 적은 근로자가 받는 임금보다 많은 양의 급여를 제공하지 말아야 하는 원칙이다.
- 생존권을 보장하는 사상에 토대를 둔 공공부조법의 원리로 생존권 보장의 원리, 국가 책임의 원리, 최저 생활 보호의 원리, 무분별 평등의 원리, 보족성의 원리, 자립 성장의 원리가 있다.
- 공공부조와 관련된 법을 실시할 때 실제로 근거가 되는 원칙으로 신청 보호의 원칙, 기준 및 정도의 원칙, 필요 즉응의 원칙, 세대 단위의 원칙, 금전부조의 원칙, 거택 보호의 원칙이 있다.

5. 공공부조의 대상과 급여

1) 공공부조의 대상

(1) 공공부조의 대상과 자격

말할 것도 없이, 공공부조 급여를 받을 수 있기 위해서는 빈곤 상태에 있어야 한다. 일반적으로 공공부조의 대상은 자산이 정해진 기준보다 적은 개인이나 가구이다. 따라서 일반적으로 개인이나 가구가 가진 자원을 정해진 기준과

7) 거택은 주택을 말한다(국립국어원 표준국어대사전, 2021).

비교함으로써, 급여를 받을 수 있는 자격을 결정하고 있다. 이때는 생존하는 것과 관련된 욕구에 근거한 기준을 사용하는 경우가 많다.

이런 기준을 가지고 하는 조사를 자산조사라고 부르고 있다. 따라서 공공부조 급여를 받으려는 사람은 자산조사를 거치도록 되어 있다. 그러므로 공공부조 급여를 신청하면, 급여를 신청한 사람의 상황과 기회를 구체적으로 조사하게 된다. 공공부조에서는 자산조사를 통과한 사람에게만 급여를 제공하고 있다(Pieters, 2006; Alcock, 1997; Social Security Administration, 2015; International Labor Organization, 2014).

공공부조 급여를 받을 수 있기 위해서는 빈곤 상태에 있어야 하지만, 빈곤 상태에 있다고 해서 모두가 급여를 받는 것은 아니다. 이런 상황을 몇 가지 제시하면 다음과 같다(Pieters, 2006).

① 어느 때는 공공부조 급여를 받으려는 사람에게 소득을 일부 얻도록 노력하라고 요구할 수 있다.

② 어느 때는 공공부조 급여를 받으려는 사람에게 자신이 다른 사람에게 빌려준 자금을 회수하라고 요구할 수 있다.

③ 어느 때는 공공부조 급여를 받을 자격이 있는 사람에게, 공공부조를 신청하기 전에 자신에게 소득을 보장해 줄 수 있는 사람에게 도움을 청하라고 요구할 수 있다.[8)]

(2) 대상에 따른 공공부조제도의 분류

공공부조 급여를 받는 대상에 따라서, 공공부조제도를 일반적 제도와 범주적 제도로 나눌 수 있다(Pieters, 2006).

① 일반적 제도는 모든 사람을 대상으로 하고 있다. 따라서 일반적 제도는 보편적 제도라고도 부르고 있다. 일반적 제도의 목적은, 생활하는 데 필요한 수단이 부족한 모든 사람에게는 그렇게 된 원인에 상관없이 적절한 생활을 하도록 보장하는 데 있다.

8) 이것은 앞에서 설명한 '보족성의 원리'와 관련된다.

② 범주적 제도는 특정한 집단에 속하는 사람을 대상으로 하고 있다. 범주적 제도의 목적은, 특정한 사회적 위험 때문에 어려움을 겪는 집단에게 적절한 생활을 하는 데 필요한 수단을 제공하는 데 있다. 대표적인 범주적 제도로 다음과 같은 것이 있다.

㉠ 실업자에게 급여를 제공하는 제도가 있다.

㉡ 노인에게 급여를 제공하는 제도가 있다.

(3) 공공부조 급여의 미수급

사회보장제도에서 급여를 받지 않는 문제[즉, 미수급(non-take-up) 문제]는 어느 급여에나 존재하고 있다. 하지만 사회보장제도에서 급여를 받지 않는 것은 공공부조 급여에서 특히 문제가 되고 있다. 사실, 공공부조제도에서는 공공부조 급여를 받지 않는 문제가 등장하고 있다(Alcock, 1997; Pieters, 2006).

실제로, 공공부조 급여를 받는 사람의 수는 공공부조 급여를 받을 자격이 있는 사람의 수보다 적은 경향이 있다. 공공부조 급여를 받은 사람의 수가 공공부조 급여를 받을 자격이 있는 사람의 수보다 적은 이유는 국가마다 다를 수 있다. 이런 이유를 몇 가지 제시하면 다음과 같다(Alcock, 1997; Pieters, 2006; Irwin, 1994; Thompson, 1994; Ditch, 1999).

① 개인적 권리가 무시되기 때문이다. 이것은 사회에서 가장 약한 집단에게서 나타나는 경우가 많다. 공공부조 급여를 신청하는 사람이 어쩔 수 없이 자기의 소득과 자산에 대해 조사받는 것은, 자신의 사생활을 드러내는 것이고 또한 자신의 인권에 상처를 받는 것일 수 있다.

② 공공부조 급여를 받는 것에 대해 오명이 따라붙는 경우가 많기 때문이다. 예를 들어, 사람들은 자산조사가 비위를 거스르게 하고 자존심을 상하게 한다고 생각하는 경우가 많다. 무엇보다도 장기적으로 실업 상태에 있는 사람이 공공부조 급여를 받으려 할 때 이렇게 생각하는 경우가 많다. 한마디로, 많은 사람은 공공부조 급여를 권리보다는 자선으로 보는 경향이 있고, 이에 따라서 사람들은 공공부조 급여를 신청하는 것을 꺼릴 수 있다.

③ 자신이 공공부조 급여를 신청하면 가족구성원의 소득이나 재산도 조사받는 것에 대해 부담을 가지기 때문이다. 사실, 이런 가족구성원도 빈곤한 경우가 많다.

④ 공공부조 급여를 신청하는 것과 관련된 복잡한 행정적 절차에 부담을 가지기 때문이다.

⑤ 자신이 공공부조 급여를 받을 수 있는 자격이 있다는 사실을 알지 못하기 때문이다.

2) 공공부조의 급여

(1) 급여의 형태

(가) 내용에 따른 형태

공공부조에서는 개인에게 현금급여와 기타 급여를 제공하고 있다. 공공부조에서 제공하는 주요한 급여의 형태를 구체적으로 제시하면 다음과 같다(노병일, 2021a; Rejda, 1999).

① 현금급여가 있다.

② 현물급여가 있다.

③ 의료서비스가 있다.

④ 사회서비스가 있다. 사회서비스의 예로 가족문제에 대해 상담하는 것, 일자리를 얻거나 더 좋은 주택을 얻도록 도와주는 것, 지역사회 자원에 의뢰하는 것이 있다.

그러나 기본적 급여 형태에 주목할 경우, 공공부조 급여는 현금급여와 현물급여로 구분할 수 있다. 그리고 여기에 바우처(voucher)를 추가할 수 있다. 따라서 공공부조와 관련된 급여의 형태는 현금급여, 현물급여, 바우처로 크게 나눌 수 있다. 각 급여의 특징과 장단점을 살펴보면 다음과 같다(노병일, 2021a; Pieters, 2006; Veit-Wilson, 1987; Barker, 2003; Gilbert & Terrell, 2014).

① 현금급여는 현금으로 제공하는 급여를 말한다. 현금급여는 선택의 폭이 넓다는 장점이 있다. 왜냐하면 현금을 가지고 물품을 어느 곳에서나 바로 구입할 수 있기 때문이다. 그러나 현금급여는 다음과 같은 단점이 있다.

㉠ 현금급여를 바람직하지 않은 곳에 사용할 수 있다. 예를 들어, 현금급여를 알코올을 구입하는 데 사용할 수 있다.

㉡ 현금급여는 시장에서 충족할 수 있는 욕구만 충족할 수 있다.

② 현물급여는 물품으로 제공하는 급여를 말한다. 현물급여는 오명이 따라붙을 가능성이 있다는 단점이 있다.

③ 어느 때는 공공부조 급여를 현물급여와 현금급여의 중간에 위치한 형태로 제공할 수 있다. 이와 관련되는 형태가 바우처이다. 바우처는 증서(쿠폰)의 형태로 제공하는 경우가 많다. 바우처는 특정한 물품을 구입하는 데만 사용할 수 있다. 바우처는 현금급여의 문제점(즉, 원래 목적과 다른 목적으로 사용할 수 있다는 점)과 현물급여의 문제점(즉, 오명이 크게 따라붙는다는 점)을 줄여보고자 등장한 것이다. 현재 미국에서 사용하는 바우처의 대표적인 예는 푸드 스탬프(food stamp)이다. 우리나라에서도 바우처를 사용하는 경우가 늘고 있다. 최근에는 전자바우처를 많이 사용하고 있다.

(나) 제공 시기에 따른 형태

공공부조 급여를 정기적으로 제공하는지에 따라서, 공공부조 급여는 정기 부조와 임시 부조로 나눌 수 있다(Pieters, 2006). 각각에 대해 구체적으로 살펴보면 다음과 같다.

① 정기 부조는 정기적으로 제공하는 공공부조 급여이다. 일반적으로 정기 부조의 목적은 적절한 생활을 유지하는 데 필요한 자원을 대상자에게 제공하는 데 있다.

② 임시 부조는 임시로 제공하는 공공부조 급여이다. 일반적으로 임시 부조의 목적은 특정한 비용을 보상해 주는 데 있다. 예를 들어, 세탁기와 같은 물품이 파손되었을 때, 이것을 바꾸는 데 필요한 비용을 제공할 수 있다.

의료부조(medical assistance)는 임시 부조의 특별한 형태이다. 의료부조에서는 적절한 의료서비스를 보장받지 못하는 사람에게 의료서비스를 제공하고 있다.

| 사진 11-4 | 의료부조(우리나라에서는 의료급여라 부름)를 안내하는 현수막

의료부조에서는 빈곤층에게 의료서비스를 제공한다. [출처 : 저자 촬영ⓒ]

(2) 급여의 수준

공공부조에서 제공하는 급여의 양은 법의 범위 내에서 행정 부서가 결정하고 있다. 그리고 공공부조 급여의 양은 개인이나 가족의 재정적 자원과 욕구를 고려해 결정하고 있다. 따라서 공공부조 급여의 양은 대상자의 재정적 자원과 재정적 욕구에 따라 조정되는 경우가 많다(Rejda, 1999; Social Security Administration, 2015).

일반적으로 공공부조 급여는 일정한 양으로 제공하고 있다. 그러나 급여를 받는 사람의 욕구를 고려해서, 공공부조를 담당하는 기관에서 정한 양에 급여를 추가로 더 제공하는 경우도 있다(Pieters, 1993).

그리고 대부분의 선진국에서 공공부조 급여의 양은 매년 증가하고 있다. 일반적으로 공공부조 급여는 소비자 물가를 고려하면서 늘리고 있다(Eardley et al., 1996).

적절성과 급여의 수준

공공부조에서는 '적절성(adequacy)'이라는 사회적 가치를 적용하는 경우가 많다. 그러나 사회에서 최저 생활 수준을 유지하게 하기 위해서 적절한 양의 공공부조 급여를 제공한 경우는 드문 편이다(노병일, 2021a). 이렇게 된 가장 큰 이유의 하나는 열등 처우의 원칙을 적용하기 때문이다.

그러므로 공공부조에서 제공하는 급여의 양은 빈곤선에 미치지 못하는 경우가 많았다. 그리고 공공부조에서 제공하는 급여의 양이 적은 것은, 공공부조 급여를 받는 사람에게 오명이 더 따라붙게 하는 식으로 영향을 미치고 있다.

POINT

- 공공부조에서는 자산조사를 통과한 사람에게만 급여를 제공한다.
- 공공부조 급여를 받는 대상에 따라서, 공공부조제도는 일반적 제도와 범주적 제도로 나눌 수 있다. 일반적 제도에서는 모든 사람이 대상이고, 범주적 제도에서는 특정한 집단에 속하는 사람이 대상이다.
- 공공부조에서는 공공부조 급여를 받지 않는 문제가 등장한다.
- 공공부조와 관련된 급여의 형태는 현금급여, 현물급여, 바우처로 크게 나눌 수 있다. 현금급여는 현금으로 제공하는 급여이고, 현물급여는 물품으로 제공하는 급여이고, 바우처는 증서의 형태로 제공하는 급여이다. 바우처는 특정한 물품을 구입하는 데만 사용할 수 있다.
- 공공부조 급여는 정기적으로 제공하는지에 따라서 정기 부조와 임시 부조로 나눌 수 있다. 의료부조는 임시 부조의 특별한 형태이다.
- 공공부조 급여의 양은 대상자의 재정적 자원·욕구에 따라 조정되는 경우가 많다.

6. 공공부조의 운영과 재정

1) 공공부조의 운영

(1) 일반적 운영

공공부조는 중앙정부 수준에서 운영할 수도 있지만, 일반적으로는 지방정부 수준에서 운영하고 있다. 예를 들어, 미국에서는 연방정부(중앙정부)가 아니라 주정부가 주요한 공공부조 급여의 형태와 양, 제공하는 서비스의 범위, 대상자를 선정하는 것과 관련된 규정 등을 정하고 있다(Social Security Administration, 2015; U.S. Department of Health and Human Services, 2021).

❙사진 11-5❙ 공공부조 급여 신청에 대한 안내문

공공부조는 지방정부 수준에서 운영하는 경우가 많다. [출처 : 저자 촬영ⓒ]

(2) 자산조사

공공부조를 담당하는 행정 부서는 자산조사를 하고 있다. 이때, 자산조사는 개인이나 가구가 가진 자원이 정해진 기준보다 적은지를 파악하기 위해 하고 있다(International Labor Organization, 2014).

자산조사에서는 공공부조를 받을 수 있는 자격을 깐깐하게 살펴보는 경우가 많다. 자산조사의 대상이 되는 항목과 관련해 몇 가지 제시하면 다음과 같다(Social Security Administration, 2015; Alcock, 1997; Pieters, 2006).

① 공공부조에서 실시하는 자산조사에서는 모든 것을 살펴보는 경우가 많다. 따라서 자산조사에서는 주요한 직업에서 얻는 소득 이외의 것도 살펴볼 수 있다.

② 자산조사에서 주로 살펴보는 소득과 재산은 급여를 신청하는 사람의 소득과 재산인 경우가 많다.

③ 자산조사에서는 다른 가족구성원의 소득과 재산도 살펴보는 경우가 많다. 따라서 자산조사에서는 배우자나 동거인의 소득이나 재산도 살펴볼 수 있다. 심지어는 자산조사에서 자녀, 기타 가족구성원, 함께 사는 사람의 소득이나 재산도 살펴볼 수도 있다. 이것은 어떤 의미에서 '개인'에 대한 자산조사가 아니라, '가족과 친척'에 대한 자산조사를 하는 것이라고 볼 수 있다. 이것은 일부 국가에서 적용하는 '보족성의 원리'와 관련되고 있다.

자산조사는 여러 가지 방식으로 할 수 있다. 자산조사를 하는 방식을 구체적으로 제시하면 다음과 같다(Pieters, 2006).

① 직업 활동에서 얻은 소득이나 임금만을 자산조사의 대상 항목에 포함시킬 수 있다.

② 모든 소득을 자산조사의 대상 항목에 포함시킬 수 있다.

③ 어느 때는 가상 소득(fictive income)까지 자산조사의 대상 항목에 포함시킬 수 있다. 예를 들어, 자신이 소유한 집에 거주할 때는 집세를 지출하지 않으므로, 집세를 가상 소득에 포함시킬 수 있다.

④ 자산조사에서는 소득 이외의 것도 살펴볼 수 있다. 예를 들어, 자산조사에서 재산도 살펴볼 수 있다.

그러나 일부 공공부조에서는 특정한 자산은 자산조사의 대상에서 제외시킬 수도 있다. 이런 상황을 몇 가지 제시하면 다음과 같다(Pieters, 2006).

① 공공부조를 받는 실업자가 일해서 소득을 일부 얻도록 장려하기 위해, 유급 일자리에서 얻은 소득의 일부는 자산조사의 대상 항목에서 제외시킬 수 있다.

② 자산조사에서 재산이나 자본을 일반적으로 조사할 경우, 개인이 거주하는 수수한 주택은 자산조사의 대상 항목에서 제외시킬 수 있다.

③ 어느 때는 특별한 목적을 위해 모아온 소규모 저축이나 개인적으로 받은 기부금은 자산조사의 대상 항목에서 제외시킬 수 있다.

한편 자산조사를 효과적으로 하는 것은 실제로 매우 어려울 수 있다. 자산조사를 효과적으로 하는 것이 어려운 이유를 몇 가지 제시하면 다음과 같다(Pieters, 2006).

① 자료를 구하는 문제가 있기 때문이다. 조세기관이 수집한 자료를 사용함으로써, 자산조사를 가장 쉽게 할 수 있는 경우가 많다. 따라서 자산조사에서 살펴보는 소득은 조세기관이 세금을 납부하게 할 수 있다고 판단한 소득인 경우가 많다. 하지만 세금을 매길 수 있는 소득만을 고려할 때는, 개인의 부(wealth)를 제대로 파악하지 못할 수도 있다.

② 다른 사람(예컨대, 가족구성원)의 소득이나 재산을 조사하여야 할 때는 자산조사를 효과적으로 하기 어려울 수 있기 때문이다. 예를 들어, 자신의 소득이나 재산을 밝혀야 하는 사람은 순순하게 협조하지 않을 수 있다.

③ 자산조사를 너무 깐깐하게 하면 많은 사람이 공공부조 급여를 신청하지 않을 수 있고, 자산조사를 너무 융통성 있게 하면 부정이 개입할 가능성이 있기 때문이다. 결국 어느 정도 타협할 필요가 있는데, 가장 적절하게 타협하는 것은 쉽지 않다.

(3) 공공부조 급여의 신청

일반적으로 공공부조 급여는 급여를 받을 자격이 있는 사람이 신청하여야 하지만, 공공부조법에서는 이런 원칙을 그대로 지키지 않는 경우가 있을 수 있다. 그러므로 때에 따라서는 공공부조를 담당하는 행정 부서가 대상자에게 공공부조 급여를 제공하는 식으로 처리할 수도 있다. 즉, 공공부조를 다루는 행정 부서가 스스로 판단해 결정하는 경우가 있을 수 있다. 이것은 임시 부조에서 특히 그렇다(Pieters, 2006).

(4) 수급자의 정서적 문제

오명이 심하게 따라붙는 공공부조 프로그램은 실패할 가능성이 크다. 예를 들어, 미국의 '빈곤과의 전쟁' 프로그램은 선별적 특성이 너무 많은 탓에, 대상자는 자신을 빈곤층으로 크게 인식하게 되어 오명이 더 따라붙었고, 이에 따라 이 프로그램은 실패하였다는 평가를 받은 바 있다(Bryson, 1992).

그러므로 공공부조와 관련된 프로그램에서는 급여를 받는 사람의 정서적 측면을 잘 고려할 필요가 있다. 구체적으로, 공공부조와 관련된 기관은 공공부조 급여를 받는 사람을 인간적으로 대하고, 빈곤층에게 오명이 따라붙지 않도록 배려할 필요가 있다(노병일, 2020b).

빈곤층이 공공부조 급여를 신청하고 받을 때 겪는 복잡한 행정 절차에서 수치감이나 좌절감을 느끼면, 비록 빈곤층이 공공부조 때문에 생활을 유지한다 할지라도 빈곤층의 자신감은 줄어들 수 있다. 그리고 이런 빈곤층은 자활하려는 의욕을 덜 가질 수 있다(노병일, 2020b). 그러므로 공공부조에서 제공하는 급여의 양도 중요하지만, 공공부조를 설계하고 운영하는 방식도 대상자의 정서적 욕구를 충족할 때 똑같이 중요하다(Veit-Wilson, 1987).

| 사진 11-6 | 지방정부의 복지 부서

공공부조 급여를 신청할 때의 복잡한 행정 절차는, 빈곤층의 자활 의지에 부정적인 영향을 미칠 수도 있다. [출처 : 저자 촬영ⓒ]

2) 공공부조의 재정

앞에서 여러 차례 설명한 바와 같이, 공공부조에 대한 재정은 정부의 일반 수입(세금)으로 확보하고 있다. 그러므로 공공부조 급여와 관련된 비용은 고용주와 근로자가 직접 부담하지 않고 있다(Rejda, 1999; Social Security Administration, 2015).

POINT

- 공공부조는 지방정부 수준에서 운영하는 경우가 많다.
- 공공부조를 담당하는 행정 부서는 자산조사를 한다. 그러나 자산조사를 효과적으로 하는 것은 실제로 매우 어려울 수 있다.
- 공공부조 급여는 급여를 받을 자격이 있는 사람이 신청하여야 하지만, 이런 원칙을 지키지 않는 경우도 있다.
- 공공부조에서는 급여를 받는 사람의 정서적 측면을 잘 고려할 필요가 있다.
- 공공부조에 대한 재정은 정부의 일반 수입으로 확보한다.

7. 우리나라와 외국의 공공부조

대부분의 국가는 나름의 공공부조 제도를 갖추고 있다(노병일, 2020b). 우리나라에서 많이 소개되는 외국의 공공부조로 미국의 공공부조와 프랑스의 공공부조가 있다.

1) 우리나라의 공공부조

우리나라의 공공부조제도는 국민기초생활보장 제도이다. 우리나라에서는 1961년에 만든 「생활보호법」에 따라 공공부조제도인 생활보호제도가 등장하였고, 빈곤층은 이 제도를 통해서 국가의 도움을 받았다. 그러다가 빈곤층이 최저 생활을 하게 해주기 위해서 1999년 9월에 「국민기초생활보장법」을 만들었다. 「국민기초생활보장법」을 만듦에 따라서, 2000년 10월부터 국민기초생활보장 제도는 우리나라에서 주요한 공공부조제도가 되었다.

우리나라의 국민기초생활보장 제도에서 제공하는 급여의 형태를 구체적으로 제시하면 다음과 같다(국가법령정보센터, 2021).

① 생계 급여가 있다. 생계 급여는 "수급자에게 의복, 음식물 및 연료비와 그 밖에 일상생활에 기본적으로 필요한 금품을 지급하여 그 생계를 유지하게 하는 것"을 말한다.

② 주거 급여가 있다. 주거 급여는 "수급자에게 주거 안정에 필요한 임차료,[9] 수선유지비, 그 밖의 수급품을 지급하는 것"을 말한다. 우리나라에서는 국민기초생활보장 제도에서 주거 급여를 처음으로 도입하였다.

9) 임차료는 "남의 물건을 빌려 쓰는 대가로 내는 돈"을 말한다(국립국어원 표준국어대사전, 2021).

┃사진 11-7┃ 사람들이 거주하고 있다는 묘지

우리나라에서는 국민기초생활보장 제도에서 주거 급여를 도입하였다.
[출처 : 이집트에서 저자 촬영ⓒ]

③ 의료 급여가 있다. 의료 급여는 "수급자에게 건강한 생활을 유지하는 데 필요한 각종 검사 및 치료 등을 지급하는 것"을 말한다.

④ 교육 급여가 있다. 교육 급여는 "수급자에게 입학금, 수업료, 학용품비, 그 밖의 수급품을 지급하는 것"을 말한다.

⑤ 해산[10] 급여가 있다. 해산 급여는 수급자에게 조산과 분만 전후에 필요한 조치와 보호를 제공하는 것을 말한다.

⑥ 장제[11] 급여가 있다. 장제 급여는 "수급자가 사망한 경우 사체의 검안[확인]·운반·화장 또는 매장, 그 밖의 장제조치를 하는 것"을 말한다.

⑦ 자활 급여가 있다. 자활 급여는 수급자의 자활을 위해 제공하는 여러 가지 조치를 말한다.

2) 미국의 공공부조

미국에서는 오래전부터 공공부조 프로그램을 실시해 왔다. 미국에서 실시하고 있는 주요한 공공부조 프로그램을 제시하면 다음과 같다(Social Security Administration, 2021; Karger & Stoesz, 2006; Zastrow, 2010; Schott, 2020; Benefits Government, 2021; U.S. Department of Health and Human Services, 2021).

10) 해산은 아이를 낳는 것을 말한다(국립국어원 표준국어대사전, 2021).

11) 장제는 "죽은 사람을 땅에 묻거나 화장하는" 방식과 제도를 말한다(국립국어원 표준국어대사전, 2021).

① 빈곤가족에게의 일시 부조(Temporary Assistance for Needy Families, TANF)가 있다. 빈곤 가족에게의 일시 부조 프로그램은 아동(자녀)이 있는 가족의 부모나 기타 책임이 있는 친척이 가족의 기본적 욕구를 충족할 수 없을 때 가족을 도와주는 프로그램이다. 이 프로그램은 다음과 같은 특징이 있다.

㉠ 워크페어를[12] 강조하고 있다.

㉡ 급여를 받을 수 있는 기간을 제한하고 있다.

빈곤 가족에게의 일시 부조 프로그램에서 급여를 받기 위한 자격 조건

빈곤 가족에게의 일시 부조 프로그램에서 급여를 받기 위해서는 다음과 같은 자격을 갖추어야 한다.

① 실업 상태에 있거나 자기 능력에 미치지 못하는 일자리에서 일하면서, 소득이 적거나 매우 적어야 한다.

② 18세 이하의 아동(자녀)이 있거나, 임신하고 있거나, 본인이 18세 이하이고 가구의 가장이어야 한다.

② 보충보장 소득(Supplemental Security Income, SSI)이 있다. 보충보장 소득은 연방정부 수준의 소득 보조 프로그램이다. 보충보장 소득의 목적은 소득이 거의 없거나 전혀 없는 노인, 시각장애인, 일반 장애인을 돕는 데 있다. 보충보장 소득에서는 음식 · 의류 · 주거와 관련된 기본적 요구를 충족해 주기 위해서 현금급여를 제공하고 있다.

③ 일반부조(General Assistance, GA)가 있다. 일반부조의 목적은 다른 소득보장 프로그램의 대상이 될 수 없는 취약층을 재정적으로 도와주는 데 있다. 따라서 일반부조에서는 연방정부 수준에서 실시하는 공공부조 프로그램의 대상이 될 수 없는 저소득층에게 기본적 급여를 제공하고 있다. 일반부조는 장기적으로보다는 일시적으로 재정적 도움이 필요한 사람에게 제공하고 있다. 일반부조는 주정부나 지방정부가 운영하고 있다.

12) 워크페어에 대해서는 워크페어를 다루는 장(제13장)에서 자세히 설명한다.

3) 프랑스의 공공부조

2009년 이전에 프랑스의 주요한 공공부조제도는 '최저생활보호제도(Revenu Minimum d'Insertion, RMI)'이었다. 그러다가 2009년에 최저생활보호제도는 '적극 연대 소득(Revenu de Solidarité Active, RSA)' 제도로 바뀌었다(RMI Infos, 2012; Ministère des Solidarité et de la Santé, 2022). 적극 연대 소득 제도에서는 자원이 없거나 적은 사람에게 최저 수준의 소득을 제공하고 있다. 이때 제공하는 소득의 양은 가구의 형태에 따라 차이가 나고 있다.

POINT

- 우리나라의 공공부조제도는 국민기초생활보장 제도이다. 국민기초생활보장 제도에서는 생계 급여, 주거 급여, 의료 급여, 교육 급여, 해산 급여, 장제 급여, 자활 급여를 제공한다.
- 미국의 주요한 공공부조 프로그램은 빈곤가족에게의 일시 부조, 보충보장 소득, 일반부조이다.
- 프랑스의 주요한 공공부조제도는 적극 연대 소득 제도이다.

12 빈곤층의 근로 의욕

CONTENTS

1. 사회복지제도와 근로 의욕

사회복지제도는 개인의 경제적 행동에 영향을 미치는 것으로 알려져 왔다. 사회복지제도가 경제적 행동에 미치는 영향에 대한 논의의 많은 부분은, 사회복지제도가 개인의 일하려는 동기[work incentive(근로 유인), 근로 의욕]와[1] 어떻게 관련되는지에 맞춰져 있다.

그동안 많은 전문가는 사회복지 급여가 급여를 받는 대상자를 일하도록 자극하는지에 주목하여야 한다고 주장해 왔다. 따라서 사회복지제도에서 현금의 형태로 급여를 제공할 경우, 개인이 일하기보다는 사회복지 급여를 받는 식으로 행동할지에 대해 오랫동안 논쟁해 왔다(Chambers & Wedel, 2009). 근로 의욕과 관련된 문제는 오늘날에도 여전히 논쟁거리가 되고 있다.

특히 복지국가를 반대하는 사람은 복지국가가 근로 의욕을 약화시킨다고 끊임없이 주장해 왔다. 즉, 복지국가에 대해 비판적인 입장을 취하는 사람은, 사

1) 'work incentive'의 정확한 번역은 '근로 유인'이다. 그러나 '근로 의욕'이라는 표현이 이해하기가 더 쉬울 것 같아서, 본 장에서는 '근로 의욕'이라는 표현을 사용한다.

회복지제도 때문에 개인이 주도적으로 행동하지 못하고 있고 또한 개인 스스로 경제적으로 책임지지 않는 방향으로 나아간다고 비판해 왔다(Kruschke & Jackson, 1987). 이런 주장을 구체적으로 제시하면 다음과 같다(Gough, 1998; Chambers & Wedel, 2009).

① 경제협력개발기구(OECD)의 경우, 실업보험과 기타 복지제도 덕분에 많은 국가에서 거의 영원히 소득을 보장하는 방향으로 나아가고 있고, 이에 따라서 일하려는 의욕이 줄어든다고 주장해 왔다.

② 일반적 경제 이론에 따르면, 복지와 관련된 급여를 더 많이 제공할 때는 일자리가 없이 생활하여도 어려움을 덜 겪게 된다. 따라서 일반적 경제 이론의 경우, 사회복지에서 제공하는 급여 때문에 근로 의욕이 줄어들 것이라고 보고 있다. 즉, 사람이 일하지 않아도 되는데, 왜 굳이 일을 하겠느냐는 것이다.

일반적으로 대상자를 선별적으로 선정해 제공하는 급여(즉, 선별주의에 근거한 급여)는[2] 근로 의욕을 약화시킨다고 인식해 왔다. 그러므로 근로 의욕이나 근로 윤리와 관련해 가장 많이 논쟁거리가 되고 있는 층은 빈곤층이다.

❙사진 12-1❙ 취약층을 위해 기부 · 자원봉사를 하라는 안내문

근로 의욕과 관련해 가장 많이 논쟁거리가 되는 층은 빈곤층이다. [출처 : 싱가포르에서 저자 촬영ⓒ]

2) 선별주의는 개인적 욕구에 근거해서 급여를 받을 수 있게 하는 것을 말한다. 선별주의에서는 급여를 받을 수 있는지를 자산조사를 통해 결정하는 경우가 많다(노병일, 2021a).

POINT

- 근로 의욕과 관련된 문제는 오늘날에도 여전히 논쟁거리이다.
- 근로 의욕과 관련해 가장 많이 논쟁거리가 되는 층은 빈곤층이다.

2. 빈곤층의 근로 의욕에 대한 관심의 역사

빈곤층의 근로 의욕에 대해서는 과거부터 관심을 가져 왔다. 실제로, 공공부조 프로그램 때문에 빈곤층이 늘어날 수 있다는 주장은 오래전부터 있어 왔다. 그리고 빈곤층에게 사회복지 급여를 제공하는 것이 근로 의욕에 어떤 영향을 미치는지에 대해서는 과거부터 관심을 가져 왔다. 이런 예를 몇 가지 제시하면 다음과 같다(윤찬영, 2007; Chambers & Wedel, 2009; DiNitto, 2007).

① 빈곤층에게 급여를 제공할 때 빈곤층의 근로 의욕이 어떻게 변할 것인지의 문제는, 1795년에 영국의 스핀햄랜드(Speenhamland)에서[3] 실시한 사업에서 주요한 관심거리이었다.

② 영국의 엘리자베스(Elizabeth) 여왕이 통치하던 시절부터, 빈곤층이 일하는 대신에 공공부조를 선택하는 것을 꺼리게 하기 위해서 공공부조 급여를 최저 수준으로 제공해 왔다.[4]

③ 미국에서 공공부조제도를 크게 바꾸던 시기에, 공공부조와 관련해 논쟁거리가 된 것은 다음과 같은 것이었다.

㉠ 빈곤층은 유급 일자리에서 일하기를 원하지 않는지이다.

㉡ 공공부조를 제공하는 것이 의존하는 태도를 더 키워주는지이다.

④ 우리나라에서는 공공부조법인 「국민기초생활보장법」을 만드는 것에 대해 찬성하는 입장과 반대하는 입장이 크게 맞선 바 있었다. 이때의 논쟁

3) 영국에서는 1795년에 노동자의 식량인 빵의 가격이 가장 비싼 상황에 이르렀다. 이에 따라서, 빵의 가격에 비례하는 만큼 가족에게 도움을 주기로 결정하였다. 이런 결정을 처음으로 한 장소가 스핀햄랜드이다(노병일, 2021a).

4) 이것은 열등 처우의 원칙과 관련되고 있다(노병일, 2021a).

에서 가장 큰 쟁점으로 떠오른 것은, 「국민기초생활보장법」을 통해 국가로부터 복지 급여를 받는 사람들의 근로 의욕과 관련된 것이었다.

그리고 오늘날에도 빈곤층의 근로 의욕에 대한 관심은 계속되고 있다.

POINT

• 빈곤층의 근로 의욕에 대해서는 과거부터 관심을 가져 왔고, 오늘날에도 관심은 계속된다.

3. 빈곤층의 근로 의욕과 관련된 주요한 원칙

빈곤층의 근로 의욕과 관련된 유명한 원칙은 열등 처우의 원칙(principle of less eligibility)이다.[5] 일반적으로 열등 처우의 원칙은 빈곤층을 위해 국가가 제공하는 도움의 수준은 임금이 가장 적은 근로자가 받는 임금 수준보다 낮아야 한다는 원칙을 말한다.

결국, 열등 처우의 원칙은 빈곤층이 일하는 것을 선택하도록 해서 빈곤을 줄이거나 없애려는 의도를 가지고 있다. 따라서 열등 처우의 원칙은 빈곤층이 근로 의욕을 가지게 해서 유급 일자리에서 일하게 하려는 원칙이라고 볼 수 있다(노병일, 2020b; Spicker, Leguizamón & Gordon, 2007).

빈곤층의 근로 의욕과 관련해서는 열등 처우의 원칙을 빼고 살펴보기가 어려울 정도로, 열등 처우의 원칙은 오랜 역사가 있다. 따라서 열등 처우의 원칙에 대해서는 과거부터 관심을 가져 왔다.

열등 처우의 원칙은 경제학자인 리카르도(Ricardo)와 관련이 있다. 리카르도는 열등 처우의 원칙은 일하는 근로자를 보호하는 방법이라고 보고 있다. 리카르도의 이런 주장은 「빈곤법」에서 열등 처우의 원칙을 도입하는 데 영향을 미쳤다. 따라서 영국에서 1834년에 개정한 「빈곤법」에서는 열등 처우의 원칙을 제시하였다.

5) 열등 처우의 원칙에 대해서는 공공부조의 원칙을 다루는 장(제11장)에서 이미 설명한 바 있다.

특히 리카르도가 실업에 대해 조사한 연구는 개정된 「빈곤법」에서 열등 처우의 원칙을 적용하는 데 영향을 미쳤다. 그 결과, 영국에서 1834년에 발간한 『빈곤법 보고서(English Poor Law Report)』에서도, 빈곤층의 상태는 일하는 사람의 상태보다 더 좋지 않아야 한다는 원칙을 제시하였다(Spicker, Leguizamón & Gordon, 2007; Ridge, 2004).

이 후에도 열등 처우의 원칙은 주목을 받아 왔다. 예를 들어, 베버리지(Beveridge, 1942)는 열등 처우의 원칙을 지지한 바 있다.[6]

❙사진 12-2❙ 1940년대의 베버리지

베버리지는 열등 처우의 원칙을 지지한 바 있다. [출처 : Wikimedia]

POINT

• 열등 처우의 원칙은 빈곤층이 근로 의욕을 가지게 해서 유급 일자리에서 일하게 하려는 원칙이다.
• 열등 처우의 원칙에 대해서는 과거부터 관심을 가져 왔다.

6) 열등 처우의 원칙에 관심을 가진 예에 대해서는 공공부조의 원칙을 다루는 장(제11장)에서 이미 설명한 바 있다.

4. 빈곤층의 근로 의욕과 관련된 주요한 용어

열등 처우의 원칙 이외에도, 빈곤층의 근로 의욕과 관련된 용어에는 여러 가지가 있다. 이 중에서, 빈곤층의 근로 의욕과 관련되는 주요한 용어로 '빈곤의 함정(빈곤의 덫, poverty trap)'과 '의존 문화(culture of dependency)'가 있다.

1) 빈곤의 함정

빈곤의 함정은 개인이나 가족이 복지 급여를 받은 후 보수를 받는 일을 하거나 복지 급여를 받을 때보다 더 많은 소득을 얻게 될 때 개인이나 가족이 겪을 수 있는 상황을 말한다. 예를 들어, 어떤 빈곤한 사람이 일자리를 얻어 임금이 많아질 경우, 이 사람은 이전에 받던 복지 급여를 받지 못하게 되고 또한 세금을 납부하여야 하기 때문에, 이전보다 더 좋지 않은 상황에 있을 수 있다. 빈곤의 함정은 이런 상황을 일컫는다.

실제로, 빈곤한 사람의 수입이 빈곤선보다 더 많으면, 이 사람은 소득세를 납부하여야 하고 공공부조와 같은 급여를 받지 못하게 된다. 이렇게 되면, 이 사람은 수입이 증가함에도 불구하고 경제적으로 더 불리한 상황에 있을 수 있다(Harris & White, 2013; Alcock, Erskine & May, 1998; Spicker, Leguizamon & Gordon, 2007; Bell, 2022). 이때 이 사람은 빈곤의 함정에 놓일 가능성이 있다. 그러므로 빈곤의 함정은 빈곤층이 빈곤 상태를 벗어나려고 하지 않는 것과 관련되고 있다.

빈곤의 함정 : 캐나다의 사례

캐나다에서 [...] 복지혜택을 받았던 가족은 자녀 수별로 지불된 사회보조금, 거주수당, 무료 의약품처방전, 치과 및 안과 진료 등의 혜택을 받았을 뿐 아니라, 수령하는 모든 보조금 및 수당에 대해 세금을 면제받았으며, 근로수입이 없으므로 소득공제액을 낼 필요 또한 없었다. 이에 반해 복지혜택의 대상이 아닌 저소득층 근로자 가족은 자녀 수와 관계없이 정해진 낮은 소득으로 생활해야 했으며, 의약품혜택이나 주거혜택을 거의 받을 수 없었다. 또한 소득액에 따른 세금 및 국민연금 등의 공제액을 제하게 되면 총 수입은 매우 낮아져, 오히려 일을 하는 것이 손해라고도 할 수 있었다.

[출처 : Weldon(2006)] [원문을 그대로 인용]

2) 의존 문화

보수주의자는 빈곤층에게는 의존하려는 문화가 있다고 보면서 '의존 문화'라는 용어를 제시하고 있다. 일반적으로 의존 문화는 개인이 공공부조와 같은 국가 급여에 의존하는 특징을 지닌 문화나 생활 방식을 말한다. 의존 문화는 국가의 도움에 너무 의존하면 자립할 수 없게 된다고 주장하는 사람이 사용하는 용어이다(Open Education Sociology Dictionary, 2021; Alcock, Erskine & May, 1998).

POINT

- 빈곤의 함정은 개인이나 가족이 복지 급여를 받은 후에 보수를 받는 일을 하는 경우나 복지 급여를 받을 때보다 더 많은 소득을 얻게 될 경우에, 이런 개인이나 가족이 겪을 수 있는 상황이다. 빈곤의 함정은 빈곤층이 빈곤 상태를 벗어나려고 하지 않는 것과 관련된다.
- 의존 문화는 개인이 국가 급여에 의존하는 특징을 지닌 문화나 생활 방식이다.

5. 빈곤층의 근로 의욕에 대한 논쟁

1) 보수주의자의 주장

복지국가를 반대하는 보수주의자는 복지국가가 근로 의욕을 약화시킨다고 끊임없이 주장해 왔다. 무엇보다도 보수주의자는 빈곤층을 도와주는 사회복지 제도가 빈곤층의 근로 의욕을 약화시킨다고 주장해 왔다. 예를 들어, 공공부조는 빈곤층의 근로 의욕에 부정적인 영향을 미치고 있다고 주장해 왔다.

특히 의존 문화를 주장하는 보수주의자는, 빈곤층에게 도움을 주는 것은 빈곤층이 다른 사람이나 기관에 의존하는 태도를 더 가지게 한다고 보고 있다. 보수주의자는 그 이유를 다음과 같이 제시하고 있다(Spicker, Leguizamón & Gordon, 2007).

① 개인이 유급 일자리에서 일할지를 결정할 때, 개인은 사회복지제도에서 제공하는 긍정적 혜택을 고려하기 때문이다.
② 빈곤층이 의존하는 행동은 계속되고, 그 결과로 빈곤층은 계속해서 빈곤 상태에 있게 되기 때문이다.

| 사진 12-3 | 취약한 층을 거칠게 대하는 경찰

의존 문화를 주장하는 보수주의자는 빈곤층에게 도움을 주는 것은 의존하는 태도를 더 가지게 한다고 본다. [출처 : 노르웨이에서 저자 촬영ⓒ]

2) 대표적인 보수주의자의 주장

빈곤층을 도와주는 사회복지제도에 비판적인 보수주의자는 많다. 이 중에서 길더(Gilder)와 머레이(Murray)는 빈곤층을 도와주는 제도는[7] 빈곤층의 근로 의욕을 줄이는 역할을 한다고 주장하는 대표적인 보수주의자이다. 길더와 머레이의 주장은 미국의 공공부조제도에 큰 영향을 미친 것으로 알려져 있다(DiNitto, 2007). 따라서 길더와 머레이가 주장하는 내용은 빈곤층을 도와주는 것을 매우 반대하는 보수주의자의 입장을 잘 보여주고 있다.

길더는 공공부조제도를 확대하면 근로 의욕이 줄어들고 자립하려는 의지가 줄어든다고 보고 있다. 그리고 머레이는 복지국가를 없애라고 주장하고 있다.

7) 빈곤층을 도와주는 대표적인 제도는 공공부조이다.

또한 이와 관련해 머레이는, 근로 능력이 있는 사람을 위해 중앙정부에서 제공하는 모든 공공부조 프로그램을 없애라고 주장하고 있다(Stoesz & Karger, 1990; DiNitto, 2007; The Southern Poverty Law Center, 2021).

3) 보수주의자의 주장에 대한 비판

보수주의자의 주장에 대해서는 많은 비판이 있어 왔다. 보수주의자의 주장에 대한 비판을 몇 가지 제시하면 다음과 같다(Spicker, Leguizamón & Gordon, 2007; DiNitto, 2007).

① 보수주의자의 주장은 빈곤을 유발하는 요인에는 여러 가지가 있다는 점을 무시하고 있다. 예를 들어, 보수주의자의 주장은 빈곤은 사회의 구조와 관련된 요인 때문에 나타날 수도 있다는 점을 무시하고 있다.

② 보수주의자의 주장은 대부분의 빈곤층은 일자리를 찾을 수 있다면 일하려고 한다는 점을 무시하고 있다.

③ 보수주의자의 주장은 과학적으로 증명된 것이라고 보기 어렵다. 예를 들어, 의존 문화에 대한 주장은 과학적으로 증명되지 않고 있다.

보수주의자의 주장을 비판하는 학자는, 오늘날과 같이 경쟁이 매우 심하고 높은 수준의 기술이 필요한 사회에서는 빈곤층이 존재하기 마련이라고 보고 있다. 따라서 보수주의적 입장에 비판적인 학자는, 한편으로는 빈곤층을 공적 자금으로 도와주고, 다른 한편으로는 빈곤층이 일자리를 구하는 데 도움을 줄 필요가 있다고 주장하고 있다(DiNitto, 2007).

POINT

- 보수주의자는 복지국가가 근로 의욕을 약화시킨다고 주장한다.
- 보수주의 입장에 비판적인 학자들은, 빈곤층을 공적 자금으로 도와주면서 빈곤층이 일자리를 구하는 데 도움을 줄 필요가 있다고 주장한다.

6. 빈곤층 · 저소득층의 경제 활동을 향상하기 위한 방안

일할 능력이 있는 빈곤층과 소득이 적은 근로자층에 대해서 국가나 사회가 도움을 주는 방식을 바꿀 경우, 빈곤층과 소득이 적은 근로자층은 근로 의욕을 더 가질 수 있다. 이렇게 되면, 일할 수 있는 빈곤층이나 소득이 적은 근로자층은 경제 활동에 더 참여하는 방향으로 나아갈 가능성이 크다.

그러므로 일할 수 있는 빈곤층이나 소득이 적은 근로자층을 경제 활동에 더 참여시키기 위해서, 그동안 여러 가지 방안을 제시해 왔다.[8] 이와 관련된 주요한 방안으로 워크페어(workfare), 자력 자본주의, 근로장려세제가 있다.

1) 워크페어[9]

워크페어는 공공부조를 받는 사람이 공공부조와 관련된 급여를 받는 대신에, 의무적으로 일을 하거나 또는 이와 관련된 활동에 참여하게 하는 제도를 말한다(노병일, 2020b).

2) 자력 자본주의

(1) 자력 자본주의의 정의와 특징

공공부조는 급여를 받는 사람에게 오명을 주고 있다. 따라서 빈곤층에게 오명을 주지 않으면서 근로 의욕을 높이는 방안이 관심을 끌고 있다. 이런 방안과 관련된 것의 하나가 자력(自力) 자본주의(bootstrap capitalism)이다. 자력 자본주의는 공공부조를 받는 빈곤층이나 일하는 빈곤층(근로빈곤층)에게 금전으로 도와주는 서비스(재정서비스)를 제공해서 소득을 얻게 하는 방안을 말한다.

자력 자본주의에서는, 공공부조를 받는 빈곤층이나 일하는 빈곤층이 다음과 같은 두 가지 방법을 통해서 사회의 일반적인 구성원이 되게 해주고자 한다(Stoesz, 2007).

---

8) 물론, 빈곤층이 경제 활동에 참여하도록 장려하는 데 있어, 어느 방안도 완전하지 않다.

9) 워크페어에 대해서는 워크페어를 다루는 장(제13장)에서 자세히 설명한다.

① 빈곤층이나 일하는 빈곤층에게 대부분의 일반인이 당연하게 여기는 재정서비스를 똑같이 제공한다.
② 지역사회 개발 사업에 자본을 투자한다.

자력 자본주의는 공공부조 프로그램과는 차이가 나고 있다. 왜냐하면 자력 자본주의에서는 자산을 형성하는 측면, 지역사회 수준에서 자본주의 방식을 사용하는 측면을 강조하기 때문이다.

자력 자본주의는 빈곤층에게 특히 의의가 있다. 무엇보다도, 소득이 적은 사람은 기본적인 재정서비스를 이용하기 어려운 경우가 많기 때문에, 자력 자본주의는 빈곤층에게 중요하다(Parekh, Kenway & MacInnes, 2010; Stoesz, 2000).

(2) 자력 자본주의와 관련된 입장의 진전

과거에는 사회복지 영역에서 활동하는 전문가는 자력 자본주의와 같은 것에 큰 관심을 가져오지 않았다. 하지만 스토이즈(Stoesz)는 이것은 매우 잘못된 것이라고 주장하고 있다. 스토이즈는 미국에서 공공부조 프로그램은 빈곤층을 위한 국가 독점 사업이 되고 있다고 비판하고 있다. 즉, 공공부조 프로그램은 2류 시민에게 2류 서비스를 제공하는 프로그램이 되고 있다는 것이다. 따라서 사회 정의와 경제 정의에 관심을 가지는 사람은, 기존의 공공부조 프로그램을 없애고 자력 자본주의로 바꾸는 방안을 제시하고 있다.

(3) 자력 자본주의의 장점

자력 자본주의에 주목하는 정책은 나름의 장점이 있다. 자력 자본주의에 근거한 정책의 장점을 구체적으로 제시하면 다음과 같다(Stoesz, 2007).

① 자력 자본주의에 근거한 정책에서는 자산에 주목하는데, 이런 점 때문에 자력 자본주의는 공공부조보다 전략적으로 유리하다. 기존의 공공부조는 사실상 임금을 보조하는 프로그램의 역할만을 하고 있다. 그러나 이와는 대조적으로, 자력 자본주의는 빈곤층이 자산을 늘릴 수 있게 하고, 사회에서 제공하는 재정서비스를 이용할 수 있게 하는 역할을 하고 있다. 따

라서 자력 자본주의는 빈곤층이 빈곤에서 벗어나 더 나은 계층으로 나아가는 데 도움을 준다.

② 자력 자본주의에 근거한 정책은 빈곤을 없애는 것과 관련된 세계적인 경향을 더 반영하고 있다. 이런 경향을 보여주는 예로 그라민 은행(Grameen Bank)의 활동을 들 수 있다. 그라민 은행은 1976년에 세워졌는데, 그라민 은행은 빈곤층에게 대출하는 데 있어 남보다 앞서 나가는 역할을 해왔다.

유누스 사회적 기업(Yunus Social Business)

유누스(Yunus)는 그라민 은행을 만든 학자이다. 유누스 사회적 기업에서는 빈곤을 없애기 위해 기업의 힘을 활용하고 있다. 즉, 유누스 사회적 기업은 세계에서 심각한 문제인 빈곤문제를 해결하기 위해 사회적 기업을 많이 만들고 있고 또한 사회적 기업을 지원하고 있다(Yunus Social Business, 2021).

정리하건대, 자력 자본주의에 근거한 사회복지정책은 더 넓은 경제 활동에 참여하게 해줌으로써, 소득이 적은 층이 더 나은 계층으로 더 빠르게 가게 할 수 있는 접근방식이라고 볼 수 있다.

UN '국제 소액대출의 해'를 맞아
빈곤층 없는 2005년 되길
경제칼럼
노병일 대전대 사회복지학과 교수

| 사진 12-4 | '국제 소액대출의 해'에 대한 내용을 담은 신문

유엔은 2005년을 '국제 소액대출(마이크로 크레디트)의 해'로 정한 바 있는데, 소액대출은 빈곤을 없애기 위한 생산적 정책 방안의 하나이다. [출처 : 신문(일부)]

3) 근로장려세제

(1) 배경과 등장

그동안 여러 국가에서는 유급 일자리에서 일하고 있는 저소득 근로자가 계속 일하게 하는 데 관심을 많이 가져 왔다. 이런 방안의 하나가 근로장려세제(Earned Income Tax Credit, EITC)이다.

미국에서는 근로장려세제 법을 1975년에 만들었다. 그 후 미국에서는 근로장려세제 법을 여러 차례 개정한 바 있다(Barker, 2003). 그리고 우리나라에서는 2009년에 근로장려세제를 아시아에서 처음으로 실시하였다(문화체육관광부, 2020).

(2) 정의와 목적

근로장려세제는 조세제도를[10] 적용해서 소득이 적은 층의 근로 의욕을 높이는 방안의 하나이다. 미국의 전국사회복지사협회에서 발간한 사전에 따르면, 근로장려세제는 소득이 적은 근로자가 세금을 납부하지 않았을 때도, 자격을 갖춘 저소득 근로자에게 세금을 돌려주는 프로그램을 말한다(Barker, 2003). 또한 우리나라 정부에 따르면, 근로장려세제는 "열심히 일은 하지만 소득이 적어 생활이 어려운 근로자 또는 사업자(전문직 제외)가구에 대하여 가구원 구성과 총급여액 등에 따라 [계산한] '근로장려금'을 지급함으로써 근로를 장려하고 실질소득을 지원하는 근로연계형 소득지원 제도"를 말한다(문화체육관광부, 2020).

말할 것도 없이, 근로장려세제는 소득이 적은 근로자가 유급 일자리에서 계속 일하게 하는 것을 목적으로 삼고 있다.

(3) 특징과 장점

근로장려세제에서는 세금을 걷는 것이 아니라 반대로 지원해주고 있다. 따라서 근로장려세제는 '역소득세(negative income tax, NIT)'제도라고도 부르고 있다(위키백과, 2021).[11]

---

10) 조세제도는 세금과 관련된 제도를 말한다.

11) 그러나 엄밀하게 볼 때, 근로장려세제와 역소득세는 같은 것이 아니다. 왜냐하면 근로장려금을 받기 위해서는 유급 일자리에서

역소득세[12]

역소득세를 처음으로 제안한 사람의 하나는 프리드먼(Friedman)인 것으로 알려져 있다(Allen, 2002). 문자 그대로, 역소득세는 소득세를 납부하는 것이 아니라 받는 것을 말한다. 즉, 일반 소득세에서는 국가가 대상자에게 세금을 내게 하고 있다. 그러나 역소득세에서는 국가가 소득이 적은 사람에게 거꾸로 현금을 제공하고 있다. 따라서 역소득세를 실시하는 목적은, 빈곤층에게 현금을 제공하는 데 있다(Josephson, 2019).

그러므로 이런 방안을 '역소득세'라고 부르고 있다. 미국의 전국사회복지사협회에서 발간한 사전에 따르면, 역소득세는 자산조사를 실시하는 대신에 전국 수준의 소득세 제도를 이용해서 빈곤층을 도와주는 프로그램을 말한다(한국사회복지협의회, 1993; Barker, 2003).

역소득세는 나름의 장점과 단점이 있다. 우선, 역소득세는 다음과 같은 장점이 있다(한국사회복지협의회, 1993; 기아리니 · 리트케, 1997; Josephson, 2019).

① 오명이 따라붙지 않는다. 역소득세에서 급여를 결정할 때 기준으로 삼는 것은 소득뿐이다. 따라서 역소득세에는 자산조사를 적용할 때 따르기 마련인 오명이 따라붙지 않는다.

② 공평하다. 세금이 면제되는 기준선 아래에 있는 모든 사람은 역소득세를 받을 수 있다. 따라서 역소득세는 공평하다.

③ 임의성이 적다. 공공부조에서는 행정 절차에서 임의로 처리하는 측면이 있을 수 있으나, 역소득세에서는 행정 절차에서 임의로 처리하는 측면이 적다.

④ 역소득세는 개인의 고용 상태와는 상관이 없다. 따라서 역소득세는 필요한 사람은 누구나 이용할 수 있다.

그러나 역소득세는 소득보장 영역에만 주목하고 있다. 따라서 공공부조와 비교해 볼 때, 역소득세는 다루는 범위가 좁다는 단점이 있다.

그리고 근로장려세제는 근로를 장려하는 것과 관련해 나름의 장점이 있다. 근로장려세제의 장점을 구체적으로 제시하면 다음과 같다(Stoesz, 2007; Barker, 2003).

① 근로장려세제에서는 소득이 적은 근로자가 유급 일자리에서 계속 일하는 것을 장려하고 있다. 이것은 아동이 있는 저소득 근로자에게 특히 그렇다.

② 공공부조 급여에 비해서, 근로장려세제에서 제공하는 급여에 대해서는 오명이 더 적게 따라붙고 있다. 따라서 근로장려세제의 자격이 있는 사람 중에서 근로장려세제를 신청하는 사람의 비율은 높을 가능성이 크다.

일하고 있어야 하기 때문이다(Josephson, 2019). 그러나 역소득세에서는 이런 조건이 반드시 필요하지 않다.

12) 우리나라에서는 NIT를 역소득세, 부(負)의 소득세, 음(陰)소득세, 마이너스 소득세 등으로 번역하고 있다. 이 책에서는 역소득세로 번역한다.

POINT

- 빈곤층 · 저소득층을 경제 활동에 더 참여시키기 위한 방안으로 워크페어, 자력 자본주의, 근로장려세제가 있다.
- 자력 자본주의는 일반 빈곤층이나 근로빈곤층에게 재정서비스를 제공해서 소득을 얻게 하는 방안이다.
- 근로장려세제는 조세제도를 적용해 저소득층의 근로 의욕을 높이는 방안이다.

13 워크페어(근로연계 복지)

CONTENTS

1. 워크페어의 정의

워크페어(workfare)라는 용어는 1960년대 말에 미국에서 처음으로 등장하였다. 워크페어는 'work'와 'fare'(wel*fare*의 fare)를 합친 용어로서, 복지(welfare)와 대비되는 용어이다.[1] 워크페어는 정확하게 정의하기 어려운 용어로 알려져 있다(노병일, 2020b; Brodkin, 2015; Kildal, 2001).

1) 사전의 정의

여러 사전에서는 워크페어에 대해 정의하고 있다. 일반 사전에서 워크페어에 대해 정의한 것을 몇 가지 제시하면 다음과 같다(한컴사전, 2021; Cambridge Dictionary, 2021; Merriam-Webster Dictionary, 2021).

① 우리나라의 국어사전에 따르면, 워크페어는 "(노동 장려를 위한) 근로 복지 제도; 근로자 재교육"을 말한다.

1) 우리나라에서는 워크페어를 '노동연계 복지' 또는 '근로연계 복지'라고 번역하는 경우가 많다. 그러나 이런 표현은 워크페어의 본질을 제대로 전달하지 못할 가능성이 있어, 이 책에서는 '워크페어'라는 표현을 그대로 사용한다.

② 외국의 영어사전에 따르면, 워크페어는 공공부조를 받고 있으면서 일할 수 있는 사람은 일하도록 되어 있는 정부 제도를 말한다.

③ 외국의 영어사전에 따르면, 워크페어는 급여를 받는 사람은 일반적으로 공적 성격을 지니는 일을 하도록 되어 있는 복지 프로그램을 말한다.

2) 기관과 학자의 정의

여러 기관과 학자도 워크페어에 대해 나름대로 정의해 왔다. 그동안 기관이나 학자가 워크페어에 대해 정의한 것을 몇 가지 제시하면 다음과 같다(Barker, 2003; Ravallion, 2015; Deacon, 2002; Rejda, 1999; Crisp & Fletcher, 2008; Alcock, Erskine & May, 1999; Workfare Watch, 1996).

① 미국의 전국사회복지사협회에서 발간한 사전에 따르면, 워크페어는 근로능력이 있는 사람이 공공부조 급여를 받는 것을 꺼리게 하기 위해, 많은 학자와 정치인 등이 제시한 방안을 말한다.

② 워크페어 워치(Workfare Watch)에 따르면, 워크페어는 공공부조를 받는 조건으로 공공부조 수급자가 일하게 하거나 정해진 활동에 참여하게 하는 것을 말한다.

③ 영국에서 발간한 사전에 따르면, 워크페어는 워크페어를 신청하는 사람이 실업급여를 받는 조건으로 일자리와 관련된 훈련을 받게 하거나 일할 준비를 하게 하는 제도를 말한다.

④ 라발리언(Ravallion)에 따르면, 워크페어는 공공부조 급여를 받는 사람에게 근로 의욕을 심어주기 위해서 일하도록 요구하는 것을 말한다.

⑤ 디콘(Deacon)에 따르면, 워크페어는 공공부조 급여를 신청하는 사람은 급여를 받는 대신에 정해진 근로 조건을 충족하여야 하는 것을 말한다.

⑥ 레이더(Rejda)에 따르면, 워크페어는 공공부조 급여를 받는 사람에게 강제로 일을 시키는 것을 말한다.

⑦ 크리습과 플렛처(Crisp & Fletcher)에 따르면, 워크페어는 공공부조를 받는 조건으로 보수 없는 노동 활동에 의무적으로 참여하게 하는 것을 말한다.

정리하건대, 워크페어는 공공부조 수급자(때에 따라서는 실업급여 수급자)가 급여를 받는 대신에, 의무적으로 일하게 하거나 일과 관련된 활동에 관여하게 하는 제도라고 볼 수 있다. 그리고 워크페어는 어떤 특정한 프로그램을 가리키는 용어라기보다는 일반적 의미를 지니는 용어로 사용되고 있다(노병일, 2020b).

POINT

- 워크페어는 공공부조 수급자(때에 따라서는 실업급여 수급자)가 급여를 받는 대신에, 의무적으로 일하게 하거나 일과 관련된 활동에 관여하게 하는 제도이다.

2. 워크페어의 목적과 특징

1) 워크페어의 목적

워크페어에서 추구하는 목적은 공공부조를 받는 사람이 일반적인 사회구성원으로 활동하게 해주는 데 있다. 이것은 워크페어의 매우 일반적인 목적이라고 볼 수 있다.

그리고 대부분의 워크페어에서는 다음과 같은 목적을 모두 추구하는 경우가 많다(Crisp & Fletcher, 2008).

① 워크페어의 대상자가 유급 일자리에서 일할 가능성을 더 높여주고, 근로의욕을 더 가지게 한다.

② 워크페어의 대상자가 지역사회에 도움이 되는 활동에 참여함으로써, 사회에 이바지하게 한다.

❙사진 13-1❙ 공공 사업에 참여 중인 사람들

워크페어는 유급 일자리에서 일하게 될 가능성을 더 높여주고자 한다. [출처 : 저자 촬영ⓒ]

그러나 장기적으로 볼 때, 워크페어의 목적은 빈곤이 되풀이되는 것을 없애는 데 있다(노병일, 2020b).

2) 워크페어의 특징

워크페어 프로그램들은 실제 정책에서 서로 큰 차이가 있으므로, 워크페어 프로그램들이 공통적 특징을 충분히 지니는지에 대해서는 의문이 생긴다는 지적도 있다. 하지만 워크페어는 공공부조를 받는 사람을 줄이는 것과 크게 관련되어 있다. 따라서 워크페어에 대한 정의에서도 알 수 있듯이, 워크페어는 다음과 같은 특징을 지니고 있다(Barker, 2003; Kildal, 2001; Hirschl, 2004).

① 워크페어에서는 일할 능력이 있는 수급자는 의무적인 대상자가 된다.
② 워크페어의 대상자는 급여를 받는 대신에 일하도록 되어 있다.
③ 워크페어에서 일하는 조건은 유급 일자리에서 비슷한 일을 할 때의 조건보다 더 좋지 않다.

그리고 이론적으로 볼 때, 워크페어 프로그램은 현금을 제공하는 프로그램보다 더 유리할 수 있다. 예를 들어, 워크페어 프로그램에서는 일하는 경험을 할 수 있다는 장점이 있다(Bertrand, Crepon, Marguerie & Premand, 2021).

한편 워크페어는 단기적인 해결 방법으로 인식되는 경우가 많다(Ravallion, 2015).

POINT

- 장기적으로 볼 때, 워크페어의 목적은 빈곤이 되풀이되는 것을 없애는 데 있다.
- 워크페어에서는 일할 능력이 있는 수급자는 의무적인 대상자가 되고, 대상자는 급여를 받는 대신에 일하도록 되어 있고, 일하는 조건은 유급 일자리에서 비슷한 일을 할 때의 조건보다 더 좋지 않다.

3. 워크페어의 배경

1) 워크페어의 일반적 배경

사회복지정책이 역사적으로 발전된 과정을 살펴볼 때, 사회복지 급여를 제공하는 데 있어 가장 먼저 사용하였고 또한 가장 널리 사용한 기준은 근로 능력이었다(송근원 · 김태성, 1995). 이것은 근로 능력이 있는 사람에게는 사회복지 급여를 제한적으로 제공하겠다는 의도를 보여주고 있다. 이런 점은 워크페어의 특징과 밀접하게 관련되어 있다(노병일, 2020b).

2) 인식과 관련된 배경

공공부조는 사회에서 빈곤층에 대해 가지는 인식과 밀접하게 연관되어 있다. 마찬가지로 워크페어도 사회적 인식이 변하는 것과 관련되어 있다(노병일, 2020b).

정도의 차이는 있지만, 빈곤층에 대한 사회적 인식은 그동안 좋은 편이 아니었다. 예를 들어, 인구학자인 맬더스(Malthus)는 빈곤층을 도와주면 빈곤층은 자녀를 더 많이 낳아서 빈곤 상태에 더 놓이게 된다고 주장한 바 있다. 이런 주장의 영향을 받아서, 19세기에 영국을 포함한 일부 유럽 국가와 미국에서는 빈곤층을 도와주는 것을 매우 부정적으로 인식하는 경우가 많았다.

그리고 빈곤층은 공공부조 급여를 무료로 받는 데 익숙해져서 일할 생각을 하지 않으므로, 결국에 가서 공공부조는 빈곤층에게 의존심만 키워준다는 주장은 현대에 들어서도 끊임없이 등장해 왔다. 예를 들어, 미국의 보수주의자는 공공부조제도에는 유급 일자리에서 일하는 것과 결혼하는 것을 꺼리게 하는 요소가 있다고 주장해 왔다. 그러므로 이런 보수주의자는 공공부조와 관련된 대부분의 프로그램은 게으름을 장려한다고 비판해 왔다. 또한 선진국에서는, 일할 능력이 있는 빈곤 여성이 공공부조 급여를 받기 때문에 정부는 복지비를 더 지출하게 된다는 비판이 있어 왔다(Rector & Johnson, 2004; Gordon, 1994; Tracy, 1996).

공공부조에 대한 부정적 인식 : 캐나다의 어느 장관의 말

캐나다에서 워크페어 프로그램을 실시한 어느 주의 장관은 다음과 같이 말한 바 있는데(Hirschl, 2004), 이를 통해서 공공부조에 대해 매우 부정적으로 인식함을 알 수 있다.

"공공부조를 도입하기 전에는, 우리 모두는 행복하였다. 모든 사람이 열심히 일하였고, 모든 사람은 위엄을 가지고 있었다. 그러다가 1950년대에 우리 지역에 공공부조가 도입되었다. 곧이어 지역 주민의 80%가 공공부조를 받게 되었다. 이에 따라 거의 모든 일자리가 중단되었다. 술에 취해 있는 것, 여성 배우자를 때리는 것, 아동을 학대하는 것은 일상적인 일이 되었다. 이런 것들은 공공부조를 도입하기 전에는 거의 알지 못하던 것이었다. 우리 지역은 공공부조 때문에 상황이 매우 좋지 않게 되었다."

일반적으로 보수주의자는 빈곤과 관련해 다음과 같이 주장해 왔다(DiNitto, 2007).

① 공공부조 때문에 빈곤층이 많아지고 있다.

② 의무적으로 일하게 하면, 빈곤과 관련된 많은 문제가 근본적으로 해결될 것이다.

워크페어는 앞에서와 같이 인식하기 때문에 나타난 제도이다. 즉, 워크페어의 바탕에는, 빈곤층에게 공공부조 급여를 아무 조건 없이 제공하면 빈곤층의 근로 의욕은 줄어든다는 인식이 깔려 있다. 따라서 공공부조 급여를 받으면 빈곤층의 의존심이 어떻게 변하는지에 대해 사회에서 인식하는 바가, 공공부조 급여를 받기 위한 조건에 영향을 미칠 수 있다는 사실을 잘 보여주는 제도가 워크페어이다(노병일, 2020b).

그러므로 공공부조 급여를 받을 자격이 있는 사람에게는 먼저 일하라고 요구하는 경우가 많다. 즉, 실업급여제도에서와 마찬가지로, 공공부조 급여를 받을 자격이 있고 일할 능력이 있는 사람에게는 일할 준비를 하거나 실제로 직접 일하라고 요구하는 경우가 많다(Pieters, 2006).

4. 워크페어의 진전

1) 일반적 진전

워크페어라는 용어를 언제 처음으로 사용하였는지에 대해서는 분명하지 않다. 그러나 워크페어라는 용어는 미국의 닉슨(Nixon) 대통령이 1969년에 텔레비전에서 연설함에 따라서 널리 사용된 것으로 알려져 있다. 이 연설에서, 닉슨 대통령은 미국은 복지가 더 필요한 것이 아니라 '워크페어'가 더 필요하다고 주장하였다.

그러나 유럽의 선진국에서도 오래전부터 워크페어를 생각해 왔다. 하지만 워크페어는 미국에서 처음으로 실시되었다(Brodkin, 2015; Wikipedia, 2021c; Kildal, 2001; Alcock, Erskine & May, 1999).

오늘날 여러 국가에서 워크페어를 실시하고 있다. 이 중에서 워크페어를 실시하고 있는 대표적인 국가는 미국이다(노병일, 2020b).

| 사진 13-2 | 북유럽의 워크페어 관련 자료

워크페어는 여러 국가에서 실시 중이다. [출처 : Kildal(2001)의 표지 일부]

2) 미국에서의 진전

(1) 복지(공공부조) 개혁(1996년) 이전

미국에서 루스벨트(Roosevelt) 대통령은 대공황에 대처하기 위해 1933년에 뉴딜(New Deal) 프로그램을 실시하였다. 이때 워크페어는 뉴딜 프로그램에서 중요한 요소가 되었다(Ravallion, 2015).

그리고 전통을 중시하는 일부 보수주의자는 가족을 중요하게 생각하였고, 자립하고 부지런하게 생활하는 가치를 강조해 왔다. 이에 따라서, 이런 보수주의자는 공공부조 때문에 가족이 불안정해지고, 근로 의욕이 줄어들고, 사회의 가치에 어긋나는 행동이 나타난다고 주장해 왔다.

특히, 일부 극단적 보수주의자는 빈곤층을 위한 공적 프로그램은 빈곤층의 상황을 오히려 더 악화시켰다고 보았다. 따라서 이런 극단적 보수주의자는 일할 능력이 있는 사람에게 제공하는 전국 수준의 공공부조 프로그램을 모두 없애야 한다고 주장하였다(Stoesz & Karger, 1990).

그리고 1980년대에 미국에서는 빈곤을 없애기 위한 개혁 방안에서 관심을 가져야 할 것으로 다음과 같은 점을 제시하였는데, 여기에서도 워크페어의 측면이 많이 나타나 있다(Eardley et al., 1996).

① 각 인구층의 욕구는 서로 차이가 나고 있다.
② 일할 능력이 확실하게 없는 층에게만 급여를 더 많이 제공하여야 한다
③ 공공부조 수급자는 재활한 후 일하여야 하고, 공공부조 수급자에게는 급여를 제공하는 측면보다는 일하는 측면에 먼저 관심을 가져야 한다.
④ 가족과 함께 살지 않는 아버지는 가족 부양과 관련된 비용을 지불하여야 한다.
⑤ 모든 프로그램은 비용 측면에서 효과가 있어야 한다.

한편 미국에서 전통적 자유주의자는 인종차별과 빈곤과 성차별 등은 사회적 약자가 사회에 참여하는 데 걸림돌이 된다고 보았다. 그리고 이런 자유주의자는 정부만이 사회적 약자가 사회에서 정의롭게 살게 해줄 수 있다고 보았다. 그러나 1980년에 민주당이 대통령 선거와 상원의원[2)] 선거에서 패배함에 따라서, 자유주의 노선을 따르던 많은 민주당원은 국내 정책에서 자유주의적 입장을 가지는 것에 대해 다시 평가하게 되었고, 이에 따라 신자유주의(neoliberalism)라는[3)] 관점이 등장하였다. 점점 보수적인 방향으로 나아가고 있는 정치적 분위기에서 지지를 얻기 위해서, 신자유주의자는 규모가 큰 공공부조 프로그램에 대해 찬성하지 않는 방향으로 나아갔다. 그 대신, 신자유주의자는 개인이 책임지는 것, 일하는 것, 절약하는 것을 강조하는 방향으로 나아갔다. 그러므로 공공부조와 관련해, 신자유주의 관점을 지니는 민주당원은 공공부조의 대상자가 유급 일자리에서 일하는 것, 아동을 부양하는 데 가족이 책임을 지는 것, 공공부조에 필요한 재정을 줄이는 것을 강조하였다. 이런 상황에서 미국의 신자유주의

2) 미국 의회는 상원과 하원으로 구성되어 있다.
3) 신자유주의는 시장에서 자유롭게 경쟁하는 것이 가치가 있다는 점을 강조하는 이데올로기를 말한다(Smith, 2020).

자가 공공부조에 대한 개선 방안으로 내놓은 것들 가운데 하나가 워크페어이다(Karger & Stoesz, 1993; Stoesz & Karger, 1990).

미국에서 워크페어를 실질적인 정책으로 정한 시기는 1981년이다. 즉, 1981년에 이르러서야, 미국의 연방법은 주정부가 워크페어 프로그램을 도입할 수 있는 길을 터놓았다. 그리고 1980년대에 공공부조 급여를 받는 사람이 매우 많아짐에 따라서, 워크페어를 찬성하는 입장은 더 힘을 얻게 되었다(Kildal, 2001).

(2) 복지(공공부조) 개혁 이후

그 후 1990년대에 들어서, 공공부조 급여를 받기 위한 조건이 까다로워졌다. 예를 들어, 1996년에 미국은 지난 수십 년 동안 실시한 공공부조제도의 틀을 크게 바꾸었다. 이때 사회의 책임보다는 개인의 책임을 강조하는 데 주목하였다. 그리고 이와 관련해 1996년에 「개인 책임 및 근로 기회 조정법(PRWORA)」을 만들었다. 이렇게 해서 등장한 새로운 공공부조제도가 '빈곤 가족을 위한 일시 부조(Temporary Assistance for Needy Families, TANF)'이다(DiNitto, 2007; Kreuger, Hodges & Word, 2003; Child Trends Data Bank, 2005).

새로운 공공부조제도를 실시함에 따라서, 공공부조의 성격과 공공부조 수급자의 지위가 크게 변하게 되었다. 이것을 '복지(공공부조) 개혁(welfare reform)'이라고 부르고 있다.

'빈곤 가족을 위한 일시 부조'는 연방정부 수준의 공공부조제도이다. 새로운 공공부조에서는, 공공부조 급여를 받는 사람은 급여를 받는 조건으로 일정 기간 일하도록 되어 있다. 따라서 새로운 공공부조에서는 워크페어의 측면을 크게 강조하고 있다(Clarke, 2001; Spicker, Leguizamón & Gordon, 2007; Crisp & Fletcher, 2008).

그 후에, 미국에서 워크페어를 강조하는 경향은 계속 이어졌다. 예를 들어, 부시(Bush) 대통령은 공공부조 수급자는 일하여야 한다는 조건을 강력히 적용함으로써 이런 방향으로 더 나아가고자 하였다(DiNitto, 2007).

3) 미국 이외의 국가에서의 진전

영국을 포함한 여러 유럽 국가에서도 워크페어를 실시하고 있다. 영국에서는 노동당이 선거에서 승리함에 따라 신노동당 정부인 블레어(Blair) 정부가 등장하였다. 블레어 정부의 중요한 노선은 '제3의 길(Third Way)'이었는데,[4] 제3의 길에서 중심이 되는 것의 하나는 '근로연계 복지(Welfare to Work)'이었다. 이때 근로연계 복지는 워크페어의 성격을 지니고 있었다. 근로연계 복지의 목적은 폭넓은 '뉴딜(New Deal)' 프로그램을 실시함으로써, '의존 문화'가 증가하는 것을 막는 데 있다(노병일, 2021a; Kildal, 2001; Hay, 2018).

이 외의 여러 국가에서도 워크페어를 실시하고 있다. 워크페어를 강조하는 경향은 스칸디나비아 국가에서도 나타나고 있다(Kildal, 2001; Wikipedia, 2021c).

4) 우리나라에서의 진전

우리나라에서 자주 사용하는 '생산적 복지'라는 표현 속에는 워크페어의 요소가 많이 포함되어 있다. 구체적으로 우리나라의 국민기초생활보장 제도에 포함되어 있는 자활사업은 워크페어와 밀접하게 관련된다고 볼 수 있다.

4) 정치 영역에서 '제3의 길'은 이른바 좌파 정치집단과 우파 정치집단의 중간에 위치한 접근방식을 말한다.

| 사진 13-3 | 김대중 대통령과 찍은 사진을 걸어 놓은 식당

김 대통령이 강조한 생산적 복지는 워크페어와 크게 관련된다.
[출처 : 저자 촬영ⓒ]

POINT

- 공공부조 급여를 받으면 빈곤층의 의존심이 어떻게 변하는지에 대해 사회에서 인식하는 바가, 공공부조 급여를 받기 위한 조건에 영향을 미칠 수 있다는 사실을 잘 보여주는 예가 워크페어이다.
- 워크페어는 미국에서 처음으로 등장하였다. 미국은 1996년에 공공부조의 틀을 크게 바꾸면서, 워크페어의 측면을 크게 강조하였다. 이것을 복지개혁이라고 부른다.
- 영국과 스칸디나비아를 포함한 여러 국가에서도 워크페어를 실시한다.
- 우리나라의 자활사업은 워크페어와 밀접하게 관련된다.

5. 워크페어의 방법과 사례

1) 워크페어의 방법

(1) 워크페어의 일반적 방법

일반적으로 워크페어는 공적 영역과 민간 영역에 관련 프로그램과 시설을 갖추어서, 근로 능력이 있는 사람이 일하게 함으로써 급여의 일부를 받게 하는 방식으로 진행되고 있다. 그리고 많은 국가에서 워크페어는 공공 사업에 참여하는 식으로 진행되고 있다. 예를 들어, 일부 국가에서는 공공부조 급여를 받는 사람은 공공 사업에 참여할 의무가 있다고 보고 있다(Pieters, 2006; Barker, 2003; Bertrand et al., 2021).

한편 워크페어의 형태에는 대상자가 일하는 것 이외의 형태도 있을 수 있다. 워크페어에서는 때에 따라서 대상자에게 다음과 같은 것을 하도록 요구할 수도 있다(Workfare Watch, 1996; Pieters, 2006).

① 일자리를 구하려고 노력한다.

② 교육받고, 기술 수준을 높인다. 이것을 학습연계 복지(learnfare)라고 부르고 있다. 이런 예로 교육이나 전문적 훈련에 참여하는 것이 있다.

③ 일을 직접 경험한다.

④ 보수를 받지 않고 지역사회의 일을 한다.

⑤ 알코올이나 기타 약물을 사용하는 것에서 벗어나 재활하는 프로그램에 참여한다.

학습연계 복지(learnfare)

때에 따라서 학습연계 복지 프로그램은 워크페어의 성격을 지니는 공공부조에 속하고 있다. 학습연계 복지는 대상자가 급여를 받는 조건으로 특정한 교육 프로그램에 참여하는 것을 말한다. 학습연계 복지에서는 공공부조 급여를 받는 사람이 경제적으로 더 자립할 수 있게 해주기 위해, 급여를 받는 사람이 추가 교육을 받도록 장려하고 있다(Barker, 2003).

(2) 실업급여와 관련된 워크페어의 방법

실업급여를 신청하거나 받는 사람에게 유급 일자리에서 일하는 것과 관련해 다음과 같은 조치를 취할 수 있는데, 이것은 워크페어의 방법과 관련될 수 있다(Pieters, 2006; Social Security Administration, 2015).

① 실업급여를 신청하는 사람에게 일자리와 관련된 과정에 의무적으로 참여하라고 요구할 수 있다. 또는 장기적으로 실업 상태에 있는 근로자에게 고용과 관련된 재교육 프로그램에 의무적으로 참여하도록 요구할 수 있다.
② 실업자에게 일자리와 관련된 교육 프로그램을 제공할 수 있다.

실업 상태에 있는 근로자가 재훈련 프로그램에 참여하기를 거부하거나 또는 교육 프로그램에 정당한 이유 없이 참여하지 않으면, 실업급여를 일시적으로 제공하지 않거나 영구적으로 제공하지 않을 수 있다.

2) 워크페어의 실시 사례

(1) 미국

앞에서 설명한 바와 같이, 미국의 새로운 공공부조 프로그램인 '빈곤가족에게의 일시 부조(TANF)'는 워크페어의 측면을 많이 포함하고 있다. 이런 점은 '빈곤가족에게의 일시 부조'의 목적에 잘 드러나 있다. 일반적으로 '빈곤가족에게의 일시 부조'의 목적은 다음과 같다(Child Trends Data Bank, 2005; U.S. Department of Health and Human Services, 2021).

① 빈곤한 가족의 아동을 자기 집이나 친척의 집에서 보살필 수 있게 하기 위해, 빈곤한 가족을 도와준다.
② 공공부조 수급자가 직장을 구할 준비를 더 하게 하고 일할 준비를 더 하게 하고 결혼할 준비를 더 하게 함으로써, 공공부조에 더 이상 의존하지 않게 한다.
③ 공공부조 수급자가 결혼하지 않은 상태에서 임신하지 않게 한다.

④ 공공부조 수급자가 부모 모두가 있는 가족을 꾸리는 것을 장려하고, 이런 가족 형태를 계속해서 유지하게 한다.

그리고 '빈곤가족에게의 일시 부조'에서는 공공부조를 받을 수 있는 기간과 관련해 다음과 같은 조건을 새로 제시하였다(Duncan & Brooks-Gunn, 2000; U.S. Department of Health and Human Services, 2021).

① 공공부조를 받고 나서 24개월이 지난 후, 공공부조 수급자는 '적절한 근로 활동'에 참여하여야 한다. 공공부조 수급자가 이 조건을 지키지 않으면, 해당 수급자는 제재를 받거나 처벌을 받게 된다.
② 공공부조 수급자가 일자리를 구하려고 노력하는지에 상관없이, 공공부조 급여를 받을 수 있는 전체 기간을 60개월로 제한한다.

이런 점을 통해서, '빈곤가족에게의 일시 부조'는 '근로(일하기) 우선(work first)'의 측면을 많이 포함하고 있음을 알 수 있다(Gilbert & Terrell, 2014).

(2) 캐나다

캐나다에서는 1997년에 근로(일하기)에 주목하는 접근방식을 취하는 '온타리오 근로(Ontario Works)' 프로그램을 실시하였다. 온타리오 근로 프로그램에는 세 가지 측면이 들어 있는데, 이 중의 하나는 워크페어의 측면이다(Crisp & Fletcher, 2008).

(3) 우리나라

우리나라에서 워크페어의 측면은 「국민기초생활보장법」의 자활사업에 나타나 있다. 우리나라의 「국민기초생활보장법」에 따르면, 근로 능력이 있는 수급자에게는 자활에 필요한 사업에 참가할 것을 조건으로 해서 생계급여를 제공할 수 있다. 그리고 우리나라의 「국민기초생활보장법」 시행령에서는 자활에 필요한 사업에 참가할 것을 조건으로 해서 생계급여를 받는 사람을 '조건부 수급자'라고 부르고 있다(국가법령정보센터, 2021). 이런 것은 워크페어의 측면을 많이 포함하고 있다.

우리나라의 자활사업

우리나라의 법에 따르면, 자활사업은 다음과 같은 것을 말한다(국가법령정보센터, 2021).

① 직업훈련이 있다.
② 일자리를 마련해 주는 것이 있다.
③ 자활근로가 있다.
④ 직업안정기관의[5] 대표가 제시하는 사업장에 취업하는 것이 있다.
⑤ 공공 근로사업이 있다.
⑥ 지역자활센터의 사업이 있다.
⑦ 자활기업의 사업이 있다.
⑧ 개인이 창업하거나 공동으로 창업하는 것이 있다.
⑨ 근로 의욕을 키우고 근로 능력을 유지하기 위한 자원봉사가 있다.
⑩ 기타 수급자의 자활에 필요한 사업이 있다.

❙사진 13-4❙ 자활을 돕는 복지기관

우리나라에서 워크페어의 측면은 자활사업에서 많이 나타난다.
[출처 : 저자 촬영ⓒ]

근로 의욕을 상실하게 되는 이른바 '복지병'이 나타날 수도 있을 것 같은데, 이에 대한 대책은?

국민기초생활보장법에서는 국민이 일하지 않고 국가에 의존하는 것을 방지하기 위해 근로 유인의 제도적 장치를 마련하고 있습니다.

우선, 근로 능력자에게는 자활공동체 사업, 직업훈련 등에 참여하는 것을 조건으로 생계비를 지급하고 이 조건을 거부하거나 이행하지 않을 경우 생계비 지원을 중지하게 됩니다.

또한 소득산정 시 근로 활동으로 얻은 소득의 일부를 공제해 근로 활동에 대한 인센티브를 제공함으로써 근로 소득이 많은 사람이 적은 사람보다 실제적으로 더 많은 혜택을 받도록 하겠습니다.

[출처 : 보건복지부(2000).] [원문을 그대로 인용]

5) 우리나라의 「직업안정법」에 따르면, 직업안정기관은 직업소개나 직업지도 등의 업무를 하는 기관을 말한다(국가법령정보센터, 2021).

POINT

- 워크페어는 공적 · 민간 영역에 관련 프로그램과 시설을 갖추어, 근로 능력이 있는 사람이 일하게 함으로써 급여의 일부를 받게 하는 방식으로 진행되는 경우가 많다. 많은 국가에서 워크페어는 공공사업에 참여하는 것과 관련된다.
- 미국의 '빈곤가족에게의 일시 부조'는 근로 우선의 측면을 많이 포함한다.
- 우리나라에서 워크페어의 측면은 자활사업에서 잘 드러난다.

6. 워크페어에 대한 입장

1) 워크페어에 대한 찬성 입장

워크페어에 대해서는 찬성하는 입장도 있고 반대하는 입장도 있다. 워크페어를 찬성하는 입장에서는 의존심, 효과성, 빈곤층의 상태, 사회적 가치와 관련된 측면에서 워크페어를 긍정적으로 보고 있다(Rejda, 1999; Kildal, 2001; Blank, 2002; Crisp & Fletcher, 2008; Bertrand et al., 2021).

(1) 의존심과 관련된 측면

워크페어를 찬성하는 입장에서는, 워크페어는 공공부조에 의존하지 않게 하는 데 매우 중요하다고 주장하고 있다. 실제로 워크페어 프로그램을 실시한 결과, 워크페어는 근로 의욕과 같은 측면에서 단기적으로는 긍정적인 영향을 미친 것으로 나타난 바 있다.

워크페어를 찬성하는 입장에서는, 지금까지의 공공부조는 사실상 빈곤층을 공공부조에 더 의존하게 만들었다고 보고 있다. 워크페어를 찬성하는 입장에서는, 관대하게 제공하는 공공부조 급여 때문에 공공부조 수급자는 적극적으로 생활하지 않게 되고, 개인 책임이 부족하게 되고, 의존하는 문화를 지니게 된다고 분석하고 있다.

(2) 효과성과 관련된 측면

워크페어를 찬성하는 입장에서는, 일하는 것을 경험하면 유급의 장기적 일자리를 더 잘 구할 수 있다고 주장하고 있다. 따라서 워크페어를 찬성하는 입장에서는 워크페어가 효과가 있다고 주장하고 있다. 예를 들어, 미국의 많은 주에서 워크페어를 시범적으로 실시한 결과가 좋게 나왔다고 주장하고 있다. 실제로 이런 사례에서는 워크페어가 효과가 있다고 평가한 바 있다.

(3) 빈곤층의 상태와 관련된 측면

워크페어를 찬성하는 입장에서는, 현재의 공공부조는 빈곤층의 상태를 개선하지 못하였다고 주장하고 있다. 즉, 워크페어를 찬성하는 입장에서는, 현재의 공공부조는 빈곤층의 품위와 지위와 삶의 질을 향상한 것이 아니라, 빈곤층을 더 비참한 상태에 놓이게 하였고 사회로부터 더 고립시켰다고 분석하고 있다.

그러므로 워크페어를 찬성하는 입장에서는, 공공부조 급여는 오명을 주므로 빈곤층은 수치감을 느끼게 된다고 보고 있다. 그 대신, 워크페어를 찬성하는 입장에서는, 워크페어에 참여할 때는 일하는 것이 보람 있게 되고 소득을 당당하게 얻게 된다고 주장하고 있다.

❙사진 13-5❙ 자활사업으로 만든 커피집

워크페어를 찬성하는 입장에서는, 워크페어에 참여하면 소득을 당당하게 얻게 된다고 주장한다. [출처 : 저자 촬영ⓒ]

(4) 사회적 가치와 관련된 측면

워크페어를 찬성하는 입장에서는 사회의 가치가 변하였다는 점을 강조하고 있다. 따라서 공공부조 급여를 받는 엄마가 집에 남아서 자기 아이를 돌보는 제도는 더 이상 인정받기 어렵다고 보고 있다. 이와 관련해, 워크페어를 찬성하는 입장에서는 공공부조 급여를 받지 않는 직장 여성의 비율이 높다는 점을 지적하고 있다. 그러므로 워크페어를 찬성하는 입장에서는, 가정에서 자기 아동을 돌보면서 공공부조 급여를 받는 엄마를 위해, 결혼한 직장 여성이 공공부조에 필요한 세금을 납부하는 것은 공평하지 않다고 주장하고 있다.

2) 워크페어에 대한 반대 입장

워크페어를 반대하는 입장에서는, 워크페어를 찬성하는 입장에서 제시하는 주장에 대해 크게 비판하고 있다(Rejda, 1999; Workfare Watch, 1996; Workers World, 1997; Stoesz, 2007; Baker, 2003; Jessop, 2003; Crisp & Fletcher, 2008; Lohse, 2014). 워크페어를 반대하는 입장에서는 효과성, 자발성, 빈곤의 함정, 실시 비용, 실업과 관련된 측면에서 워크페어를 부정적으로 보고 있다.

(1) 효과성과 관련된 측면

워크페어를 반대하는 입장에서는 워크페어는 효과가 없다고 보고 있다. 이런 사례를 구체적으로 제시하면 다음과 같다.

① 워크페어를 반대하는 입장에서는 미국의 일부 주와 캐나다에서 실패한 경험을 그 예로 제시하고 있다. 따라서 워크페어를 반대하는 입장에서는, 이런 실패 경험으로 볼 때 국가의 모든 지역에서 워크페어를 실시하기는 어려울 것이라고 주장하고 있다.

② 어느 학자는 공공부조 급여를 받기 위해 일하는 것은 적은 임금의 일자리가 단조롭게 반복되는 것과 거의 다르지 않다고 분석하고 있다. 즉, 워크페어는 효과가 거의 없다는 것이다.

워크페어를 반대하는 입장에서는, 앞에서와 같은 사례들은 워크페어가 효과가 없음을 보여준다고 주장하고 있다.

(2) 자발성과 관련된 측면

워크페어는 공공부조 급여를 받는 사람을 훈련해서 일자리를 얻도록 해주는 것으로 알려져 있다. 그러나 워크페어를 반대하는 입장에서는 워크페어는 강제노동(forced labor)이라고 비판하고 있다. 즉, 워크페어는 노예노동의 한 형태이고 수치감을 불러일으킨다는 것이다. 이와 관련해, 워크페어의 목적은 일자리가 없는 사람들에게 일자리를 만들어주는 데 있는 것이 아니라, 누구도 원하지 않는 일자리를 맡을 근로자를 만들어주는 데 있다는 주장도 있다.

그리고 워크페어는 많지도 않은 공공부조 급여를 받기 위해 공공부조 수급자에게 일하라고 강요하는 셈이라고, 어느 언론은 주장한 바 있다. 또한 호주에서 워크페어 프로그램에 참여한 사람들을 대상으로 연구한 결과, 참여자들 중에는 자신이 좋아하지도 않는 일을 억지로 하게 되었다고 불평하는 사람이 많은 것으로 나타난 바 있다.

그러므로 워크페어를 반대하는 입장에서는, 공공부조를 받는 사람에게 억지로 일하도록 강요하지 말아야 한다고 주장하고 있다. 또한 워크페어는 자발적 참여에 어긋나는 것이고, 공공부조를 받는 사람을 범죄자로 취급하는 것이라고 주장하고 있다. 따라서 워크페어를 반대하는 입장에서는, 워크페어가 공공부조 수급자의 오명을 더 증가시킨다고 주장하고 있다.

그리고 워크페어를 반대하는 입장에서는, 공공부조 급여의 양이 너무 많아서 빈곤층이 공공부조에 의존하는 것이 아니라는 점을 강조하고 있다. 즉, 빈곤층에게 제공된 일자리에서 얻는 수입이 너무 적기 때문에 빈곤층에게는 공공부조 이외에 다른 방안이 없게 되고, 이에 따라 빈곤층은 공공부조에 의존하게 된다는 것이다.

그러므로 워크페어를 반대하는 입장에서는, 강제노동 성격을 지니는 조건을 붙이지 않아도 공공부조 대상자는 안정된 일자리를 구하려고 여러 가지로 이미 힘쓰고 있으므로, 공공부조 급여를 제공하면서 강제노동 조건을 붙일 필요가 없다고 주장하고 있다. 무엇보다도 공공부조 대상자가 일하지 않는 이유는, 게으르기 때문이 아니라 일자리가 없기 때문이라는 것이다.

(3) 빈곤의 함정과 관련된 측면

워크페어를 반대하는 입장에서는, 공공부조 급여를 받는 사람이 워크페어 때문에 빈곤의 함정에[6] 놓일 가능성이 크다고 주장하고 있다. 공공부조 수급자가 워크페어 프로그램에 참여해 소득이 더 생기면 공공부조 급여의 양은 줄어들고 의료비 및 보육비와 같은 비용이 추가로 더 필요할 수 있기 때문에, 결국에 가서 빈곤의 함정에 놓일 가능성이 있다는 것이다.

(4) 실시 비용과 관련된 측면

워크페어를 반대하는 입장에서는, 워크페어는 실시하는 비용이 많이 들기 때문에, 워크페어가 생각만큼 공공부조의 재정을 줄이는 것은 아니라고 주장하고 있다. 또한 어떤 워크페어 프로그램은 실시하는 데 비용이 너무 많이 들고, 이에 따라 재정이 부족한 지방정부는 새로운 프로그램을 실시하기 어렵다고 주장하고 있다. 예를 들어, 워크페어 프로그램을 실시할 경우, 감독관과 담당자를 임명하여야 하고 보육서비스를 제공하여야 하므로, 추가적인 비용이 꽤 든다는 것이다.

한편 워크페어를 반대하는 입장에서는, 워크페어를 운영하는 데 필요한 비용 때문에 직업훈련에 사용할 자금이 부족할 수도 있다는 점을 지적하고 있다. 즉, 공공부조 급여를 그냥 제공하여도 될 텐데 보수가 없는 워크페어에 강제로 참여하게 함으로써, 순수한 직업훈련에 사용할 수 있는 자원을 낭비하는 측면이 있다는 것이다.

6) '빈곤의 함정'에 대해서는 빈곤층의 근로 의욕을 다루는 장(제12장)에서 이미 설명한 바 있다.

(5) 실업과 관련된 측면

워크페어를 반대하는 입장에서는 워크페어를 실시하면 실업자가 늘어날 수 있다고 주장하고 있다. 즉, 공공부조 급여를 받는 사람을 강제로 유급 일자리에서 일하도록 하는 것은, 경제적 상황이 매우 좋지 않은 시기에 실업률을 높이는 요인으로 작용할 수 있다는 것이다. 워크페어를 반대하는 입장에서는, 공공기관이나 비영리 기관에서 보수를 주고 하던 일을 워크페어 대상자에게 맡기는 사례가 많음을 지적하면서, 실업자가 많아질 가능성을 제시하고 있다.

그러므로 워크페어에 반대하는 입장에서는, 워크페어가 사회의 일반적 복지 수준을 낮추는 식으로 영향을 미친다고 주장하고 있다.

POINT

- 워크페어를 찬성하는 입장에서는 워크페어는 공공부조에 의존하지 않게 하는 데 매우 중요하고, 워크페어는 효과적이고, 워크페어는 일하는 것을 보람되게 하고, 사회의 가치가 변하였다는 측면에 주목한다.
- 워크페어를 반대하는 입장에서는 워크페어는 효과가 없고, 강제노동의 성격을 지니고, 빈곤의 함정을 유발할 수 있고, 실시 비용이 많이 들고, 실업자가 늘어날 수 있다는 측면에 주목한다.

참·고·문·헌

국가법령정보센터(2021). https://www.law.go.kr/
김영란(2005). 한국의 신빈곤현상과 탈빈곤정책에 관한 연구 : 근로빈곤층의 실태를 중심으로. 한국사회복지학, 57(2), 41-69.
노병일(1999). 사회보장론. 서울 : 대학출판사.
노병일(2006). 취약 지역의 사회적 배제. 서울 : 도서출판 다운샘.
노병일(2010). 사회보장론(제2판). 경기 고양 : 공동체.
노병일(2013). 빈곤론(제1판). 경기 파주 : 양서원.
노병일(2018). 사회문제론. 경기 파주 : 양서원.
노병일(2020a). 노인복지론. 서울 : 동문사.
노병일(2020b). 사회보장론(제4판). 경기 고양 : 공동체.
노병일(2020c). 아동복지론(제4판). 경기 고양 : 공동체.
노병일(2021a). 사회복지정책론(제3판). 경기 고양 : 공동체.
노병일(2021b). 현대 산업복지론(제3판). 경기 고양 : 공동체.
노병일 · 곽현근(2005). 동네의 맥락적 특성이 주민의 정신보건에 미치는 영향 : 동네빈곤, 무질서, 네트워크 형성을 중심으로. 보건과 사회과학, 17(1), 5-31.
노병일 · 곽현근(2003). 지역사회빈곤과 사회적 유대가 도시주민의 우울증에 미치는 영향에 대한 다수준 분석. 정신보건과 사회사업, 16, 180-209.
노병일 · 노대겸(2017). 가족정책론. 경기 파주 : 정민사.
노병일 · 손정환(2011). 비정규직 근로자의 사회적 배제가 정신건강에 미치는 영향 – 건설직 일용근로자의 우울을 중심으로. 한국사회복지학, 63(1), 113-135.
노병일 · 윤경아(2004). 주거빈곤층의 삶과 터전. 서울 : 도서출판 다운샘.
디딤씨앗통장(2020a). 디딤씨앗통장 소개. https://www.adongcda.or.kr/?goPage=107
디딤씨앗통장(2020b). 아동발달지원계좌(디딤씨앗통장)의 구성과 특징. https://www.adongcda.or.kr/?goPage=111
문명숙 · 노병일(2020). 자아존중감과 우울이 일자리사업 참여 노인의 생활만족도에 미치는 영향. 사회과학논문집, 38(2), 83-101.
문화체육관광부(2020). 근로장려금. https://www.korea.kr/special/policyCurationView.do?newsId=148855408
서동우(2002). 노숙자 의료지원 정책방안. 보건복지포럼, 11월, 51-64.
송근원 · 김태성(2003). 사회복지정책론. 서울 : 나남.
아동권리보장원(2021). 드림스타트란? https://www.dreamstart.go.kr/contents/sub01_01_01.asp
원석조(2006). 사회복지정책론. 경기 고양 : 공동체.
위스타트(2007). 외국의 Start 운동. http://westart.joins.com
위키백과(2021). 근로 장려 세제. https://ko.wikipedia.org/wiki/%EA%B7%BC%EB%A1%9C_

윤경아 · 노병일(2005). 도시 노숙자의 삶의 질 예측 요인. 한국사회복지학, 57(1), 219-243.
윤찬영(2007). 사회복지의 이해. 경기 파주 : 학현사.
이태진(2002). 노숙자 지원정책의 구조와 방향. 보건복지포럼, 11월, 6-18.
전국실직노숙자대책 종교시민단체 협의회(nd). www.homeless.or.kr
조추용 · 조석연 · 신창식 · 변보기 · 노병일 · 김준환(2011). 사회복지법제론(개정판). 서울 : 교육과학사.
중앙일보 특별취재팀(2004). We Start '위 스타트' 운동 출범. 세상사람들, 6월, 18-19.
최지훈 · 이준호(1999). 서울도심주변 쪽방지역 연구 : 쪽방지역의 토지이용 · 건축물관리 현황을 중심으로. 도시연구, 5, 20-36.
홍세영(2018). 노숙인복지법 비교에 관한 연구. 법이론실무연구, 6(1), 339-368.
한국사회복지협의회 편(1993). 사회복지사전. 서울 : 한국사회복지협의회.
황창순 · 김형수 · 노병일 · 도종수 · 유지영(2014). 사회복지조사론(제2판). 경기 파주 : 양서원.

Administration for Children and Families(2007). About Head Start. http://www.acf.hhs.gov/programs/hsb/about/index.htm
Agarwal, S. and Brunt, P.(2006). Social exclusion and English seaside resorts. Tourism Management, 27, 654-670.
Aguirregabiria, V.(2006). Engel coefficient. In Encyclopedia of World Poverty, edited by M. Odekon. Thousand Oaks, CA : Sage.
Alcock, P.(1997). Understanding Poverty(2nd ed). Hampshire, UK : MacMillan.
Alcock, P., Erskine, A. and May, M.(ed)(1999). The Student's Companion to Social Policy. Oxford, UK : Blackwell.
Allen, J. T.(2002). Negative income tax. The Concise Encyclopedia of Economics. http://www.econlib.org/library/Enc1/NegativeIncomeTax.html
American Psychological Association(2021). APA Dictionary of Psychology. https://dictionary.apa.org
Andersen, M. L.(2000). Thinking about Women : Sociological Perspectives on Sex and Gender(5th ed). Needham Heights, MA : Allyn and Bacon.
Andrews, M.(2021). Women, poverty and opportunity. Forbes, April 12.
Barker, R. L.(2003). Social Work Dictionary(5th ed). Washington D.C. : NASW Press.
Barnes, C.(1999). Institutional discrimination against disabled people and the campaign for anti-discrimination legislation. In Critical Social Policy : Social Policy and Social Relations, edited by D. Taylor. London : Sage.
Batty, D.(2002). Social exclusion : the issue explained. Guardian, January 15.
Bell, K.(ed)(2022). Poverty trap. Open Education Sociology Dictionary. https://sociologydictionary.org/poverty-trap/
Benefits Government(2021). What is Temporary Assistance for Needy Families? https://www.benefits.gov/benefit/613

Bertrand, M., Crepon, B., Marguerie, A. and Premand, P.(2021). Do workfare programs live up to their promises? : experimental evidence from Côte D'ivoire. https://bfi.uchicago.edu/insight/finding/do-workfare-programs

Best Drug Rehabilitation(2015). Alcoholism and homelessness. http://www.bestdrugrehabilitation.com/blog/addiction/the-misunderstanding-of-alcoholism-and-homeless ness/

Beveridge, W.(1942). Social Insurance and Allied Services. London : Her Majesty's Stationery Office.

Bleiweis, R., Boesch, D. and Gaines, A. C.(2020). The basic facts about women in poverty. https://www.americanprogress.org/article/basic-facts-women-poverty/

Bradshaw, J.(1999). Lone parents. In The Student's Companion to Social Policy, edited by P. Alcock, A. Erskine and M. May. Oxford, UK : Blackwell.

Brodkin, E. Z.(2015). Workfare. https://www.oxfordbibliographies.com/view/document/obo-9780195389678/obo-9780195389678-0163.xml

Braithwaite, J. and Mont, D.(2008). Disability and Poverty : A Survey of World Bank Poverty Assessments and Implications. Washington D.C. : World Bank.

Brooks-Gunn, J.(1995). Strategies for altering the outcomes of poor children and their families. In Escape from Poverty : What Makes a Difference for Children?, edited by P. L. Chase-Lansdale and J. Brooks-Gunn. Cambridge, UK : Cambridge University Press.

Bryson, L.(1992). Welfare and the State : Who Benefits? London : MacMillan.

Burchardt, T., Le Grand, J. and Piachaud. D.(1999). Social exclusion in Britain 1991~1995. Social Policy and Administration, 33(3), 227-244.

Carr, D.(2010). Golden years? : poverty among older Americans. Contexts, Winter, 62-63.

Chafel, J. A. and Hadley, K. G.(2001). Poverty and the well-being of children and families. In Handbook of Clinical Child Psychology, edited by C. E. Walker and M. C. Roberts. New Yor k : John Wiley & Sons.

Chambers, D. E. and Wedel, K. R.(2009). Social Policy and Social Programs : A Method for the Practical Public Policy Analyst(3rd ed). Needham Heights, MA : Allyn and Bacon.

Cheal, D.(1999). New Poverty : Families in Postmodern Society. Westport, CT : Praeger.

Cherchye, L., De Rock, B. and Vermeulen, F.(2012). Economic well-being and poverty among the elderly : an analysis based on a collective consumption model. European Economic Review, 56, 985-1000.

Child Trends Data Bank(2005). Long-term welfare dependence. http://www.childtrendsdatabank.org/

Christensen, M. A.(2019). Feminization of poverty : causes and implications. In Gender Equality, edited by W. Leal, A. Azul, L. Brandli, P. Özuyar and T. Wall. Springer, Cham.

Clarke, J.(2001). US welfare : variations on the liberal regime. In Comparing Welfare States, edited by A. Cochrane, J. Clarke and S. Gewirtz. London : Sage.

Click, P. M.(1998). Caring for School-Age Children(2nd ed). Albany, NY : Delmar Press.

Conseil Canadien de Développement Social(2007) Défis sociaux : exclusion sociale. http://www.ccsd.ca/cpsd/ccsd/f/d_exclusion.htm

Corcoran, M., Duncan, G. J. and Hill, M. S.(1986). The economic fortunes of women and children : lessons from the panel study of income dynamics. In Women and Poverty, edited by B. C. Gelpi, N. M. Hartsock, C. C. Novak and M. H. Strober. Chicago, IL : University of Chicago Press.

Crisis UK(2021). About homelessness. https://www.crisis.org.uk/ending-homelessness/about-homelessness/

Crisp, R. and Fletcher, D. L.(2008). A Comparative Review of Workfare Programmes in the United States, Canada and Australia. Department for Work and Pensions Research Report No 533.

Cubanski, J., Koma, W., Damico, A. and Neuman, T.(2018). How many seniors live in poverty? Issue Brief, November. https://www.kff.org/medicare/issue-brief/how-many-seniors-live-in-poverty/

Daly, M.(2000). The Gender Division of Welfare : The Impact of the British and German Welfare States. Cambridge, UK : Cambridge University Press.

Danziger, S. H. and Haveman, R. H. (ed.)(2001). Understanding Poverty. New York : Russell Sage Foundation.

Davison, G. C.(이봉건 역)(2005). 이상심리학. 서울 : 시그마프레스.

de Haan, A.(1999). Social exclusion : towards a holistic understanding of deprivation. www.dse.de/ef/poverty/dehaan.htm

Deacon, A.(2002). Perspectives on Welfare : Ideas, Ideologies and Policy Debates. Buckingham, UK : Open University Press.

Deleeck, H., Bosch, K. and Lathouwer, L.(1992). Poverty and the Adequacy of Social Security in the EC. Hampshire, UK : Avebury.

Department for Children, Schools and Families(2007). Welcome to Sure Start. http://www.surestart.gov.uk

Department of Education(2020). Sure Start. https://www.education-ni.gov.uk/articles/sure-start

Department of Social Security(1999). Opportunity for All : Tackling Poverty and Social Exclusion. London : HMSO.

DiNitto, D. M.(2007). Social Welfare : Politics and Public Policy(6th ed). Boston, MA : Pearson.

Disability Rights UK(2020). Nearly half of everyone in poverty is either a disabled person or lives with a disabled person. https://www.disabilityrightsuk.org/news/2020/february/nearly-half-everyone-poverty

Ditch, J.(1999). Poverty and social security in the European Union. In Introduction to Social Security : Policies, Benefits and Poverty, edited by J. Ditch. London : Routledge.

Downs, S. W., Moore, E. and McFadden, J.(2009). Child Welfare and Family Services : Policies and Practice(8th ed). Boston, MA : Pearson Education.

Dumfries and Galloway Council(2020). Causes and effects of poverty. https://www.dumgal.gov.uk/media/23593/Factsheet-Causes-and-Effects-of-Poverty/pdf/

Duncan, C. J. and Brooks-Gunn, J.(2000). Family poverty, welfare reform, and child development. Child Development, 71(1), 188-196.

Eamon, M. K.(2001). The effects of poverty on children's socioemotional development : an ecological systems analysis. Social Work, 46(3), 256-266.

Eardley, T., Bradshaw, J., Ditch, J., Gough, I. and Whiteford, P.(1996). Social Assistance in OECD Countries : Synthesis Report. Paris : HMSO.

Editors of Encyclopaedia Britannica(2021). Homelessness. https://www.britannica.com/topic/homelessness

Eitzen, D. S., Zinn, M. B. and Smith, K. E.(2011). Social Problems(12th ed). Boston, MA : Allyn and Bacon.

Elwan, A.(1999). Poverty and Disability : A Survey of the Literature. Washington D.C. : World Bank.

Ervin, M.(2009). Poverty and disability greatly correlated, new study shows. McClatchy-Tribune News Service, November 4.

Fessler, P.(2015). Why disability and poverty still go hand in hand 25 years after landmark law. https://www.npr.org/sections/health-shots/

Fox, S., Kenny, L., Day, M. S., O'Connell, C., Finnerty, J. and Timmons, S.(2017). Exploring the housing needs of older people in standard and sheltered social housing. Gerontology and Geriatric Medicine, 3, 1-14.

Gilbert, D. and Kahl, J. A.(1987). The American Class Structure : A New Synthesis(3rd ed). Chicago, IL : Dorsey Press.

Gilbert, N. and Terrell, P.(2014). Dimensions of Social Welfare Policy(8th ed). Essex, UK : Pearson Education, Inc.

Ginzler, J. A. and Cauce, A. M.(2000). Homelessness. In Volume 4 of Encyclopedia of Psychology, edited by A. E. Kazdin, New York : American Psychological Association and Oxford University Press.

Gordon, M.(1994). Social Security Policies in Industrial Countries. New York : Cambridge University Press.

Gough, I.(1998). Social policy and economic policy. In The Student's Companion to Social Policy, edited by P. Alcock, A. Erskine and M. May. Oxford, UK : Blackwell.

Green Doors(2018). General homelessness facts. http://www.greendoors.org/facts/general-data.php

Gustavsson, N. S. and Segal, E. A.(1994). Critical Issues in Child Welfare. Thousands Oaks, CA : Sage.

Hahn, J. A., Kushel, M. B., Bangsberg, D. R., Riley, E. and Moss, A. R.(2006). The aging of the homeless population : fourteen-year trends in San Francisco. Journal of General Internal Medicine, 21(7), 775-778.

Harris, J. and White, V.(2013). A Dictionary of Social Work & Social Care. Oxford, UK : Oxford University Press.

Hasenfeld, Y.(1996). The administration of human services - what lies ahead? In Future Issues for Social Work Practice, edited by P. R. Raffoul and C. A. McNeece. Needam Heights, MA : Allyn and Bacon.

Hay, C.(2018). Third way. Encyclopedia Britannica. https://www.britannica.com/topic/third-way

Haveman, R. H.(1987). Poverty Policy and Poverty Research : The Great Society and the Social Sciences. Madison, WI : University of Wisconsin Press.

Hirschl, T. A.(2004). Workfare : why good social policy ideas go bad. Contemporary Sociology, 33(1), 78-80.

Holt-Jensen, A.(2000). Evaluating housing and neighbourhood initiatives to improve the quality of life in deprived urban areas. GeoJournal, 51(4), 281-291.

Hwang, S. W.(2002) Is homelessness hazardous to your health? : obstacles to the demonstration of a casual relationship. Canadian Journal of Public Health, 93(6), 407-410.

Institut de la Statistique du Québec(2005). Inventaire des Indicateurs de Pauvretée et d'Exclusion Sociale : Conditions de Vie. L'Institut de la Statistique du Québec et le Ministèe de l'Emploi et de la Solidarité Sociale.

International Labor Organization(2020a). Disability and work. https://www.ilo.org/global/topics/disability-and-work/WCMS_475650/lang

International Labor Organization(2020b). Questions on Disability and Work : Key Issues on Promoting Employment of Persons with Disabilities. Switzerland : ILO.

International Labour Organization(2014). World Social Protection Report 2014/15 : Building Economic Recovery, Inclusive Development and Social Justice. Geneva, Switzerland : ILO.

Irwin, J. L.(1994). Modern Britain : An Introduction(3rd ed). London : Routledge.

Jessop, B.(2003). Book review of Workfare States by Jamie Peck. Contemporary Sociology, 32(6), 714-715.

Johnson, A. K.(1995). Homelessness. In Volume 2 of Encyclopedia of Social Work(19th ed), edited by R. L. Edwards et al. Washington D.C. : NASW Press.

Jolliffe, D. and Serajuddin, U.(2015). Estimating Poverty with Panel Data, Comparably : An Example from Jordan. Policy Research Working Paper 7373, World Bank Group.

Josephson, A.(2019). Negative income tax, explained. https://smartasset.com/taxes/negative-income-tax-explained

Kahn, J. R. and Pearlin, L. I.(2006). Financial strain over the life course and health among older adults. Journal of Health and Social Behavior, 47(1), 17-31.

Karger, H. J. and Stoesz, D.(1993). Retreat and retrenchment : progressives and the welfare state. Social Work, 38(2), 212-219.

Kasper, J. D., Ensminger, M. E., Green, K. M., Fothergill, K. E., Juon, H., Robertson, J. and Thrope, R. J.(2008). Effects of poverty and family stress over three decades on the functional status of older African American women. The Journals of Gerontology, 63B(4), 201-210.

Keithley, J.(1989). United Kingdom. In Social Welfare in Developed Market Countries, edited by J. Dixon and R. P. Scheurell. London : Routledge.

Kidsource(2020). What is early intervention? http://www.kidsource.com/what-early-intervention#sthash.tuECyGL4.dpbs

Kildal, N.(2001). Workfare Tendencies in Scandinavian Welfare Policies. Geneva, Switzerland : International Labor Organization.

Kim, Y., Lee, S., Jung, H., Jaime, J. and Cubbin, C.(2019). Is neighborhood poverty harmful to every child? : neighborhood poverty, family poverty, and behavioral problems among young children. Journal of Community Psychology, 47(3), 594-610.

Kingson, E. R.(2011). Social security program. In Volume 4 of Encyclopedia of Social Work(20th ed). Washington, DC and New York : NASW Press and Oxford University Press.

Kingson, E. R. and Schulz, J. H.(1997). Should social security be means-tested? In Social Security in the 21st Century, edited by E. R. Kingson and J. H. Schulz. New York : Oxford University Press.

Kreuger, L. W., Hodges, J. Q. and Word, D. L.(2003). Are governmental policies solving the problem of homelessness? : YES. In Controversial Issues in Social Policy(2nd ed), edited by H. J. Karger, J. Midgley and C. B. Brown. Boston, MA : Allyn and Bacon.

Kruschke, E. R. and Jackson, B. M.(1987). The Public Policy Dictionary. Santa Barbara, CA : ABC-Clio.

Lamson, J.(2009). Exploring the ecology of poverty. Human Ecology, 37(2), 4-7.

Lasch, L.(1972). Toward a theory of post-industrial society. In Politics in the Post-Welfare State, edited by M. Hancock and G. Sjoberg. New York : Columbia University Press.

Lein, L.(2011). Child care services. In Volume 1 of Encyclopedia of Social Work(20th ed). Washington DC. and New York : NASW Press and Oxford University Press.

Logan, S. L.(2011). Family. In Volume 2 of Encyclopedia of Social Work(20th ed). Washington D.C. and New York : NASW Press and Oxford University Press.

Lohse, T.(2014). The objections against workfare revised. Review of Economics, 65(1), 95-118.

Lustig, D. and Strauser, D.(2004). Poverty and disability. Journal of Rehabilitation, 70(3), 3-4.

Luxembourg Income Study(2021). What is LIS? https://www.lisdatacenter.org/

Lycée Sud Médoc(2000). L'exclusion sociale. www.ac-bordeaux.fr

Marshall, T. H.(1981). The Right to Welfare and Other Essays. New York : Free Press.

Mashaw, J. L.(1997). Disability : why does the search for good programs continue? In Social Security in the 21st Century, edited by E. R. Kingson and J. H. Schulz. New York : Oxford University Press.

McGarry, K. and Schoeni, R. F.(2005). Widow(er) poverty and out-of-pocket medical expenditures near the end of life. The Journals of Gerontology, 60B(3), 160-168.

McDonald, C.(2009). Children and poverty : why their experience of their lives matter for policy. Australian Journal of Social Issues, 44(1), 5-21.

McLachlan, H.(1986). Concepts of poverty and deprivation. Journal of Social Policy, 15(4), 499-501.

McLoyd, V. C.(2000). Childhood poverty. In Volume 6 of Encyclopedia of Psychology, edited by A. E. Kazdin. Washington D.C. and New York : American Psychological Association and Oxford University Press.

Medeiros, M. and Costa. J.(2008). Is there a feminization of poverty in Latin America? World Development, 36(1), 115-127.

Mejer, L.(2000). Statistics on social exclusion : the EU methodological approach. Eurostat.

Ministère des Solidarité et de la Santé(2022). Le revenu de solidarité active(RSA). https://solidarites-sante.gouv.fr/affaires-sociales/lutte-contre-l-exclusion/droits-et-aides

Misturelli, F. and Heffernan, C.(2010). The concept of poverty : a synchronic perspective. Progress in Development Studies, 10(1), 35-58.

Mitchell, B. A.(2021). Life course theory. International Encyclopedia of Marriage and Family. https://www.encyclopedia.com/reference/encyclopedias-almanacs-transcripts-and-maps

Mogull, R. G.(2007). Metropolitan poverty : the case of New York City. American Economist, 51(1), 85-96.

Morgon, L., Pinilla-Roncancio, M., Walsham, M., Van Minh, H., Neupane, S. and Mai, V. Q.(2021). Does disability increase the risk of poverty 'in all its forms'? : comparing monetary and multidimensional poverty in Vietnam and Nepal. Oxford Development Studies, 49(4), 386-400.

Narzary, K.(2009). Understanding poverty.
http://www.scribd.com/doc/25255574/K-understanding-Poverty-Part-I-II-Combined

National Center for Children in Poverty(2002). Low-income children in the United States : a brief demographic profile. www.cpmcnet.columbia.edu/dept/nccp/ycpf.html

National Coalition for the Homeless(2003). People need livable incomes.
www.nationalhomeless.org/facts/income.pdf

National Council on Disability(2017). Highlighting disability/poverty connection, NCD urges congress to alter federal policies that disadvantage people with disabilities.
https://ncd.gov/newsroom/2017/disability-poverty-connection-2017-progress

NewsRx Health(2013). St. Michael's Hospital : exploring the link between traumatic brain injury and people who are homeless. NewsRx Health, April 7, 37.

O'Donnell, P., O'Donovan, D. and Elmusharaf, K.(2018). Measuring social exclusion in healthcare settings : a scoping review. International Journal for Equity in Health, 17(15), 1-16.

Office of Head Start(2015). About the Office of Head Start. http://www.acf.hhs.gov/programs/ohs/about

Organisation for Economic Co-operation and Development(2001). The DAC Guidelines : Poverty Reduction. Paris, France : OECD Publishing.

Parekh, A., Kenway, P. and MacInnes, T.(2010). Monitoring Poverty and Social Exclusion in Scotland. York, UK : Joseph Rowntree Foundation.

Percy-Smith, J.(2004). Introduction : the contours of social exclusion. In Policy Responses to Social Exclusion : Towards Inclusion, edited by J. Percy-Smith. Berkshire, UK. Open University Press.

Perry. J. and Craig, T. K.(2015). Homelessness and mental health. Trends in Urology & Men's Health, (2), 19-21.

Pierson, J.(2002). Tacking Social Exclusion. London : Routledge.

Pieters, D.(2006). Social Security : An Introduction to the Basic Principles(2nd ed). Hague, The Netherlands : Kluwer Law International.

Pieters, D.(1993). Introduction into the Basic Principles of Social Security. Deventer, The Netherlands : Kluwer Law International.

Pinilla-Roncancio, M.(2015). Disability and poverty : two related conditions. Revista de la Facultad de Medicina, 63(1). S113-123.

Piven, F. F. and Cloward, R. A.(1972). Regulating the Poor : The Function of Public Welfare. London, Tavistock Publications.

Platt, L.(2007). Poverty and Ethnicity in the UK. London, UK : The Policy Press.

Premier Réseau Ouvert sur les Services Publics en EURope(2006). La protection sociale en Europe : glossaire. www.unilim.fr/prospeur/fr/prospeur/ressources/protection/glossaire.htm

Prus, S. and Brown, R.(2006). Income Inequality over the Later-life Course : A Comparative Analysis of Seven OECD Countries. Luxembourg Income Study Working Paper No. 435.

Rank, M. R.(2011). Poverty. In Volume 3 of Encyclopedia of Social Work(20th ed). Washington DC. and New York : NASW Press and Oxford University Press.

Ravallion, M.(2015). Workfare. Handbook of Income Distribution, https://www.sciencedirect.com/topics/social-sciences/workfare

Rector, R. E. and Johnson, K. A.(2004). Understanding Poverty in America. Washington, D.C. : The Heritage Foundation.

Rejda, G. E.(1999). Social Insurance and Economic Security(6th ed). Uppler Saddle River, NJ : Prentice-Hall.

Richardson, L. and Le Grand, J.(2002). Outsider and Insider Expertise : The Response of Residents of Deprived Neighbourhoods to an Academic Definition of Social Exclusion. London : CASE London School of Economics.

Ridge, T.(2004). Benefiting children? : the challenge of social security support for children. In Understanding Social Security : Issues for Policy and Practice, edited by J. Millar. Bristol, UK : Policy Press.

Rimlinger, G. V.(1971). Welfare Policy and Industrialization in Europe, America and Russia. New York : John Wiley.

Ringen, S.(1988). Direct and indirect measures of poverty. Journal of Social Policy, 17(3), 351-365.

RMI Infos(2012). RMI - Revenu Minimum d'Insertion. http://www.rmi-fr.com/

Roberts, M.(2001). Childcare policy. In Children in Society : Contemporary Theory, Policy and Practice, edited by P. Foley, J. Roche and S. Tucker. Hampshire, UK : Palgrave.

Robson, W. A.(1976). Welfare State and Welfare Society : Illusion and Reality. London : George Allen and Unwin.

Rothstein, R.(2002). Let education guide welfare. New York Times, January 23, B9.

Saunders, P. and Davidson, P.(2007). Rising poverty is bad for our health. Medical Journal of Australia, 187(9), 530-531.

Schorr, L. B.(1988). Within Our Reach : Breaking the Cycle of Disadvanatge. New York : Doubleday.

Schott, L.(2020). State General Assistance programs very limited in half the states and nonexistent in others, despite need. https://www.cbpp.org/research/family-income-support/state-general-assistance-programs

She, P. and Livermore, G. A.(2007). Material hardship, poverty, and disability among working-age adults. Social Science Quarterly, 88(4), 970-989.

Shelton, S.(2016). Effects of poverty on society. https://borgenproject.org/how-poverty-effects-society-children-and-violence/

Silver, H.(1994). Social exclusion and social solidarity : three paradigms. International Labour Review, 133(5/6), 531-579.

Silver, H.(2007). Social Exclusion : Comparative Analysis of Europe and Middle East Youth. The Middle East Youth Initiative Working Paper. Wolfensohn Center for Development and Dubai School of Government.

Silver, H. and Miller, S. M.(2003). A social exclusion : the European approach to social disadvantage. Indicators, 2(2), 1-17.

Smeeding, T., Gao, Q., Saunders, P. and Wing, C.(2008). Elder Poverty in an Ageing World : Conditions of Social Vulnerability and Low Income for Women in Rich and Middle Income Nations. Luxembourg Income Study Working Paper No. 497.

Social Exclusion Unit(2004a). Tackling Social Exclusion : Taking Stock and Looking to the Future. London : Office of the Deputy Prime Minister.

Social Exclusion Unit(2004b). The Drivers of Social Exclusion : A Review of the Literature for the Social Exclusion Unit in the Breaking the Cycle Series [Summary]. London : Social Exclusion Unit.

Social Exclusion Unit(2005). What is social exclusion? www.socialexclusion.gov.uk

Social Security Administration(2015). Social Security Programs Throughout the World : Asia and the Pacific. Washington, DC : SSA.

Social Security Administration(2021). What is Supplemental Security Income? https://www.ssa.gov/ssi/

Song, Y. and H. Lu, H.(2002). Early childhood poverty : a statistical profile(March 2002). http://cpmcnet.columbia.edu/dept/nccp/ecp302.html.

Spicker, P.(2007). Definitions of poverty : twelve clusters of meaning. In Poverty : An International Glossary(2nd ed), edited by P. Spicker, S. A. Leguizamón and D. Gordon. London & New York : Zed Books.

Spicker, P.(2021). An introduction to social policy. http://spicker.uk/social-policy/socpol.htm

Spicker, P., Leguizamón, S. A. and Gordon, D.(ed)(2007). Poverty : An International Glossary(2nd ed). London & New York : Zed Books.

Statham, J. and Eisenstadt, N.(2001). The Sure Start program in the United Kingdom. Family Matters, 59, 39-41.

Stoesz, D.(2007). Bootstrap capitalism : sequel to welfare reform. Families in Society, 88(3), 375-378.

Stoesz, D. and Karger, H. J.(1990). Welfare reform : from illusion to reality. Social Work, 35(2), 141-147.

Straussner, S. A. and Isralowitz, R.(2011). Alcohol and drug problems : Overview. In Volume 1 of Encyclopedia of Social Work(20th ed). Washington D.C. and New York : NASW Press and Oxford University Press.

Stretch, J. J.(2003). Are governmental policies solving the problem of homelessness? : NO. In Controversial Issues in Social Policy(2nd ed), edited by H. J. Karger, J. Midgley and C. B. Brown. Boston, MA : Allyn and Bacon.

The National Archives(2009). Sure Start children's centres. http://webarchive.nationalarchives.gov.uk/20091211230137/dcsf.gov.uk

The Oxford Review Encyclopaedia of Terms(2021). Human capital-definition and explanation. https://oxford-review.com/oxford-review-encyclopaedia-terms/human-capital/

The Southern Poverty Law Center(2021). Charles Murray.
https://www.splcenter.org/fighting-hate/extremist-files/individual/charles-murray

The Wisdom Years(2017). Glossary. http://wisdom.unu.edu/en/glossary/index.html

Thompson, L. H.(1994). The advantages and disadvantages of different social welfare strategies. Social Security Bulletin, 57(3), 3-11.

Tidd, J. L.(2021). What is the difference between the medical and social models of disability and why does it matter? https://endseclusion.org/2021/05/18/what-is-the-difference-between-the-medical-and-social-models

Tracy, M. B.(1996). Conclusion : responding to the challenge. In Challenges to Social Security : An International Exploration, edited by J. Midgley and M. B. Tracy. Westport, CT : Auburn.

Turnbull, J. and Podymow, T.(2002). The health consequences of poverty in Canada. Canadian Journal of Public Health, 93(1), 405-405.

UN Women(2021). Women and poverty.
https://www.unwomen.org/en/news/in-focus/end-violence-against-women/2014/poverty

U.S. Census Bureau(2009). Poverty : definitions. http://www.census.gov/hhes

U.S. Department of Health and Human Services(2021). What is TANF?
https://www.hhs.gov/answers/programs-for-families-and-children/what-is-tanf/index.html

Unite, B.(2019). The types of homelessness.
https://artfromthestreets.org/blogs/news/the-types-of-homelessness.

United Nations(2019). Ending poverty and hunger for all persons with disabilities.
https://www.un.org/development/desa/disabilities/

Vallas, R. and Fremstad, S.(2014). Disability is a cause and consequence of poverty.
https://talkpoverty.org/2014/09/19/disability-cause-consequence-poverty/

Vaux, G.(2004). Social security. Research Matters, 17, 65-72.

Veit-Wilson, H. J.(1986). Paradigms of poverty : a reply to Peter Townsend and Hugh McLachlan. Journal of Social Policy, 15(4), 503-507.

Veit-Wilson, H. J.(1987). Consensual approaches to poverty lines and social security. Journal of Social Policy, 16(2), 183-211.

Vothknecht, M.(2015). Why older women are much more exposed to the risk of poverty than older men. https://ec.europa.eu/social/main.jsp?langId=en&catId

Walker, A.(1987). Consensual approaches to the definition of poverty : towards an alternative methodology. Journal of Social Policy, 16(2), 213-226.

Walker, R.(2005). Social Security and Welfare : Concepts and Comparisons. Berkshire, UK : Open University Press.

Walls, B. L.(2016). Aging conference reveals poverty's impact on older adults.
https://www.aarp.org/politics-society/advocacy/info-2016/effect-of-poverty-on-older-adults.htm

Walz, T. and Tracy, M. B.(1994). Should social security be made voluntary? In Controversial Issues in Social Policy, edited by H. J. Karger and J. Midgley. Needam Heights, MA : Allyn and Bacon.

Wakabayashi, C. and Donato, C. M.(2006). Does caregiving increase poverty among women in later life? : evidence from the health and retirement survey. Journal of Health and Social Behavior, 47(3), 258-274.

Washington, T. A.(2002). The homeless need more than just a pillow, they need a pillar : an evaluation of a transitional housing program. families in society. The Journal of Contemporary Human Services, 83(2), 183-188.

Weldon, F.(2006). 캐나다의 아동빈곤 감소를 위한 아동복지수당 제도. 국제사회보장동향, 10월, 40-45.

Weigel, M.(2011). Head Start impact : Department of Health and Human Services Report. Journalist's Resource, August 11.

Wikipedia(2020a). Foster care. http://en.wikipedia.org/wiki/Foster_care

Wikipedia(2020b). Social Exclusion Task Force. https://en.wikipedia.org/wiki/Social_Exclusion_Task_Force

Wikipedia(2021a). Laeken indicators. https://en.wikipedia.org/wiki/Laeken_indicators

Wikipedia(2021b). Solidarity. https://en.wikipedia.org/wiki/Solidarity

Wikipedia(2021c). Workfare. https://en.wikipedia.org/wiki/Workfare

Willis, J.(2000). How we measure poverty : a history and brief overview. http://www.ocpp.org/poverty/how.htm

Workers World(1997). Workfare and Dr. King. Workers World January, 23(Editorial). http://www.hartford-hwp.com

Workfare Watch(1996). Workfare in Ontario : a statement by the Workfare Watch Project. http://worldchat.com/public/tab/wrkfrw

Wright, J. D.(2010). Poverty among the U.S. elderly under "old" and "new" poverty definitions. Care Management Journals, 11(3), 200-203.

Yim, L. C., Leung, H. C., Chan, W. C., Lam, M. H. and Lim, V. W.(2015). Prevalence of mental illness among homeless people in Hong Kong. PLoS ONE, 10(10), 1-26.

Young, J.(2003). Social exclusion. www.malcolmread.co.uk

Yunus Social Business(2021). We harness the power of business to end poverty. https://www.yunussb.com/

Zastrow, C.(2010). Introduction to Social Work and Social Welfare : Empowering People(10th ed). Belmont, CA : Thomson Brooks/Cole.

찾·아·보·기

인 명

내 용

저/자/약/력

■ **노병일(盧炳一)**

대전 출생
서울대학교 졸업(학사)
공주대학교 대학원 졸업(사회복지학 석사)
미국 뉴욕주립대학교 대학원 졸업(사회학 석사, 사회학 박사)
대전대학교 지역협력연구원장 역임
대전대학교 사회복지연구소장 역임
중앙공무원 사회복지학 시험문제 출제위원, 시험문제 선정위원 역임
전국 종합사회복지관 평가위원, 전국 지역아동센터 평가위원 역임
사회복지공동모금회 대전광역시지부 배분위원 역임
대전광역시 사회복지위원, 건강가정위원 역임
현재 대전대학교 사회복지학과 교수

〈주요 저서〉

『청소년문제와 보호』(2022)
『사회복지정책론』(2018, 2019, 2021)
『현대 산업복지론』(2007, 2014, 2021)
『사회보장론』(1999, 2002, 2009, 2010, 2016, 2020)
『노인복지론』(2020)
『아동복지론』(2000, 2002, 2007, 2012, 2016, 2020)
『청소년복지론』(2인 공저, 2019)
『아동권리와 복지』(2018)
『사회문제론』(2013, 2018)
『가족정책론』(2인 공저, 2017) [대한민국학술원 우수학술도서 선정]
『현대 사회복지의 이해』(2017)
『학교사회복지론』(2015)
『사회복지조사론』(5인 공저, 2010, 2014)
『사회복지관련 지역 · 예술자원의 활용과 취약집단』(편저, 2011)
『지역사회정신보건정책 및 서비스』(3인 공저, 2007)
『취약지역의 사회적 배제』(2006)
『East Asian Cooperation in the Glocal Era』(영문 공저, 2006)
『지역 노인의 사회적 지지와 우울』(2인 공저, 2005)
『주거빈곤층의 삶과 터전』(2인 공저, 2004)

〈주요 논문(빈곤과 사회적 배제 관련)〉

"비정규직 근로자의 사회적 배제가 정신건강에 미치는 영향"
"지역사회빈곤과 사회적 유대가 도시주민의 우울증에 미치는 영향에 대한 다수준 분석"
"동네의 맥락적 특성이 주민의 정신보건에 미치는 영향 : 동네빈곤, 무질서, 네트워크형성을 중심으로"
"도시노숙자의 삶의 질 예측 요인"
"인지된 동네무질서와 사회적 유대가 개인의 무력감에 미치는 영향에 관한 연구"
"노인의 사회적 배제와 이에 따른 케어복지적 함의"
"도시 빈곤지역 주민의 사회복지 욕구측정"
"빈곤의 개념과 관련된 몇 가지 문제점"
"지역 빈민보호의 주안점"
"여성노인 빈곤의 원인 및 여파와 노인케어적 함의"

〈제2판〉

빈곤론

|저자| 노병일

|1판 1쇄| 발행 2013년 2월 10일
|2판 1쇄| 발행 2022년 3월 10일
|2판 2쇄| 발행 2025년 7월 30일

|발행인| 김 동 훈
|발행처| 공 동 체

|주소| 경기도 고양시 일산동구 호수로 358-39
동문타워 I 905호(백석동)
|전화| 031) 814-3000(대표)
|팩스| 031) 814-3100
|홈페이지| http://www.compub.co.kr
|전자우편| compub@naver.com
|출판등록| 2005년 10월 6일
|등록번호| 제396-2005-36호

|ISBN| 979-11-6725-130-5
정가 18,000원